Y RHWYG

CW01573433

Y RHWYG

Arolwg o farddoniaeth Gymraeg ynghylch y Rhyfel Byd Cyntaf

Gerwyn Wiliams

GOMER

Argraffiad Cyntaf—Tachwedd 1993

ISBN 0 86383 999 1

ⓗGerwyn Wiliams

Cedwir pob hawl. Ni chaniateir atgynhyrchu unrhyw ran o'r cyhoeddiad hwn na'i gadw mewn cyfundrefn adferadwy na'i drosglwyddo mewn unrhyw ddull na thrwy unrhyw gyfrwng electronig, electrostatig, tâp magnetig, mecanyddol, ffotogopïo, recordio, nac fel arall, heb ganiatâd ymlaen llaw gan y cyhoeddwyr, Gwasg Gomer, Llandysul, Dyfed, Cymru.

Cyhoeddir y gyfrol hon gyda chymorth Cyngor y Celfyddydau.

Argraffwyd gan
J. D. Lewis a'i Feibion Cyf., Gwasg Gomer, Llandysul, Dyfed

Ar Gofadail

O Gofadail gofidiau tad a mam!
Tydi mwy drwy'r oesau
Ddysgi ffordd i ddwys goffáu
Y rhwyg o golli'r hogiau.

R. Williams Parry

Roedd 'y rhwyg o golli'r hogiau' yn brofiad erchyll, ond yn sgil y Rhyfel cafwyd rhwyg arall, rhwyg rhwng yr hen Gymru a'r Gymru newydd, rhwyg na welwyd mo'i debyg na chynt na wedyn.

John Davies

David Henry Williams.

Er cof am
David Henry Williams
Preifat 95847
4ydd Bataliwn Catrawd Lerpwl y Brenin
a fu farw yn 19 oed, 26 Hydref 1918
ac a gladdwyd ym Mynwent Brydeinig Awoinct,
ger Cambrai, Ffrainc

Cynnwys

Bedd David Henry Williams.

Rhagair

Man cychwyn swyddogol yr arolwg hwn fu'r traethawd ymchwil, *Llenyddiaeth Gymraeg Ynghylch y Rhyfel Byd Cyntaf*, a gyflwynwyd am radd Ph.D. Prifysgol Cymru yn 1988. Fy nhiwtor yn Adran y Gymraeg, Coleg Prifysgol Cymru, Aberystwyth oedd Dr. John Rowlands a charwn ddal ar y cyfle hwn i ddiolch iddo am ei gyfarwyddyd a'i ofal ar hyd y daith. Bu staff sawl llyfrgell rhwng Bangor ac Aberystwyth yn hael eu cymorth imi, ond hoffwn gyfeirio'n benodol at ddwy ffynhonnell bob gwybodaeth, Dr. Huw Walters o'r Llyfrgell Genedlaethol, a Mr. Tomos Roberts, Archifydd Coleg y Gogledd. Diolch i'r Parch. Islwyn Ffowc Elis a Mr. Dyfnallt Morgan am eu cymwynasgarwch ac i'm pennaeth ym Mangor, y diweddar Athro Bedwyr Lewis Jones, a fu'n fawr ei ddiddordeb a'i anogaeth. Diolch o galon i'm cyd-weithiwr, Mr. Dafydd Glyn Jones, am fwrw golwg barcud ar y gwaith a'm hachub rhag sawl cam gwag. Diolch hefyd i Dr. Dyfed Elis-Gruffydd am lywio'r gyfrol drwy'r wasg ac i Mr. Dewi Jones a Mr. William M. Howells am baratoi'r mynegai. Rhoddodd Mr. Selwyn Roderick gyfle imi rai blynyddoedd yn ôl bellach i gyfrannu i'w raglen ddogfen, *Y Rhwyg* (1988), am Gymru a'r Rhyfel, a hynny a dynnodd fy sylw at addasrwydd y teitl. A chanmil diolch cyn cloi i'm gwraig annwyl, Delyth Marian, am fyw'n ddirwgnach gyda'r astudiaeth hon am dros bedair blynedd.

Dyna felly'r man cychwyn swyddogol. Ond y man cychwyn seicolegol fu'r garreg fedd ym mynwent Cricieth i'm hynafiaid a'r ôl-nodyn arni'n coffáu David Henry Williams, brawd fy nhaid yr enwyd fy nhad innau ar ei ôl, a laddwyd yn Ffrainc bythefnos cyn y Cadoediad; tafliad carreg ohoni roedd cerrig beddau eraill i deulu enwocach o'r hanner—teulu Lloyd George. Do, fe enynnwyd diddordeb ynof ym mhwnc y Rhyfel Byd Cyntaf er pan oeddwn yn ddim o beth. Dri-chwarter canrif ar ôl ei farw, i goffadwriaeth David Henry y cyflwynaf y gyfrol hon, sy'n rhyw fath o ymgais i 'drio dallt'.

Gerwyn Wiliams
Prifysgol Cymru, Bangor
Tachwedd 1992

Byrfoddau

C.P.G.C.	Coleg Prifysgol Gogledd Cymru
I.L.P.	Independent Labour Party/Y Blaid Lafur Annibynnol
Ll.G.C.	Llyfrgell Genedlaethol Cymru
N.C.F.	No-Conscription Fellowship/Y Frawdoliaeth Dros Wrthod Ymrestru
O.T.C.	Officers' Training Corps/Corfflu Hyfforddi'r Swyddogion
R.W.F.	Royal Welsh Fusiliers/Y Ffiwsilwyr Cymreig Brenhinol
W.A.C.	Welsh Army Corps/Corfflu'r Fyddin Gymreig
W.N.E.C.	Welsh National Executive Committee/Pwyllgor Gwaith Cenedlaethol Cymru

Dylid nodi fod bron iawn y cyfan o'r dyfyniadau Saesneg wedi'u cyfieithu i Gymraeg a'u bod wedi'u codi mor driw â phosib i'r orgraff a'r argraffu gwreiddiol.

Cymru a'r Rhyfel Byd Cyntaf: Rhestr Gronolegol

1914 **4 Awst:** Prifweinidog Prydain Fawr, Herbert Henry Asquith, yn cyhoeddi fod y wlad mewn rhyfel yn erbyn yr Almaen.

Hydref: cyfarfod cyhoeddus yng Nghaerdydd i drafod ffurfio catrawd filwrol Gymreig, sef Corfflu'r Fyddin Gymreig, Welsh Army Corps (W.A.C.) yn Saesneg a'r Fyddin Gymreig neu Fyddin Lloyd George ar lafar gwlad. Perthynai'r Corfflu i Bumed Byddin Newydd Kitchener (K.5.), yr enw gweinyddol arno oedd yr 38ain Adran (Gymreig), ac roedd iddo ddeuddeg bataliwn. Rhannwyd y bataliynau hynny'n dair brigâd a'u lleoli yn Llandudno, y Rhyl a Bae Colwyn. Penodwyd Owen Thomas o Fôn yn Frigadydd ar y Frigâd 1af yn Llandudno, Brigâd Gogledd Cymru fel y'i gelwid yn answyddogol, a'r Parch. John Williams, Brynsiencyn, yn Gaplan Mygedol arni. Codwyd pwyllgor gwaith cenedlaethol i weinyddu'r W.A.C., sef y W.N.E.C. (Welsh National Executive Committee).

T. E. Nicholas, *Cerddi Rhyddid.*

1915 **Mai:** 100,000 o Gymry wedi ymuno erbyn hyn â'r Lluoedd Arfog.

Medi: 45,000 wedi ymrestru yn Nghorfflu'r Fyddin Gymreig.

Rees Rees, *Rhosynnau Maes y Gad,* cyfrol o gerddi.

1916 **Ionawr a Mai:** pasio'r Ddeddf Gorfodaeth Filwrol, a olygai fod pob gwryw holliach rhwng 18 a 41 oed yn gymwys i ymuno â'r Lluoedd Arfog.

1 Gorffennaf: diwrnod cyntaf Brwydr y Somme pan laddwyd 20,000 o fewn pedair awr ar hugain yn unig. Ym Mrwydr Coed Mametz rhwng 7 a 12 Gorffennaf, daeth colledion enbyd i ran yr 38ain Adran (Gymreig) pan gollwyd 4,000 o ddynion: lladdwyd 600 ohonynt ac aeth nifer tebyg ar goll.

Hydref: rhifyn cyntaf cylchgrawn Cymdeithas y Cymod, *Y Deyrnas,* dan olygyddiaeth Prifathro Coleg Bala-Bangor, Thomas Rees. Gwerthwyd rhwng 2,500 a 3,000 o gopïau bob mis.

Rhagfyr: David Lloyd George yn dod yn Brifweinidog ar lywodraeth glymblaid.

J. Vyrnwy Morgan, *The War and Wales.*

1917 **31 Gorffennaf:** Hedd Wyn, Preifat Ellis Humphrey Evans, aelod o 15fed Bataliwn y Ffiwsilwyr Cymreig Brenhinol, yn cael ei ladd mewn brwydr yng Nghefn Pilkem yn Nhrydedd Frwydr Ypres yn Fflandrys.

6 Medi: awdl Hedd Wyn, 'Yr Arwr', yn ennill 'Cadair Ddu' Eisteddfod Genedlaethol Birkenhead.

John Dyfnallt Owen, *Myfyrion a Chaneuon Maes y Tân.*

Gwilym Williams, *Dan yr Helyg,* cyfrol o gerddi gan filwr ifanc a laddwyd yn y Rhyfel.

1918 **11 Tachwedd:** Cyhoeddi Cadoediad yn sgil ymddiswyddiad y Caiser Wilhelm II.

Rhwng Lluoedd Arfog y Cynghreiriaid a Phwerau Canol Ewrop, bu 65 miliwn o ddynion yn ymladd yn y Rhyfel; lladdwyd 8,538,000 ohonynt ac anafwyd 21,205,000.

Gwasanaethodd 5 miliwn o Brydeinwyr yn y Lluoedd Arfog. O blith y 280,000 o Gymry, lladdwyd 40,000. Ymunodd 21.52% o ddynion Cymru â'r Lluoedd o gymharu â 24.02% o Loegr, 23.71% o'r Alban, a 6.14% yn unig o Iwerddon; rhwng Awst 1914 ac Ionawr 1916, cyn i orfodaeth filwrol ddod i rym, ymrestrodd 122,995 o ddynion Cymru. Collodd Gwynedd wledig dros 3,000 o fechgyn dramor.

Cofrestrwyd 16,500 o wrthwynebwyr cydwybodol ym Mhrydain erbyn diwedd y Rhyfel a charcharwyd 5,994 ohonynt o leiaf unwaith rhwng Ionawr 1916 a Thachwedd 1918. Roedd gan Gymdeithas y Cymod yn y pen draw oddeutu 5,000 o aelodau mewn 165 o ganghennau ledled Prydain.

Hedd Wyn, *Cerddi'r Bugail,* gol J. J. Williams.

'Madog', T. Gwynn Jones, yn gweld golau dydd am y tro cyntaf yn *Y Beirniad.*

William Glynfab Williams [Glynfab], *Ni'n Doi,* nofelig gomig am y Rhyfel.

1919 **28 Mehefin:** arwyddo Cytundeb Versailles ym Mharis; Lloyd George yn rhybuddio fod amodau'r cytundeb dialgar yn rhoi gormod o'r bai ar yr Almaen ac yn gwaredu rhag goblygiadau hyn yn ddiweddarach.

Tachwedd: rhifyn olaf *Y Deyrnas.*

Ivor Nicholson a Trevor Lloyd-Williams, *Wales: its Part in the War.*

John Volander Jones, *Caneuon Volander Jones,* cyfrol ac ynddi lawer o gerddi am y Rhyfel.

Glynfab, *Y Partin Dwpwl,* yr ail nofelig mewn cyfres.

1920 Glynfab, *Y Twll Clo,* y drydedd nofelig mewn cyfres.

T. E. Nicholas, *Dros Eich Gwlad: Cerddi Heddwch.*

1921 Cynan yn ennill Coron Eisteddfod Genedlaethol Caernarfon gyda'r bryddest, 'Mab y Bwthyn', ac yn cyhoeddi'r gyfrol *Telyn y Nos.*

1922 Grace Thomas, *Doctor Dic: Ei Serch a'i Bryder,* rhamant ysgafn ac ynddi sôn am y Rhyfel.

John Ellis Williams, *Rhamant a Rhyfel,* drama am y Rhyfel.

1924 R. Williams Parry, *Yr Haf a Cherddi Eraill.*

1925 Ffurfio Plaid Genedlaethol Cymru a dau gyn-filwr—Lewis Valentine a Saunders Lewis—yn llywydd ac yn is-lywydd arni.

Glynfab, *Gloewach Nen,* drama a'r Rhyfel yn gefndir iddi.

1927 Moelona, *Cwrs y Lli,* nofel i blant am y Rhyfel.

Cynan, *Caniadau Cynan.*

Eifion Wyn, *Caniadau'r Allt.*

1929 R. R. Hughes yn cyhoeddi cofiant John Williams, Brynsiencyn.

1930 W. J. Gruffydd yn 'Nodiadau'r Golygydd', *Y Llenor,* Haf 1930, yn tynnu sylw at y ffrwd o lyfrau Saesneg a ddylifai o'r wasg yn trafod y Rhyfel, ac yn nodi tawedogrwydd awduron rhyddiaith Gymraeg yng ngŵydd y pwnc.

1931 Percy Hughes, *Clychau'r Wlad,* cyfrol o gerddi gan un a fu'n breifat yn y Rhyfel.

1932 T. Gwynn Jones, *Manion,* cyfrol ac ynddi ambell gerdd ynglŷn â'r Rhyfel.

1933 William John Davies [Gwilym Peris], *Y Llwybr Unig*: nofel yn adrodd profiadau gwrthwynebydd cydwybodol yn ystod y Rhyfel.

R. Lloyd Jones, *Ogof yr Ysbïwyr,* nofel i blant am y Rhyfel.

1934 D. Gwenallt Jones, *Plasau'r Brenin*: nofel led hunangofiannol am wrthwynebydd cydwybodol mewn carchar yn ystod y Rhyfel.

1935 Grace Wynne Griffith, *Creigiau Milgwyn,* rhamant ac ynddi gryn sôn am y Rhyfel.

1936 Kate Roberts, *Traed Mewn Cyffion,* nofel a ddaw i ben gydag effaith y Rhyfel ar deulu chwarelwr yn Arfon.

1937 O. Madog Williams, *Cerddi'r Ddrycin,* cyfrol ac ynddi sawl cerdd am brofiadau'r cyn-filwr hwn yn y Rhyfel.

1939-45 Yr Ail Ryfel Byd.

1943 George M. Ll. Davies, *Pererindod Heddwch.*

G. Wynne Griffith, *Helynt Ynys Gain,* nofel antur i blant am gyfnod y Rhyfel.

1944 T. Hughes Jones, *Amser i Ryfel*: nofel unigryw a'r gyntaf o'i bath yn Gymraeg gan gyn-filwr yn adrodd ei hanes yn y Rhyfel Byd Cyntaf.

1949 Tom Nefyn-Williams, *Yr Ymchwil,* hunangofiant.

1957-58 Cyhoeddi *Tegwch y Bore,* Kate Roberts, fesul pennod yn *Y Faner.*

1963 Ifan Gruffydd, *Gŵr o Baradwys*: hunangofiant yn cynnwys atgofion hen filwr am ei hynt yn y Rhyfel.

Gwilym R. Jones, *Seirff yn Eden,* nofel am brofiadau plant yn ystod y Rhyfel Mawr.

W. Jones-Edwards, *Ar Lethrau Ffair Rhos,* hunangofiant hen filwr.

1964 R. R. Williams, *Breuddwyd Cymro mewn Dillad Benthyg*: hanes Cwmni Cymreig y Corfflu Meddygol yn y Rhyfel, cwmni y perthynai Lewis Valentine, Cynan a David Ellis iddo.

1965 Emyr Jones, *Gwaed Gwirion*: 'O'r diwedd, o hir ddiwedd, dyma ryfel 1914-18 wedi cael ei epig yn Gymraeg' (Saunders Lewis).

E. Beynon Davies, *Ar Orwel Pell,* hunangofiant.

1966 J. M. Davies, *O Gwmpas Pumlumon,* hunangofiant hen filwr.

1967 Cyhoeddi *Tegwch y Bore,* Kate Roberts, yn gyfrol ar wahân.

1967-68 E. H. Griffiths, *Heddychwr Mawr Cymru* a *Seraff yr Efengyl Seml,* cofiant George M. Ll. Davies mewn dwy gyfrol.

1969-72 Golygydd *Seren Gomer,* Lewis Valentine, yn cyhoeddi pytiau o'i 'Ddyddiadur Milwr', a luniwyd tra oedd yn filwr yn y Rhyfel.

1969-73 Rhydwen Williams yn cyhoeddi trioleg o nofelau—*Y Briodas* (1969), *Y Siôl Wen* (1970), *Dyddiau Dyn* (1973) dan y teitl cyffredinol, *Cwm Hiraeth*—yn cofnodi hynt un teulu o'r gogledd i'r de ac yna i Gaer yn Lloegr yn ystod y ganrif ddiwethaf a'r ganrif hon; ceir sylw helaeth i'r Rhyfel yn ail nofel y gyfres.

1971 J. W. Jones, *Crefft, Cledd, Cennad,* hunangofiant hen filwr.

1974 T. Glynne Davies, *Marged*: clamp o nofel banoramaidd a rydd le amlwg i'r Rhyfel yn y naratif ac ynddi iaith arw i ddisgrifio'r byd garw oedd ohoni.

1979 Rhydwen Williams, *Gallt y Gofal,* nofel.

1982 Gwenallt, *Ffwrneisiau*: *Cronicl Blynyddoedd Mebyd.*

1983 T. Wilson Evans, *Y Pabi Coch*: nofel fer sy'n cynnwys darlun o wrtharwr Cymraeg yn y fyddin yn ystod y Rhyfel.

Harri Williams, *Mam a Fi,* nofel hunangofiannol.

1984 Ithel Davies, *Bwrlwm Byw,* hunangofiant heddychwr.

1988 Dewi Eirug Davies, *Byddin y Brenin*: cyfrol sy'n croniclo hanes Cymru a'i chrefydd yn ystod y Rhyfel.

Lewis Valentine, *Dyddiadur Milwr a Gweithiau Eraill,* gol. John Emyr.

1989 *Gwaedd y Bechgyn,* goln. Alan Llwyd ac Elwyn Edwards, blodeugerdd ac ynddi dros ddau gant o gerddi am y Rhyfel Mawr.

1990 Griffith R. Williams, *Cofio Canrif,* hunangofiant un o hynafgwyr y Rhyfel Mawr.

1991 Alan Llwyd yn cyhoeddi cofiant Hedd Wyn, *Gwae Fi Fy Myw.*

1992 **31 Gorffennaf:** union 75 mlynedd i ddydd ei farw, dadorchuddio cofeb mewn tair iaith—Cymraeg, Fflemeg a Saesneg—i goffáu Hedd Wyn ym mhentref Pilkem, Fflandrys, Gwlad Belg.

Rhagymadrodd

'Pa farddoniaeth Gymraeg ynghylch y Rhyfel Mawr?' Tan yn bur ddiweddar, dyna o bosib fyddai'r ymateb mwyaf greddfol i is-teitl arolwg fel hwn. Nid yw barddoniaeth na rhyddiaith Gymraeg y Rhyfel Byd Cyntaf—na'r Ail Ryfel Byd o ran hynny—wedi denu rhyw lawer iawn o sylw beirniadol yn y gorffennol. Er enghraifft, ni cheir unrhyw gofnod unigol am y maes yn *Cydymaith i Lenyddiaeth Cymru* (1986).

Gwasgaredig ac achlysurol fu'r cyfeiriadau, oni bai am adolygiadau ar gyfrolau awduron unigol a ddigwyddai drafod y pwnc. D. Tecwyn Lloyd fu un o'r ychydig ymgyrchol yn y maes a deil ei ysgrif arloesol, 'Llenyddiaeth Cyni a Rhyfel 1914-1939' (1969), yn fan cychwyn diogel i'r ymchwilydd.[1] Ond roedd hi'n 1989 ar y flodeugerdd gyntaf o farddoniaeth Gymraeg ynghylch y Rhyfel Byd Cyntaf yn gweld golau dydd, sef saith deg mlynedd wedi i'r gyflafan fawr ddod i ben. Cynnwys *Gwaedd y Bechgyn* dros ddau gant o gerddi a luniwyd yn ystod ac yn fuan ar ôl y Rhyfel gan feirdd a brofasai'r Rhyfel yn ogystal â nifer o gerddi retrosbectif gan feirdd yn perthyn i genedlaethau diweddarach. Cynnwys yr un gyfrol hefyd arweiniad awdurdodol Alan Llwyd i faes barddoniaeth Gymraeg y Rhyfel Mawr, ac ef hefyd a luniodd, ddwy flynedd yn ddiweddarach, gofiant safonol Hedd Wyn.

Nid agweddau llenyddol yn unig ar y Rhyfel Mawr sy wedi dod i'r amlwg yn ddiweddar: bu haneswyr fel Cyril Parry,[2] David Pretty,[3] a Robert Morris[4] yn ymchwilio i hanes Cymreig y Rhyfel, canolbwyntiodd Colin Hughes[5] a Clive Hughes[6] ar agweddau milwrol yr hanes, ac yn 1988 cyhoeddwyd *Byddin y Brenin,* astudiaeth Dewi Eirug Davies o Gymru a'i chrefydd rhwng 1914 a 1918. Y gyfrol bresennol, ddechrau'r nawdegau, yw'r ymgais gyntaf i fwrw golwg gynhwysfawr ar ymateb beirdd Cymru i'r Rhyfel Mawr a'i her ac i bwyso a mesur ei effaith ar farddoniaeth Gymraeg.

Ar wahân i gyfrol fel *Wales: its Part in the War* a ddathlai yn 1919 ran Cymru yn y Rhyfel drannoeth y drin, pur ddiweddar yw'r holl ddiddordeb hwn yn amryfal agweddau Cymreig y Rhyfel Mawr, diddordeb a berthyn i'r chwarter canrif diwethaf. Cyfyd y ffaith yma'n unig lu o gwestiynau. Yn wir, nid yw'r cwestiwn agoriadol uchod mor wahanol â hynny i'r cwestiwn amheugar a ofynnwyd i mi droeon pan sylweddolwyd fy mod yn ymchwilio i lenyddiaeth Gymraeg ynghylch y Rhyfel Byd Cyntaf, 'Ydych chi'n saff fod digon o ddeunydd ar gael?' Ar y pryd, doedd y rhagolygon cychwynnol ddim yn addawol. Wrth gyfeirio yn 1930 at ryddiaith greadigol Ernest Hemingway, Erich Maria Remarque a Robert Graves am y Rhyfel Mawr, cwynodd W. J. Gruffydd am nad oedd 'neb wedi ysgrifennu dim o'r fath yn y Gymraeg ac nid yw'n debyg y gwna neb chwaith'.[7] Rhybuddiodd Tecwyn Lloyd yn 1966, 'Gydag ambell eithriad prin fel gwaith Cynan, ni chawsom lenyddiaeth Rhyfel Mawr yng Nghymru'[8]; a byrdwn dau o'r un genhedlaeth â mi mor ddiweddar â 1984 oedd mai 'un o'r agweddau tristaf ar hanes ein llenyddiaeth yn y ganrif hon yw'r ffaith bod tiriogaethau eang o'r profiad Cymreig heb eu mapio o gwbl... sawl gwaith y bu pendroni pam na chynhyrchwyd ond llond dwrn o weithiau llenyddol Cymraeg yn sgil cyflafan y Rhyfel Mawr?'[9]

Ni wnâi'r prinder honedig hwn synnwyr gan ei fod mor anghyson â thraddodiad barddol y Cymry. Does dim rhaid ond wrth adnabyddiaeth arwynebol o'r traddodiad hwnnw i sylweddoli mai beirdd yn byw yn unol â delfryd arwrol ac yn parchu milwriaeth oedd Aneirin a Thaliesin; Saunders Lewis a drafododd yrfa filwrol Guto'r Glyn;[10] a T. Gwynn Jones biau'r disgrifiad di-flewyn-ar-dafod a ganlyn:

> Am ganrifoedd, doedd llenyddiaeth Gymraeg o'r math gwladgarol yn ddim mwy na gweniaith chwerthinllyd o ormodieithol... am ddosbarth gormesol o dirgipwyr gan ddosbarth cynffonllyd o feirdd, ac fe godir cyfog ar hyd yn oed Genedlaetholwr modern wrth ei darllen, ar gorn y cyfeiriadau cyson at ddisgyniad, llinach a gwaed.[11]

Yn f'arddegau, cafodd barddoniaeth rhyfel Wilfred Owen a Siegfried Sassoon effaith ddofn arnaf; yn y man, dwysaodd hynny fy chwilfrydedd ynglŷn â thawedogrwydd honedig y Cymry i'r Rhyfel Mawr. Ac o dderbyn y darlun ystrydebol, ymddangosai fod hanes yn ei ailadrodd ei hun drannoeth Rhyfel y Falklands ddechrau'r wythdegau: er bod amryw o Gymry wedi'u lladd wrth amddiffyn yr ynysoedd pellennig hynny, digon prin oedd yr ymateb mewn llenyddiaeth Gymraeg.[12]

Fodd bynnag, po fwyaf yr ystyriwn y mater mwya'n y byd y cymhlethai'r darlun cychwynnol.

Buan y sylweddolwyd fod canran sylweddol o Gymry wedi brwydro ac wedi syrthio yn y Rhyfel Mawr, er bod yr achos dros barodrwydd y Cymry i frwydro ac i farw yn y Lluoedd Arfog Prydeinig wedi ei orbwysleisio. Roedd Cymreigrwydd y Rhyfel hwn yn eithriadol. Erbyn diwedd Rhagfyr 1916, roedd Cymro Cymraeg yn Brifweinidog ar Brydain Fawr ac ef erbyn Tachwedd 1918 a lysenwyd yn 'y Gŵr a Enillodd y Rhyfel'. Ffurfiwyd am y tro cyntaf gorfflu Cymreig gan gydnabod cenedligrwydd Cymreig a gwneud defnydd ymarferol ohono, corfflu a alwyd ar lafar gwlad yn Fyddin Lloyd George. Dan gyfaredd y dewin o Ddwyfor, rhoddodd Cymry'r sefydliad, enwogion fel Owen Thomas, John Williams, Brynsiencyn, John Morris-Jones a Henry Jones, eu dylanwad ar waith er mwyn perswadio bechgyn Cymru i gefnogi 'galwad eu gwlad'. Ac eto, gydag i gonsensws Cymreig Rhyddfrydiaeth-Ymneilltuaeth gyrraedd pinacl ei rym yn ystod y Rhyfel, fe'i chwalwyd yn y degawd dilynol wrth i'r Blaid Lafur ar lefel dorfol a Phlaid Genedlaethol Cymru ar lefel leiafrifol ddenu cefnogaeth newydd.

Adlewyrchwyd hyder Cymreig y dydd ym mhapurau newydd a chylchgronau'r cyfnod. Dyma o'r diwedd gorff o lenyddiaeth newyddiadurol, boblogaidd a oedd yn herio'r rhagdyb gyffredinol ynghylch tawedogrydd y Cymry ar fater y Rhyfel. Nid bod lle i frolio ynglŷn â'i ansawdd na'i werth llenyddol, ond yn hanesyddol roedd cefnogaeth y rhan fwyaf o brydyddion y cyhoeddiadau hyn i'r Rhyfel yn siarad cyfrolau. Go brin y codai'r darlun a dynasant rhyngddynt o Gymru'r oes honno galon unrhyw un o genedlaetholwyr newydd y dauddegau: Gwalia Ryddfrydol, daleithiol a ddarlunid yng ngherddi'r mwyafrif helaeth o'r prydyddion-papur-newydd hyn a sbarion traddodiad telynegol dirywiedig oes Fictoria oedd eu canu. Hawliodd y Rhyfel hefyd lawer o sylw'r Eisteddfod Genedlaethol ar ryw ffurf neu'i gilydd hyd ddiwedd y dauddegau. Yn wir, cynnyrch y sefydliad cenedlaethol hwnnw oedd un o fythau mwya'r Rhyfel yng Nghymru, 'Bardd y Gadair Ddu', a ffrwyth un o brif gystadlaethau'r ŵyl honno oedd cerdd unigol enwoca'r Rhyfel yn Gymraeg, 'Mab y Bwthyn'.

Beirdd-cadeiriau-breichiau fel Volander Jones a Rees Rees a glodforai'r Rhyfel Mawr yn anfeirniadol yn eu cerddi, ond fe gafodd amryw o feirdd Cymraeg brofiadau mwy uniongyrchol a dilys: collodd Llew Tegid a Thomas Jones, Cerrigellgwm ill dau feibion yn y fyddin ac fe frwydrodd William Oerddwr a Percy Hughes dramor. Ar wahân i'r beirdd bro hyn, bu beirdd a chanddynt amlygrwydd cenedlaethol un ai'n ddarpar filwyr fel Williams Parry, yn gwasanaethu yn y llynges fel W. J. Gruffydd, yn gaplaniaid yn y fyddin fel Dyfnallt a Cynan, neu'n filwyr hyfforddedig fel Hedd Wyn. I raddau amrywiol, gwelwyd yng ngwaith y beirdd hyn arwyddion y broses o ymryddhau o hualau seicolegol, crefyddol a chreadigol Cymru Lloyd George, John Williams a John Morris-Jones. Wrth iddynt ddwys ystyried y byd newydd oedd ohoni, fe graciai'r cadwynau a'u clymai wrth yr hen fyd.

Gartref, fe welodd eraill ei bod yn newid byd arnynt a gwelsant yn baradocsaidd nad rhyfel dros ryddid na hawliau cydwybod oedd hwn a orfodai ddynion i ymaelodi â'r Lluoedd Arfog. Ac er gwaetha'r slogan recriwtio emosiynol a apeliai at Gymry meddylgar i achub cam 'gwledydd pum troedfedd' fel Serbia a Gwlad Belg, sylweddolwyd fod hawliau Cymru dan draed. Trwy fentro datgan argyhoeddiad o'r fath mewn erthygl bryfoclyd yng nghylchgrawn myfyrwyr Aberystwyth, *Y Wawr,* yn 1916 y tynnodd D. J. Williams lid yr awdurdodau yn ei ben a phrysuro tranc y cyhoeddiad yn 1917. Nid yw'r ffaith fod cenedlaetholwyr amlwg yn y man fel Ambrose Bebb, Moelona a G. J. Williams hwythau'n gysylltiedig â'r *Wawr* yn ddiarwyddocâd fwy nag yw'r ffaith fod Saunders Lewis a Lewis Valentine wedi gwasanaethu yn y fyddin a bod Kate Roberts wedi colli ei brawd yn ystod y Rhyfel. Rhoddwyd llwyfan rhwng 1916 a 1919 i'r rhai a brotestiai yn erbyn y Rhyfel—boed ar dir crefyddol neu wleidyddol—ar dudalennau misolyn Cymdeithas y Cymod, *Y Deyrnas,* a thri o'r cyfranwyr mwyaf selog oedd y ddau wrthwynebydd cydwybodol, T. E. Nicholas a T. H. Parry-Williams, a'r heddychwr T. Gwynn Jones. Yn wir, dyma dri o feirdd mwyaf cynhyrchiol y Rhyfel Mawr yn Gymraeg a gerddodd ar hyd llwybr egwyddorol ond unig iawn rhwng 1914 a 1918.

Oedd, erbyn deall, roedd y darlun cyflawn dipyn cymhlethach a rhwygiadau lu wedi ymffurfio yng Nghymru ar y pryd.

CYFEIRIADAU

[1] *Ysgrifau Beirniadol IV,* Dinbych, 1969, 153-191; ailargraffwyd yr un erthygl yn *Llên Cyni a Rhyfel a Thrafodion Eraill,* Llandysul, 1987, 11-42. Gweler hefyd gan yr un awdur, 'Llenyddiaeth a Bywyd', *Erthyglau Beirniadol,* Y Clwb Llyfrau Cymreig, 1946, 42-51 yn enwedig; 'Welsh Public Opinion and the First World War', *Planet,* 10, Chwefror/Mawrth 1972, 25-37; 'Welsh Literature and the First World War', *Planet,* 11, Mai 1972, 17-23.

[2] Gweler *The Radical Tradition in Welsh Politics,* Hull, 1970; 'Gwynedd yn ystod y Rhyfel Mawr', *Cof Cenedl II,* Llandysul, 1987, 153-181; 'Gwynedd and the Great War, 1914-1918', *Cylchgrawn Hanes Cymru,* rhif 1, Mehefin 1988, 78-117.

[3] Gweler *Rhyfelwr Môn,* Dinbych, 1989.

[4] Gweler *Colli'r Hogiau,* Caerdydd, 1984; *Sŵn yr Ymladd,* Caerdydd, 1987.

[5] Gweler *Mametz: Lloyd George's 'Welsh Army' at the Battle of the Somme,* Llundain, 1979.

[6] Gweler *Army Recruitment in Gwynedd 1914-1916,* M.A. Prifysgol Cymru, Bangor, 1983.

[7] Gweler 'Nodiadau Golygyddol', *Y Llenor,* cyfrol IX, rhif 2, Haf 1930, 65.

[8] Adolygiad ar *Gwaed Gwirion, Taliesin,* cyfrol 12, Gorffennaf 1966, 76-77.

[9] Iwan Llwyd Williams a Wiliam Owen Roberts, 'Mae'n Bwrw Glaw yn Toremolinos', *Y Faner,* 14 Tachwedd 1984, 7.

[10] 'Gyrfa Filwrol Guto'r Glyn', *Ysgrifau Beirniadol IX,* Dinbych, 1976, 80-99.

[11] 'Nationality and Patriotism', *The Welsh Outlook,* Ebrill 1916, 112.

[12] Gweler Eluned Phillips, 'Clymau', *Cyfansoddiadau a Beirniadaethau Eisteddfod Genedlaethol Ynys Môn, 1983,* 45-53; Myrddin ap Dafydd a Geraint Lovegreen, *Tros Ryddid,* Capel Garmon, 1983; Alan Llwyd, 'Ym Mharc Tredegar' a 'Milwriaeth', *Einioes ar ei Hanner,* Caernarfon, 1984, 34-35 a 47; Tecwyn Ifan, 'John Bull' (cân), *Herio'r Oriau Du* (record/casét), Llandwrog, 1983. Am bennod Gymreig yn hanes Rhyfel y Falklands, gweler Greg Hill, 'The Real War', *Planet,* 58, Awst/Medi 1986, 30-40.

DAN GYFAREDD Y DEWIN

. . . y mae angen dywedyd fel y llanwodd Lloyd George feddwl a llygaid y rhan fwyaf o bobl Cymru, er gwell neu er gwaeth, yn ystod oes mwy nag un genhedlaeth . . . Ni ellir deall hanes diweddar Cymru yn iawn heb . . . sylweddoli fel y bu ef yn rhan o fywyd y genedl, ac nid o'i bywyd gwleidyddol yn unig eithr o bob agwedd ymron ar ei hegnion a'i symudiadau. Ac y mae'n rhaid sylweddoli hefyd y gwacter a deimlid gennym ni a oedd yn cofio'r awr anterth pan glywsom am ei farw. Yr oedd yn anodd iawn i ni feddwl am Gymru heb Lloyd George. Bu ganddo ran ym mhob mudiad a llais ym mhob trafodaeth am hanner canrif.

E. Morgan Humphreys[1]

Cafodd haneswyr pob cenedl hi'n anodd mynegi'n eglur union effeithiau'r Rhyfel Mawr ar gymdeithas. Canlyniad hynny, yn ôl yr hanesydd Arthur Marwick, yw eu bod wedi tueddu 'i chwilio am loches yn yr anesboniad eithaf, y trosiad'[2] gan sôn am y Rhyfel fel 'catalydd' yn 'sbarduno' newidiadau cymdeithasol neu'n eu 'dramaeiddio'. Efallai fy mod innau ar fin syrthio i fagl gyffelyb ond ni allaf, wrth ystyried effaith y Rhyfel Mawr ar Gymru, beidio â thynnu darlun trosiadol. Darlun sy gennyf o de parti mawr crand ar lawnt eang welltog dan haul tanbaid Awst a phawb wedi'u gwasgu'n weddus i'w dillad parch gan ymddwyn mor llednais a chywir â phosib. Ac yna, yn sydyn reit, ar draws y sidetrwydd Fictoraidd hwn, dynesa lori fawr lychlyd o oes wahanol a sgrialu'n derfysglyd ar draws y cwbl. Gadewir y gweddillion—bwyd ar chwâl, cwpanau'n deilchion, cyrff yn faluriedig—ac yn yr hysteria dilynol sylla'r gweddill sy'n fyw ar ôl y lori a'i gweld fel smotyn ar y gorwel. Er ceisio rhoi'r darnau'n ôl wedi'r parti a thrio trwsio'r craciau, er troi eu golygon i gyfeiriadau newydd, deil y smotyn hwnnw i'w bygwth, ond fod pawb yn ceisio'i osgoi.

Yr hyn sy gennyf yw mai'r Rhyfel Mawr mewn gwirionedd a lofruddiodd yr hen fyd Fictoraidd syber a saff gan esgor ar blentyn stranciog yr ugeinfed ganrif. Chwedl Emyr Humphreys:

> Anodd inni heddiw yw sylweddoli'n llawn drawiad ffrwydrol y Rhyfel Mawr ar gymdeithas ein tadau. Yn sydyn, ar draws heddwch diderfyn y prynhawn hir Fictoraidd, aeth y bydysawd yn

> wallgo. Fel peiriant direol heb yrrwr, heb gyfeiriad a heb ystyr, fe ddaeth cerbyd y rhyfel ar draws y ffurfafen i draflyncu'r gŵyr ieuainc am byth. Nid oedd modd dal y cerbyd yn ôl na dianc rhagddo. Ac yn waeth na dim, fe wyddai pawb cyn y diwedd, hyd yn oed Lloyd George a'r Ceisar, nad oedd neb o blant dynion yn medru rheoli'r peiriant. Y mae Pandora wedi agor y blwch technegol ac yr ydym yn dal i ddyheu am ymwared.[3]

Chwythodd y sloganau, Optimistiaeth a Chynnydd, eu plwc. Wrth reswm, roedd teyrnasiad llythrennol Fictoria wedi hen ddirwyn i ben er ei marwolaeth yn 1901 ac Edward VII wedi mynd a dod rhwng 1901 a 1910 gyda Siôr V yn ei ddilyn hyd 1936. Ond mae'r ansoddair 'Fictoraidd', yr un fath â 'Thuduraidd' neu 'Thatcheraidd', yn trosgynnu ffiniau amser ac yn ddisgrifiad cyffredinol o gasgliad cynhwysfawr o nodweddion. Rhaid cofio bod Fictoria wedi teyrnasu am gyfnod aruthrol o hir o drigain a chwech o flynyddoedd rhwng 1837 a 1901, cyfnod a welodd lu o newidiadau cymdeithasol a gwleidyddol. O'r herwydd, yng nghyd-destun Cymru'n enwedig, gellir cymryd 1914 fel croesfan rhwng dwy oes. Disgrifiodd Iorwerth Peate y byd Edwardaidd fel 'etifedd y byd Fictoriaidd, byd diddan y gymdeithas Gymraeg uniaith, byd y radicaliaeth boliticaidd, byd y capeli llawn a'r pregethu gwefreiddiol, byd y dadeni llenyddol . . .'[4] Cyfystyron gennyf yw 'Fictoraidd' a'r 'bedwaredd ganrif ar bymtheg' i raddau helaeth wrth ddisgrifio'r oes oedd ohoni cyn yr ugeinfed ganrif a fedyddiwyd yn nhân y Rhyfel Mawr.

Felly, wrth grybwyll Fictoriaeth, cyfeirir at nodweddion cymdeithasol a barhaodd am dros dri chwarter canrif gan daflu eu cysgodion dros y blynyddoedd dilynol. Yng ngeiriau lliwgar Dai Smith, 'Dechreuodd yr ugeinfed ganrif gyda phen mawr drannoeth y bedwaredd ganrif ar bymtheg. Cafwyd parti mor wyllt fel bod yr haneswyr a ddaeth draw i dacluso wrthi o hyd yn clirio'r llanast.'[5] Ac estyniad o Fictoriaeth oedd Edwardiaeth ar sawl cyfrif. Do, fe ddigwyddodd Rhyfel y Boer rhwng 1899 a 1903, ond ni chyffyrddodd hwnnw â thrwch y boblogaeth yn yr un modd â'r Rhyfel Mawr. Ar droad y ganrif, cymysg oedd y farn gyhoeddus ynglŷn â'r rhyfel hwnnw yng Nghymru ond fe'i gwrthwynebwyd yn hyglyw gan Lloyd George. Eto i gyd, roedd ei etholaeth ym Mwrdeistrefi Arfon o blaid y rhyfel. O ganlyniad, mewn cyfarfod a drefnwyd yn Neuadd y Penrhyn, Bangor ar y pryd fe drawyd Mrs. Lloyd George â bricsen; codwyd coelcerth yng Nghricieth a gorseddu delw o'r gwron lleol megis Guto Ffowc ar ei phen; a doedd neb chwaith am brynu ei gartref a warthnodwyd yn 'Tŷ y Boers'.[6]

Perthyn yn nes i dir myth nag i realiti a wna'r ddelwedd o Gymru radical o blaid y Boer yn nannedd erledigaeth yr Ymerodraeth. Tueddai'r de diwydiannol i gefnogi polisi llywodraeth y dydd tra cafwyd mwy o gydymdeimlad â'r Boer yn ardaloedd mwy Cymraeg y gogledd a'r gorllewin, yn enwedig ar ôl mabwysiadu dulliau cïaidd y gwersylloedd carchar. Yn Etholiad 1900 yr oedd 22 o blith y 32 ymgeisydd Rhyddfrydol yng Nghymru yn cefnogi rhan Prydain yn y rhyfel. Llwyddodd Lloyd George i gysoni ei wrthwynebiad i Ryfel y Boer â'i gefnogaeth i'r Rhyfel Mawr: 'yr un egwyddor a'm gyrrai y pryd hwnnw i wrthwynebu hyd yn oed ein gwlad ein hunain yw'r un a'm dug yma heno i gefnogi fy ngwlad.'[7] A gallai'r Cadfridog Smuts o Dde Affrica daro'r un nodyn yn Nhonypandy ddiwedd 1917: rhyfel 'cenedl fechan yn erbyn cenedl fwya'r byd'[8] oedd Rhyfel y Boer. Onid oedd Gwlad Belg, Serbia a Chymru dan fygythiad? Ac onid Prydain, bellach, oedd Achubwraig y Byd Gwareiddiedig?

Er gwaethaf safbwynt amhoblogaidd Lloyd George yn ystod Rhyfel y Boer, erbyn ei ddiwedd roedd llawer o'r un farn ag ef mai rhyfel imperialaidd, cyfalafol ydoedd. O'r herwydd, Lloyd George oedd un o'r ychydig a lwyddodd i elwa'n wleidyddol ar gorn y gyflafan honno. Yn ogystal, dehonglwyd ei wrthwynebiad i ryfel ar y pryd gan amryw fel ymarweddiad a oedd yn driw i ddaliadau Rhyddfrydiaeth-Ymneilltuaeth Gymreig. Ac mae'r cysylltnod yn briodol oherwydd fod perthynas gwleidyddiaeth a chrefydd mor llosgachol o glòs; y Rhyfel Mawr sy'n cynnig y prawf sicraf o hynny. Mae'n bwysig sylwi ar Lloyd George fel ffocws i ddyheadau Fictoraidd ei gyd-Gymry: drwy rym ei garisma gallai wyrdroi ac ailddiffinio traddodiadau Ymneilltuaeth yn 1914— yn enwedig yn achos Deddf Gorfodaeth Filwrol 1916—a hynny heb fawr o wrthwynebiad effeithiol.

Ond beth a olygir wrth y Prynhawngwaith Edwardaidd yng Nghymru? Roedd 1905 hyd 1914 yn gyfnod o ffyniant economaidd yng Nghymru. Llewyrchai porthladdoedd fel Casnewydd, y Barri, Abertawe ac, yn neilltuol, Caerdydd yn sgil twf aruthrol y diwydiant glo. Dyma hefyd gyfnod euraid trefi twristaidd fel Aberystwyth a Llandrindod. Yn gyfalaw roedd llenyddiaeth Gymraeg yn brigo'n optimistaidd gyda *Telynegion* (1900) ffres Silyn

Roberts a W. J. Gruffydd, awdl 'Ymadawiad Arthur' (1902) gyda'i Hafallon drofannol, awdl led hedonistaidd Williams Parry i'r 'Haf' (1910), ac arwrgerdd Crwys i 'Werin Cymru' (1911) a ddathlai holl nodweddion, mytholegol a ffeithiol, y werin Gymreig yn huawdl. Yn ei olygyddol yn 1913 i rifyn cyntaf *Y Wawr,* teitl arwyddocaol cylchgrawn myfyrwyr Cymraeg Coleg Aberystwyth, syniai Ifor Evans fel hyn:

> Credwn fod dymuniad calon Arthur yn cael ei ateb yng Nghymru heddyw a bod y dydd yn gwawrio. Mae Cymru yn deffro o'i thrwmgwsg ac yn ymagor i ryddid a 'gloewach nen'. Tystiolaeth a llais o bob cwr o Wlad y Bryniau yw fod y nos yn cefnu, a thoriad dydd yn neshau. Cymerwn, fel enghraifft o hyn, lenyddiaeth ein gwlad. Gwelir ei bod yn ymagor i fyd newydd—byd rhamant a mabinogi. Dywedir fod y niwl yn drwm ar ein llenyddiaeth ddiweddaraf, ond, os gwir hyn, credwn mai niwl y bore a herodr y dydd yw.[9]

Geirfa optimistaidd a gobeithiol Fictoriaeth.

Roedd blynyddoedd agoriadol y ganrif hon yn rhai llawn cynnwrf ym maes gwleidyddiaeth Gymreig yn ogystal. Roedd Lloyd George eisoes wedi gwneud ei farc yn ystod nawdegau'r ganrif ddiwethaf gyda mater datgysylltu'r Eglwys a'i gefnogaeth i fudiad Cymru Fydd. Pan edwinodd y mudiad hwnnw ar ôl 1896 bu newid cyfeiriad yn ei yrfa, er efallai na sylweddolwyd gwir arwyddocâd hynny gan ei gyd-Gymry ar y pryd. Ar ôl gwneud enw iddo fo'i hun ymhlith y Rhyddfrydwyr gyda'i ddadleuon adeg Rhyfel y Boer, yn 1905 fe'i penodwyd yn Llywydd y Bwrdd Masnach. Daliodd i ddringo'r ysgol weinidogaethol nes cyrraedd y brig pan ddisodlodd y Prifweinidog, Asquith, ddiwedd 1916. Nid Lloyd George oedd yr unig Gymro oedd wedi ymwthio i rengoedd blaen y byd gwleidyddol: yn 1915 etholwyd William Hughes, brodor o Lansanffraid-ym-Mechain, yn Brifweinidog Awstralia; y flwyddyn ganlynol dewiswyd Charles Evan Hughes, yr hanai ei dad o Dredegar, yn ymgeisydd y Gweriniaethwyr ar gyfer arlywyddiaeth Unol Daleithiau America.

I Gymru, felly, roedd pymtheng mlynedd cynta'r ugeinfed ganrif yn gyfnod o berffeithio, caboli, ac ymestyn y ddelwedd Fictoraidd. Mewn sawl ystyr roedd Cymru 'wedi cyrraedd', ac ystyr 'cyrraedd' oedd ei phrofi ei hun a chael ei derbyn yn yr arena fawr Brydeinig dan arweiniad y gladiator Lloyd George. Cafwyd prawf gweledol o hynny yn 1911. Bu Lloyd George yn flaenllaw gyda threfniadau defod arwisgo Edward yn Dywysog Cymru yng Ngorffennaf 1911 yng Nghastell Caernarfon a soniodd ei ferch, Olwen Carey Evans, am 'achlysur euraid. . . llawn emosiwn mawr i bob Cymro'.[10] Mewn llythyr oddi wrth Ysgrifennydd Preifat y Brenin ar y pryd, Arglwydd Stamfordham, diolchwyd i Lloyd George: 'Oherwydd fe sylweddola ei fawrhydi'n gywir mai eich meddwl chi a esgorodd ar y syniad cychwynnol ac a'i gweithredodd . . . '[11] Effaith Arwisgiad 1911 oedd Prydeineiddio Cymru ymhellach; roedd y bleidlais fawr o ffydd ym Mhrydain a fynegwyd ar ffurflenni recriwtio 1914-1916 wedi ei hen sicrhau ym mlynyddoedd 1900-1914. Fe ganwyd clodydd Britannia yn ddi-baid yn y wasg drwy gydol y Rhyfel yng ngherddi beirdd mor amrywiol â Prosser Rhys, Eifion Wyn, Crwys a Hedd Wyn.

Yng ngolwg llawer o bobl dynodai'r rhan amlwg a chwaraeai Cymru yn y Rhyfel binacl ei llwyddiant. Yn ei gyfrol bedwar can tudalen a gyhoeddwyd yng Ngorffennaf 1916, *The War and Wales,* gwelai J. Vyrnwy Morgan y Rhyfel fel bendith ddigymysg i'r Cymry. Dyma rai o deitlau'r penodau: 'Moeseg rhyfel; Bendithion rhyfel; Effaith y Rhyfel ar seicoleg y Cymry; Mr Lloyd George: ei athrylith, ei gymeriad, a'i gysylltiad â'r Rhyfel.' Yn ôl damcaniaeth ganolog ei gyfrol, gweld y Rhyfel fel crwsâd i waredu'r Cymry plwyfol o'u cenedlaetholdeb dichellgar a wnâi Morgan. Daeth Cymru a'i phobl o'r diwedd at eu coed: rhoesant heibio'u cenedlaetholdeb Cymreig a chofleidio gwladgarwch Prydeinig; rhoesant heibio'u mewnblygrwydd, eu henwadaeth a phob arwydd ranedig ac ynysig. Gwell peidio â throsi i'r Gymraeg rhag colli'r cywair teyrngedol:

> The intense enthusiasm which Wales has shown in this war is evidence of the thoroughness with which she has reversed her former and puritanical self. Great, according to her population and economic resources, has been her sacrifice, and great has been her suffering. Great also will be her reward in the consciousness of a national duty nobly done, and in the higher estimate of her loyalty and virility which must eventually be formed by those who dwell beyond her own borders. Here in reality is an epoch in her historical development that will or ought to stand as a lighthouse on her future promontory, and cast its beams beyond this generation to the sons and daughters of Wales, of whatever nationality, and who may need guidance thereby.[12]

Â'r un awdur rhagddo ar donnau ei rethreg i gyffelybu'r Cymry i'r Almaenwyr: yr un siofinistiaeth fostfawr a arddangoswyd gan y ddwy genedl a doedd wybod pa ffieiddbethau y byddai'r Cymry wedi'u cyflawni petai dros chwe deg miliwn ohonynt yn bodoli. Roedd cydymffurfiad y Cymry â'r Rhyfel a'r ymarfer ar gyfer hynny yn ystod yr Arwisgiad yn brawf digonol fod bwgan bygythiol y Cymro wedi ei drechu.

Diolch byth, felly, am y Rhyfel a sodrodd y Cymry yn eu lle. Fe ymddengys mai arall, diogel a difygythiad, oedd eu rhagoriaeth:

> Rather must we look for the genius and quality of the Welsh soul in the social and sexual ethics of the people; in their aptitude for religion and politics; in their attachment to their homes and their families; in that form of culture which has been grown on the native soil.[13]

Roedd cerydd cenedlaethol 1847 yn sicr wedi dwyn ffrwyth. Serch hynny, daliai rhywrai'n benstiff o annheyrngar o hyd:

> . . . the vagaries of certain classes of professional politicians and professional labour agitators . . . They are poisoning the soul of the nation.[14]

A dyna hefyd yw'r sylweddoliad yn y catalog darluniadol, *South Wales as the Chief Industrial Centre of the United Kingdom: Her Part in the Great Victory* (1922). Daethai'r llyfr o stabl y *Western Mail* a'i nod oedd hyrwyddo de Cymru drwy ganu ei chlodydd er denu diwydiant â phenawdau bras fel 'Arloeswyr Nodedig; Port Talbot: Tref Ryfeddol Ar Ganol Datblygiadau Enfawr; Llanelli: Canolfan Fawr Sy'n Prysur Ddatblygu.' Yn eironig o gofio cywair brolgar y gyfrol, bu'n rhaid gohirio'i chyhoeddi am flwyddyn oherwydd effeithiau'r dirwasgiad yn ystod Hydref 1920 ym marchnadoedd y byd.

Yn 1910 bu anghydfod diwydiannol enwog Tonypandy pan alwodd Winston Churchill, yr Ysgrifennydd Cartref, ar y milwyr i gadw trefn. Yna, yn 1912, cyhoeddodd y glowyr eu maniffesto Marcsaidd, *The Miners' Next Step.* Gellid darlunio de Cymru mewn stâd o gythrwfl cymdeithasol:

> Yn anad yr un sector arall o'r byd diwydiannol, roedd de Cymru ar fin cael ei chwalu gan wrthdaro dosbarth fel y rhagwelwyd ers

> talwm byd gan Marx. . .Gwelid yng Nghymru bellach brototeip o argyfwng cyfalafiaeth yn ei boenau marw dirdynnol.[15]

Sylwer mai yn ne Cymru y digwyddai hyn ac mai effaith undebaeth gynyddol Farcsaidd y de oedd nid yn unig creu rhwyg rhwng y gweithiwr a'i feistr ond rhwng y deheuwr a'r gogleddwr yn ogystal. Yn yr un flwyddyn yn union cyhoeddodd Undeb Chwarelwyr Gogledd Cymru hefyd ei faniffesto, sef Siarter y Chwarelwyr, ond yn lle Marcsiaeth radical eu cymrodyr yn y de mynegiant mwy traddodiadol Gristnogol oedd eiddo chwarelwyr y gogledd; tra oedd y deheuwyr yn swancio'u sosialaeth roedd y gogleddwyr yn dal i arddel cenedlaetholdeb diwylliannol y Rhyddfrydwyr a'u cysyniad o werin ddiddosbarth. Byddai'n dro byd eto cyn i syniadau sosialaidd David Thomas yn *Y Werin a'i Theyrnas* (1910) gydio yng ngogledd Cymru.[16] Fel y sylwodd J. Beverley Smith, 'fe allem ystyried darn go bwysig o brofiad y genedl hon wrth gyfosod y ddwy ddogfen werthfawr a luniwyd ym 1912.'[17]

'Cadfridogion' Lloyd George

Un o ffotograffau enwocaf y Rhyfel yw hwnnw o Lloyd George, y Parch. John Williams, Brynsiencyn, a Syr Henry Jones ill tri a dynnwyd yn 1916 yn Stryd Downing.[18] Dyma dri o sêr disgleiriaf y werin Gymreig, pob un yn ymgorfforiad o lwyddiant bydol, tri o feibion y bwthyn ar lechen drws pencadlys grym. Gwnâi'r ffotograff hwn iawn am yr holl ddifrïo a ddioddefodd y Cymry yn sgil Brad y Llyfrau Gleision er 1847: roedd Cymru wedi cyrraedd y brig—yn wleidyddol ym mherson Lloyd George, yn grefyddol ym mherson John Williams, ac yn addysgol ym mherson Henry Jones. Ni cheir gwell symbol gweledol o lwyddiant hogiau'r werin: dangoswyd i'r byd ar delerau'r byd fod y Cymry'n genedl mor fucheddol a galluog â gweddill trigolion Prydain Fawr a dangoswyd i'r Cymry nad oedd dim yn anghson rhwng Cymreictod a Phrydeindod. Goresgynnwyd dros dro goblyn o gymhleth israddoldeb a rhoed balchder a bri o'r newydd ar fod yn Gymro. Yr un ffotograff sy hefyd yn arwyddo cam gwag mwyaf hyrwyddwyr Hen Werin y Graith: i'r fan hon yn Llundain yr arweiniwyd hwy a'u canlynwyr gan eu gweledigaeth fawr.

Prys Morgan sy'n dadlennu arwyddocâd cysyniad 'y Werin':

> Ym mhropaganda'r Cymry o ganol y ganrif ymlaen mae gwreiddyn y syniad o'r 'Werin Gymreig', mae'n debyg. O fod yn wlad gysglyd, dawel, fe drodd Cymru i fod yn fywiol-wleidyddol. . . Allan o'r cyffro mawr ac allan o'r angen i greu balchder yn y werin gyffredin y tyfodd y syniad o 'Werin Cymru' ymhen amser.[19]

Hyrwyddwyd y myth gan Samuel Roberts, Gwilym Hiraethog, David Rees ac R. J. Derfel; erbyn diwedd y bedwaredd ganrif ar bymtheg a hithau'n oes aur Rhyddfrydiaeth Gymreig, Michael D. Jones, Thomas Gee a Tom Ellis a barhaodd â'r gwaith. Rhamant-eiddiwyd y pictiwr gan lu o feirdd, mawr a mân; yn eu plith Ceiriog, Eifion Wyn, T. Gwynn Jones, Crwys, W. J. Gruffydd, a T. Rowland Hughes. Bu O. M. Edwards yntau yn ei gyhoeddiadau niferus yn un o ledaenwyr mwyaf poblogaidd a phwerus y myth. Yn wir, ym mhryddest arobryn Crwys ym mlwyddyn yr Arwisgiad y cafwyd un o'r darluniau cyflawnaf o'r werin. Pobl wledig, amaethyddol yn hytrach na diwydiannol oeddynt, rhai'n gwarchod eu tir er gwaethaf bygythiad pob gormeswr. Gwerin ymneilltuol ydoedd a deuai gonestrwydd, sabotholrwydd, dirwest, duwioldeb, darbodusrwydd, a chariad at addysg, oll yn sgil ei Hymneilltuaeth. Gwelir yng ngwaith y beirdd ei bod yn werin ddiniwed, agos at natur ac fel ei gwlad, yn ddiwair a glân.

Darlun dethol iawn oedd hwn o'r Cymry ac roedd elfennau yn ei blygion a oedd yn bownd o wrthdaro. Yn ogystal, byddai'r myth yn rhy glawstroffobig i gynnwys eraill y tu mewn i'w ffiniau. Yn ôl pob golwg, dyrchafiad Lloyd George yn Brifweinidog yn Rhagfyr 1916 oedd uchafbwynt cyhoeddus y myth. Eto i gyd, daeth ei symudiad hanesyddol eisoes i *cul-de-sac* yn 1896 pan aeth gobeithion mudiad Cymru Fydd i'r gwellt. Y datblygiad mwyaf naturiol i'r rhai a hyrwyddai fuddiannau'r werin fyddai tuag at hunanlywodraeth i Gymru. Pan fu oedi dro ar ôl tro ynglŷn â'r Mesur Datgysylltiad rhwng 1892 a 1894, styfnigodd Lloyd George yn fwy na'r gweddill o'r Aelodau Seneddol Cymreig; roedd ef un cam o'u blaenau wrth weld mater datgysylltu yng nghyd-destun ehangach hunanlywodraeth i Gymru. O'r herwydd, rhwng 1894 a 1895 grymusodd ei ymgyrch ar ran mudiad Cymru Fydd. Mewn cyfarfod yn Aberystwyth yn Ebrill 1895 unodd y mudiad yn ffurfiol â Ffederasiwn Gogledd Cymru o'r Rhyddfrydwyr, cam a baentiodd y mudiad yn amlycach â lliw plaid ac a fyddai'n faen tramgwydd yn y dyfodol. Byddai'n rhaid concro'r de diwydiannol er mwyn i'r

Tri Chymro yn Stryd Downing: Syr Henry Jones, David Lloyd George a'r Parch. John Williams, Brynsiencyn.

(Trwy garedigrwydd Gwasanaeth Archifau Gwynedd)

mudiad ennill cefnogaeth dorfol. Ond ar 16 Ionawr 1896 fe geisiodd Lloyd George yn ofer draddodi anerchiad gerbron cynulliad stormus yng Nghasnewydd a'r cyfarfod diarhebol hwnnw a roddodd daw ar fudiad Cymru Fydd ac a daflodd hunanlywodraeth i Gymru o'r agenda wleidyddol—er gwaethaf ymdrechion Herbert Lewis yn 1898 ac E. T. John yn 1914—hyd ymyrraeth Plaid Genedlaethol Cymru o 1925 ymlaen. Profwyd pa mor fytholegol oedd y cysyniad o werin: gweledigaeth a berthynai i'r Gymru Gymraeg amaethyddol ydoedd yn y bôn ac ni chwmpasai brofiadau Cymry'r deheudir diwydiannol.

Blwyddyn hollbwysig, felly, yw 1896 oherwydd gwelodd Lloyd George holl wendid a rhagoriaeth y cysyniad o werin. Er mai hon oedd y graig y naddwyd ef ohoni gwelodd bellach hyd a lled y myth ac mi fyddai yn ei dro yn gallu ecsbloetio'i holl nodweddion i'w ddibenion ei hun. Erbyn troad y ganrif troes Lloyd George yn ganolbwynt y myth, yn enwedig pan benodwyd ef, yn 1905, yn Llywydd y Bwrdd Masnach. Dechreuasai'r cofiannau ymddangos eisoes megis *Y Gwir Anrhydeddus David Lloyd George: Ei hanes o'r cryd i'r Cyfrin-Gyngor* (1910),[20] *The Life Romance of Lloyd George* (1916),[21] neu *From Village Green to Downing Street* (1908).[22] Mae'r teitlau hyn yn unig yn dramaeiddio'i yrfa drwy dynnu sylw at y pegynau cyferbyniol a berthyn i'w hanes.

Mewn pedair cyfrol ddadlennol iawn eu teitl a gyhoeddwyd rhwng 1913 a 1918 gan yr Aelod Seneddol Rhyddfrydol, John Hugh Edwards, *The Life of David Lloyd George with a short history of the Welsh people,* darlunir y gwron fel y mab darogan y bu'r Cymry'n hiraethu amdano ers talwm byd. Darostyngir gweddill hanes Cymru i ganrifoedd o ddarparu'r llwyfan ar gyfer ymddangosiad ei phrif actor a fyddai'n gwireddu drama fawr ei dyheadau. Roedd y wir ddrama wedi dod i ben yn 1896 ond, a'r Cymry'n cael y ffasiwn flas ar ddanteithion Prydeinig, pwy a faliai am hynny. Cyn ei ddyfodiad, roedd Cymru'n wlad gysetlyd o annibynnol a chyfeiriai'r *Encyclopedia Britannica* ati, 'for Wales—see England.' Ond cludodd y nerthol Lloyd George hi i ganol y byd mawr:

> For this change of attitude, so welcome on the English as well as on the Welsh side of the borders, the credit is mainly due to Lloyd George ... To him belongs the distinction of being the first Welshman who has so expressed the authentic voice of Wales as to make it resonant beyond the borders of the Principality. He is the

> chief interpreter of the Cymric's race, and the foremost champion of its interests. And this rôle is by the subtle force of an inborn affinity. No man more fully shares its moods or more eloquently articulates its aspirations than he. He epitomises the Welsh people... One may, therefore, say with perfect appositeness: 'Lloyd George—see Wales.'[23]

Yn sgil ei berson ef yn anad undyn arall y daeth proses nerthol Prydeineiddio i'w anterth yng Nghymru.

Un sydd fel petai'n ymgorffori amryw o nodweddion y Gymru weringar yw O. M. Edwards, 'y dylanwad unigol mwyaf grymus o bosib ar y genhedlaeth hyd at 1914'[24] fel yr awgryma K. O. Morgan amdano. Golygai fflyd o gyfresi poblogaidd megis Cyfres y Fil a Chyfres y Werin ynghyd â chylchgronau megis *Cymru, Cymru'r Plant* ac *Y Llenor.* Bu mor greadigol gynhyrchiol ag unrhyw asiantaeth cysylltiadau cyhoeddus yn bathu sloganau dyrchafol ar gyfer y Gymru Fictoraidd. Roedd ei egni dihysbydd ef a John Morris-Jones rhyngddynt yn arwydd pendant o ffyniant cenedlaetholdeb diwylliannol. Er treulio blwyddyn yn Aelod Seneddol dros Feirionnydd wedi marwolaeth Tom Ellis doedd gan O. M. Edwards fawr i'w ddweud wrth wleidyddiaeth gyfansoddiadol: y flaenoriaeth, hyd y gwelai ef bethau, oedd trwytho'r Cymry yn eu hanes eu hunain yn gyntaf oll. Ymddiried yn Lloyd George—dyna'r agwedd lywodraethol tuag at wleidyddiaeth ymarferol. Ond fel y sylwodd Tecwyn Lloyd, bu'n rhaid talu'n ddrud am y rhwyg hwn rhwng gwleidyddiaeth ddiwylliannol a gwleidyddiaeth ymarferol:

> ... ar ôl cwpla â *Wales* ym 1897, ni cheisiodd O. M. Edwards wedyn ei atgyfodi; Cymru Gymraeg fu ei brif ofal wedyn. Ond gofal diwylliannol ydoedd. Canlyniad hyn fu codi cenhedlaeth o ddilynwyr a oedd yn ysgaru diwylliant Cymraeg oddi wrth wleidyddiaeth Gymraeg nes bod y ddeubeth yn pellhau fwyfwy oddi wrth ei gilydd yng nghwrs y ganrif hon. Erbyn Refferendwm 1979, sôn a wneid yn bennaf am ddatganoli, cam gwleidyddol pur a allai fod yr un mor gymwys i, dyweder, ogledd neu ganolbarth Lloegr; nid oedd 'cymreictod' y cam, ei wedd genedlaethol yng Nghymru, yn bwysig i neb ond i gefnogwyr Plaid Cymru. Dechreuodd y trychineb hwn gyda'r deffro diwylliannol a grëwyd—nid o fwriad—gan O.M.E. a'i gyfoeswyr ar ddechrau'r ganrif hon.[25]

Addysgwr oedd O. M. Edwards yn rhinwedd ei swydd, ac addysg, yng ngolwg amryw byd o'i gyfoeswyr, a arwyddai'r ffordd ymlaen i Gymru. Ond yn ymarferol, ystyr 'symud ymlaen' oedd cefnu ar hualau Cymru gan fod addysg hefyd yn agor drws i fyd helaethach Seisnig.

Yn ei gyfrol graff o bortreadau Cymreig, *Gwŷr Enwog Gynt* (1950), mae E. Morgan Humphreys fel petai'n ymatal rhag fflangellu John Williams yn ormodol am iddo bregethu o'r pulpud mewn lifrai milwrol. Wedi sylweddoli yr oedd mai un diniwed ddigon, yn ei hanfod, oedd pregethwr enwocaf ei ddydd, creadur hawdd dylanwadu arno ac ysglyfaeth gyfleus i gawr perswadiol fel Lloyd George. Adroddir hanesyn gan yr awdur i enghreifftio'i ddiniweidrwydd. Pan gyhoeddwyd y Rhyfel yn Awst 1914, rhoddodd y llywodraeth ar ddeall na ddeuai'r Mesur Datgysylltu hirddisgwyliedig yn ddeddf gwlad tan ar ôl y gyflafan. Yn gandryll, galwodd John Williams a Morgan Humphreys, a olygai bapur y Methodistiaid Calfinaidd, *Y Goleuad,* gyfarfod protest yn y Rhyl. Gwylltiwyd y cynrychiolwyr yn y cyfarfod hwnnw'n gacwn gan gyhoeddiad mewn papur newydd a ddywedai nad oedd y llywodraeth am i arweinwyr Cymru ymddwyn fel 'dynion bychan mewn cyfwng mawr'. Cythruddwyd pawb, pawb ond John Williams a fu am dro yn y cyfamser i Lundain lle y dofwyd ei brotest:

> Gallai Lloyd George swyno John Williams; yr oedd ganddo hoffter tuag ato yn bersonol ac edmygedd, diderfyn bron, o'i athrylith. Teimlad hollol onest felly oedd, yn fy marn i, yn cyfrif am y dylanwad aruthrol a oedd gan Lloyd George arno am flynyddoedd, ac nid oedd neb a wyddai am y dylanwad hwnnw yn well na Lloyd George ei hun. Defnyddiodd ef er mwyn lleddfu dig John Williams o flaen cynhadledd y Rhyl.[26]

Wrth 'Ail-Gloriannu John Williams, Brynsiencyn',[27] nododd R. Tudur Jones fel yr oedd 'gweld John Williams yn esgyn i bulpudau'r Methodistiaid Calfinaidd yn lifrai'r cyrnol yn fwy nag a allai llawer o'i edmygwyr gwresocaf ei stumogi', ei fod 'o dan fawd Lloyd George', ac iddo 'golli'i draed yn ddifrifol a dwyn sen ar yr Efengyl a bregethai'.[28] Dyma fel yr adweithiodd Iorwerth Peate yn ei erbyn ar y pryd:

> Yn ystod y Rhyfel mawr cyntaf, John Williams oedd yr unig weinidog 'i Grist' a welais mewn lifrai milwr. Gwelais ef yn

> torsythu'n rhwysgfawr ar stesion Machynlleth a thrachefn yn Aberystwyth. Er nad oeddwn y pryd hwnnw wedi ffurfio barn ar bwnc heddwch a rhyfel, fe'm syrffedwyd gymaint gan y syniad o weinidog mewn gwisg milwr fel y gwrthodais yn bendant fynd i wrando arno'n pregethu pan ddaeth cyfle. Ni chefais ail gyfle. Y mae darlun Mr. Humphreys ohono'n un caredig—ond ofnaf yr erys John Williams i mi yn ŵr y Gymraeg chwyddedig a'r lifrai milwr.[29]

Darlun 'caredig' meddai Peate am un Morgan Humphreys; pwysleisiwyd, mewn modd gostyngedig iawn, mai dyn 'rhy onest' ydoedd, un na fwriadwyd iddo fod yn arweinydd gwleidyddol neu eglwysig. Ac eto, roedd gan Morgan Humphreys yntau le i gwyno yn erbyn John Williams. Pan fu'n golygu'r *Goleuad* yn ystod y Rhyfel cyhoeddai erthyglau pasiffistaidd a gwrthfilwrol Puleston Jones a D. Francis Roberts. Digiai John Williams yn arw oherwydd cyhoeddi'r ffasiwn stwff, ond yn fwy byth ar gownt unrhyw feirniadaeth ar Lloyd George:

> Mae y 'Goleuad' yn chwyrnu ar Ll.G. ers tro, ac yn y rhifyn presennol y mae yn cyfarth ac yn brathu. Mae hyn yn ddolur mawr i'w deimlad ei hun, ac i deimladau llu mawr o ddarllenwyr ffyddlon y 'Goleuad'.[30]

Ar ôl saga hir a throellog, diwedd y gân fu haneru cydnabyddiaeth Morgan Humphreys am olygu'r papur ac yn ddiweddarach ei ddiswyddo mewn modd diurddas.

Gan R. R. Hughes yn ei gofiant iddo y ceir yr ymdriniaeth lawnaf â gweithgarwch John Williams yn ystod y Rhyfel. Dyma'i ddyfarniad carcus ond arwyddocaol:

> Pan dorrodd y Rhyfel allan yn Awst 1914, teimlai John Williams fod arno gyfrifoldeb trwm i'w wlad. Gan mai ef oedd y blaenaf o bregethwyr poblogaidd Cymru, a'i fod hefyd ymhlith blaenion ei hareithwyr a'i harweinwyr, dibynnai agwedd llawer at y wladwriaeth ar ei agwedd ef ati. Edrych yn amheus a wnâi'r Ymneilltuwyr ar bob trefniant a chynllun i hyrwyddo'r ysbryd milwrol. Pe penderfynasai John Williams arwain yn erbyn dwyn arfau, a thaflu ei hyotledd a'i ddylanwad i'r un ochr â dynion fel Puleston Jones a'r Prifathro Thomas Rees, gellir dychmygu am ogledd Cymru, o leiaf, yn cymryd cwrs gwahanol i'r hyn a gymerodd ynglŷn â'r Rhyfel Mawr. Yr hyn a wnaeth John Williams, fodd bynnag, oedd ymdaflu â holl egni ei natur frwd o blaid ymladd.[31]

Tystir iddo roi sawl cam gwag: rhai cyndyn i ymrestru oedd hogiau gwladaidd Môn gan na pherthynai militariaeth ddim i'w profiad. Addawai'r pregethwr ar goedd yr âi ef ac Owen Thomas, y naill fel Caplan a'r llall fel Brigadydd Brigâd Gogledd Cymru o Gorfflu'r Fyddin Gymreig, draw gyda'r bechgyn i Ffrainc ac ymddiriedodd rhieni'n dyrrau ynddynt gan feddwl y byddai'r ddau yno i gadw golwg dadol ar eu meibion. Am amryfal resymau, y diwedd fu nad aeth yr un ohonynt drosodd yn gwmpeini i'r milwyr.

Mae'n werth dyfynnu pwt o anerchiad o enau John Williams er mwyn tystio i'w nerth areithyddol ar waith:

> Chwi fechgyn gwridgoch Môn, wnewch chi adael i fechgyn gwyneblwyd y trefi aberthu eu bywydau i'ch cadw chi yn groeniach? Wnewch chi adael i'ch brodyr groesi y weilgi o'r America a Chanada ac Awstralia, a chwithau yn trigo yn ddiofal yn ymyl? Gaiff yr Indiaid melynddu ddod yma wrth y miloedd i ymladd dros eich rhyddid a'ch iawnderau chwi, a chwithau'n ymdorheulo mewn cysur a chlydwch? Byddwch ddynion. Sefwch i fyny dros eich gwlad, dros eich rhyddid a thros eich Duw.[32]

Yn ôl pob sôn, ni thyciai'r math hwn o rethreg gyda thrigolion Môn: yn gwbl wrthgynhyrchiol, codai gyfog arnynt a châi Syr Henry Jones well hwyl o'r hanner ar recriwtio o lwyfannau cyhoeddus yr ynys ar ei ben ei hun na phan rannai blatfform gyda John Williams.[33]

Syr Henry Jones yw'r aelod olaf o'r triawd hwnnw y tynnwyd ei lun yn 1916 ar risiau Stryd Downing. Fel y 'crydd athronydd' y'i hadwaenid ar lafar gwlad ac fel Lloyd George ei hunan, roedd y bachgen gwerinol o Langernyw, Sir Ddinbych, yn ymgorfforiad o ddyheadau'r Gymru Fictoraidd: fe ddringodd yn ddyfal ysgol llwyddiant o'r bwthyn tlawd i safle o fri ac enwogrwydd cenedlaethol. Cyrhaeddodd frig ei yrfa academaidd pan benodwyd ef yn Athro Athroniaeth Prifysgol Glasgow ac fe'i hurddwyd yn farchog am ei gyfraniad yn 1912. Fodd bynnag, mae gan Morgan Humphreys sylwadau digon pellgyrhaeddol amdano yntau:

> Ni bûm yn gwrando arno yn ystod y rhyfel; yr oedd yn well gennyf beidio. Yn ystod y blynyddoedd rhwng 1914 a 1918 yr oedd llawer iawn o'r pethau yr oedd pobl o'm cenhedlaeth i wedi cael eu magu i gredu ynddynt yn myned yn chwilfriw, a'r hyn oedd yn chwerw oedd ein bod yn gorfod dechrau amau a oedd y rhai a'n dysgodd i

> gredu ynddynt wedi credu ynddynt eu hunain . . . Dyma'r cyfnod y byddai'r tadau yn sôn am 'roddi' eu meibion er mwyn eu gwlad, a ninnau yn meddwl mai'r meibion ac nid y tadau oedd yn cael eu lladd a'u darnio. Teimlem, yn gam neu yn gymwys, nad oedd siaradwyr fel Henry Jones a Dr. John Williams yn sylweddoli hacrwch y dinistr. Cred yn Lloyd George oedd symbyliad mawr Dr. Williams. Yr oedd gan Henry Jones athroniaeth wahanol er ei fod yntau yn edmygu Lloyd George, ac nid wyf yn amau nad oedd y ddau yn hollol gywir. Peth arall ydyw credu eu bod yn iawn.[34]

Un arall a fu'n gymorth garw yn yr ymgyrch recriwtio ac a feddyliai'r byd o Lloyd George oedd John Morris-Jones. Bu'n ddiwyd yn trosi deunydd propaganda i'r Gymraeg, gweithgaredd na fu'n rhwystr ar ei ffordd mae'n siwr pan benderfynwyd ei urddo'n farchog yn 1918. Gwelir ffrwyth ei waith yn britho tudalennau'r *Beirniad,* y cylchgrawn llenyddol dan ei olygyddiaeth a droes, yn rhannol, yn offeryn progaganda'r llywodraeth yn ystod y Rhyfel. Yn hynny o beth, doedd fawr o wahaniaeth rhyngddo a mwyafrif cyhoeddiadau diwylliannol y dydd: rhoes *Y Cerddor* a'r *Gymraes* eu cefnogaeth i'r ymgyrch ac O. M. Edwards yr un modd yn ei gyfnodolion yntau. Cefnogol gan mwyaf oedd y cylchgronau enwadol hwythau fel y sylwir yn fanylach yn y man.

Yn ychwanegol at *Y Goleuad,* golygai Morgan Humphreys *Y Genedl* yr un pryd ac aeth i drybini drachefn am feiddio beirniadu polisi Lloyd George fel Prifweinidog ar lywodraeth glymblaid. Sgrifennodd Morris-Jones yn ddig ato gan resynu gweld Cymro yn ochri gyda giang o feirniaid Saesneg yn erbyn ei gydwladwr.[35] Dyma arwydd pellach o wendid myth y werin: ar y naill law, syniwyd am y Cymry fel un teulu mawr cytûn a phawb yn aelodau cydradd o werin ddiddosbarth heb ormes ar ei chyfyl; ar y llaw arall, annheyrngarwch o'r mwyaf ydoedd codi llais a meiddio beirniadu un o statws Lloyd George a oedd yn arweinydd ac yn gyd-aelod o'r werin ddemocrataidd hon.

Daeth cyfle erbyn canol y Rhyfel i sylweddoli ystrywiau gwleidyddol Lloyd George a hynny yn sgil y Mesur Gorfodaeth Filwrol a ddaeth yn ddeddf yn 1916 ac y bu ef, fel Gweinidog Arfau, yn pwyso mor eiddgar amdano. Mewn cyfrol anwrthrychol o imperialaidd ei gogwydd, roedd J. Vyrnwy Morgan wedi atgoffa Lloyd George yn 1916 mai cynnyrch ei ymgyrch genedlaetholaidd gynharach ef oedd y gwrthwynebydd cydwybodol:

> The Nonconformist conscientious objector in Wales is very largely the offspring of Lloyd George's past speeches and attitude in regard to some national movements in Wales.[36]

Yn ddi-os, roedd y gwladweinydd yn rhannol gyfrifol am ei botes ei hun. Âi'r holl syniad o orfodaeth filwrol yn groes-graen i'r ethos Rhyddfrydol ac ymneilltuol, a bu'r wasg Gymraeg am fisoedd yn gyforiog o lythyrau'n beirniadu'r mesur.

Dyma ran o 'Lythyr Agored' Beriah Gwynfe Evans at Lloyd George o'r *Brython,* 27 Ionawr 1916, llythyr sy'n crynhoi ac yn nodweddu'r math o brotest a leisiwyd yn rymus ar y pryd:

> . . . anghytunaf i, a llawer eraill o'ch hen gydfilwyr, â chwi pan fyddoch
> 1. Yn dwyn gwarth Gorfodaeth Filwrol yn ddiraid ar wlad sydd a'i nerth a'i gogoniant yn ei gwirfoddolrwydd; a
> 2. Yn newynnu yn ddi-raid ddiwydiannau a masnach rheidiol y wlad, sydd yn anhepgor i'n llwyddiant yn y Rhyfel erchyll hwn.

Aeth Beriah rhagddo i atgoffa'r gwron o'r graig y naddwyd ef ohoni:

> A ydych yn cofio byrdwn y Gân Etholiad boblogaidd honno ar donnau yr hon yr etholwyd chwi mor fudugoliaethus yn 1892?—'Fight for the freedom of Cambria!' Arwr Rhyddid eich gwlad oeddech y pryd hwnnw, a brwdfrydedd eich cefnogwyr yn ysgubo pob gwrthwynebiad ymaith. Erys eich enw byth mewn bri am a wnaethoch y pryd hwnnw i ddryllio rhwymau caethiwed eich pobl. Sut mae pethau heddyw? Rhyddid llafar, Rhyddid y Wasg, Rhyddid y Gweithiwr, Rhyddid y Senedd, Masnach Rydd—oll mewn perygl, rhai ohonynt eisoes wedi cael eu colli, o leiaf dros amser. Hyderaf nad ar dir gwrthgiliad y'ch gwelir; ond y ceir chwi yn fuan yn gwisgo holl arfogaeth Arwr Rhyddid Gwerin fel cynt.

Roedd rhywrai o leiaf wedi bwrw'u naïfrwydd gwleidyddol erbyn 1916, sef ugain mlynedd mewn gwirionedd wedi i Lloyd George droi'i gôt o fod yn radical o genedlaetholwr i fod yn wleidydd Rhyddfrydol y sefydliad.

Chwyldrowyd natur y berthynas oddefol gynt rhwng y dinesydd unigol a'r wladwriaeth ganol yn sgil y Rhyfel:

> Ni freuddwydiodd hyd yn oed y craffaf ei weledíad am yr ymyriadau â rhyddid, am y cyfyngiadau ar hawliau y person unigol, am yr honiadau am uchafiaeth ac unbennaeth y Wladwriaeth, am y dibrisio oer ar yr enaid unigol, a oedd i ddyfod fel nodweddion y cyfnod newydd.[37]

Mae Gwynfor Evans yn llygad ei le pan haera fod 'y ddau ryfel byd [wedi rhoi] hwb nerthol i'r broses o Brydeineiddio Cymru. Gwanhawyd gafael ei hiaith a'i gwerthoedd; ysgytiwyd ei chymundod i'w gwreiddiau yr un pryd â'i chlymu yn dynnach wrth Lundain'.[38] Ond i laweroedd yng Nghymru bu eu hymwneud cynyddol â'r wladwriaeth fiwrocrataidd yn fodd i ymgryfhau. Er gwaethaf effaith barlysol y Rhyfel ar y diwydiant llechi daeth Undeb Chwarelwyr Gogledd Cymru 'i oed',[39] yng ngeiriau ei hanesydd, rhwng 1914 a 1918 oherwydd ei gynnwys am y tro cyntaf un yn ei hanes o fewn trafodaethau swyddogol ynglŷn â materion y wladwriaeth. Rhoes y math hwn o gydnabyddiaeth hwb aruthrol i'r mudiad llafur yn gyffredinol yn ystod y Rhyfel. Yr un pryd ag yr ymestynnwyd yr etholfraint ym Mehefin 1918 a rhoi'r bleidlais i ferched dros ddeg ar hugain oed yn dilyn cydweithrediad y ferch yn ystod y Rhyfel, fe'i rhoddwyd hefyd i ddynion dros un ar hugain oed. Cafodd hyn effaith ddramatig ar nifer yr etholwyr yng Nghymru a gododd o 430,000 i 1,172,000.[40] Pan gâi'r werin hon gyfle yn y man i bleidleisio ar lefel ddigynsail, nid etholai fyth wedyn lywodraeth Ryddfrydol. Ar ôl bradychu eu hymddiriedaeth hygoelus gyhyd, denwyd aelodau'r werin at bleidiau gwleidyddol amgen ymhen fawr o dro; daeth diwedd ar ddyddiau'r arweiniad paternalistaidd. Mewn gwirionedd, gydag i'r werin ddod i'w theyrnas, fe'i tanseiliwyd yn ideolegol ac yn ymarferol: y ddau sefydliad a fu'n foddion iddi wireddu ei dyheadau oedd Ymneilltuaeth a Rhyddfrydiaeth, ond fe droes y chwarae'n chwerw ac yn ystod ac ar ôl y Rhyfel fe dalodd y ddau'n ddrud dros ben am y berthynas a fu rhyngddynt gynt.

Llawenhâi Ivor Nicholson a Trevor Lloyd-Williams mewn llyfr a gyhoeddwyd yn syth ar ôl y Rhyfel, *Wales: its Part in the War* (1919):

> . . . the part played by Wales, in this, the greatest of all wars, is but in keeping with her part, consistent with her ancient valour, her faith in ideals, and her long range of service in the dethronement of

> tyranny and wrong. She has served, and still serves, her 'big sister' well . . . she has been a more valuable factor in the life of this Empire than we have hitherto dreamed of.[41]

Mae'n siwr y gallasai Lloyd George amenio'r frawddeg glo; gyda synnwyr trannoeth mae i'r geiriau ryw dristwch ofnadwy. Perthyn i'r hen fyd a wnâi'r awduron hyn erbyn 1919: yr oedd dyddiau'r Ymerodraeth eisoes wedi'u rhifo. Fodd bynnag, o ran undeb gwleidyddol yr ynysoedd hyn roeddynt yn llygad eu lle: tynhaodd y wladwriaeth ei gafael ar ei thrigolion fel na wnaethai erioed o'r blaen a chydiodd Cymru'n dynnach fyth am Brydeindod. O fewn ffiniau Cymru ei hun, profodd yr holl rwygiadau gwleidyddol a amlygwyd yn ystod y dauddegau pa mor fregus oedd y Gymru fach gymodlon a chytûn y canwyd ei chlodydd gan ei beirdd am flynyddoedd cyn 1914. Wrth i'r de diwydiannol gael ei lygad-dynnu fwyfwy gan addewidion Llafuriaeth, go brin y gellid cyfeirio ag argyhoeddiad at unrhyw unoliaeth na chonsensws Cymreig a fodolai yn y cynfyd Fictoraidd.

Byddin Lloyd George

Go brin y gellid hawlio fod rhyfela yn beth 'anghymreig' o gofio am ganu arwrol Aneirin a Thaliesin a Llywarch Hen. Apeliai Lloyd George at draddodiad a roddai fri eithriadol ar frwydro pan soniai am draddodiad milwrol Cymru yn ei araith enwog, 'Dyled y Byd i Genhedloedd Bychain', araith a draddododd gerbron cynulliad o Gymry Llundain yn Neuadd y Frenhines, 19 Medi 1914, ac un a esgorodd cyn pen diwedd y mis ar Gorfflu'r Fyddin Gymreig:

> Mi hoffwn weled byddin Gymreig ar y maes. Mi hoffwn weled y genedl a wynebodd y Normaniaid am gannoedd o flynyddoedd yn ei hymdrech am ryddid, y genedl a gynorthwyodd i ennill brwydr Cresi, y genedl a ymladdodd am genhedlaeth dan Owain Glyndŵr yn erbyn y capten mwyaf yn Ewrob—mi hoffwn weled y genedl honno'n rhoi eithaf blas o'i theithi yn yr ymdrech hon yn Ewrob; a hynny a wna.[42]

Ac os nad yw arwriaeth frolgar Taliesin na myfyrdod diffaith Heledd yn ddigon garw, darllener cywydd Iolo Goch i Syr Hywel y Fwyall sy'n dathlu'n sadistaidd yr achlysur pan ddaliodd cwnstabl castell Cricieth frenin Ffrainc ym mrwydr Poitiers yn

1356: 'A gollwn, gynta' gallai/Y gwaed tros draed—trist i rai.'[43] O blith y chwe thaflen a gyhoeddwyd, yn Gymraeg a Saesneg, gan Bwyllgor Gwaith Cenedlaethol Cymru roedd dau ohonynt yn areithiau honedig ond cwbl ffug gan Lywelyn ap Gruffudd a Dafydd ap Gruffudd yn 1282. Camddefnyddir brwydrau Glyndŵr a Llywelyn hwythau gan Dyfed yr Archdderwydd mewn cerdd a gynhwysir yn *Gwlad Fy Nhadau* (1915), casgliad o weithiau llenyddol a olygwyd gan John Morris-Jones er mwyn codi arian ar gyfer milwyr Cymru, 'Saf i fyny dros dy wlad'.[44]

Wynebai'r awdurdodau milwrol andros o dasg o ran denu recriwtiaid o Gymry i'r fyddin ddiwedd 1914. Dim ond 1.36% o aelodau'r fyddin yn 1913 a aned yng Nghymru. Felly, y mae'r ffaith bod 122,995 wedi gwirfoddoli rhwng Awst 1914 a Ionawr 1916, cyn i'r drefn orfodol ddod i rym, yn awgrymu chwyldro seicolegol. Hawdd dehongli'r digwyddiad fel arwydd o syrthni gwleidyddol y Cymry:

> Dyna a fynnai'r Cymry, sydd bob amser mor slafaidd i ymladd dros bawb a phopeth ond hwynt eu hunain. Ym 1914, rhuthrent i ymuno o wirfodd â'r Lluoedd Arfog. Yn ôl yr hanesydd Dr. Kenneth Morgan, ymunodd cymaint â 280,000 o Gymry â'r Lluoedd, sef 13.8% o holl boblogaeth y wlad; mwy, yn ôl cyfrannedd y boblogaeth, nag o'r Alban na Lloegr.[45]

Ond dylid holi faint o sail sydd i'r syniad o ddiymadferthedd y Cymry yn nannedd y peiriant recriwtio mewn gwirionedd.

Ym Mhrydain cyn y Rhyfel, hyfforddid rhyw 30,000 yn flynyddol yn y fyddin reolaidd, ond yn Awst 1914, heidiai oddeutu 30,000 o recriwtiaid newydd iddi fesul wythnos; erbyn diwedd mis cyntaf y Rhyfel roedd can mil o filwyr wedi listio. Ym Medi, cynyddodd graddfa'r recriwtio i 30,000 bob diwrnod a buan y cyrhaeddwyd targed cyntaf Kitchener, yr Ysgrifennydd Rhyfel, o hanner miliwn o ddynion. Ymrannai'r fyddin Brydeinig yn dair rhan: Byddin Alldeithiol Prydain (B.E.F.: British Expeditionary Force), Byddin y Tiriogaethwyr (T.F.: Territorial Force), a Byddin Kitchener ar lafar gwlad, sef y Fyddin Newydd (New Army) a ffurfiwyd yn unswydd ar gyfer y Rhyfel Byd Cyntaf. Crewyd adrannau newydd sbon er mwyn cyflenwi'r fyddin dair rhan hon, ond y Fyddin Newydd a ddenodd lawer iawn o'r sylw. Erbyn diwedd y Rhyfel, fe grewyd pum byddin newydd o chwech adran inffantri yr un, a gwasanaethodd pob un o'r deng adran ar hugain hyn dramor yn ei thro. Fel rheol, cynhwysai un adran ddeuddeg bataliwn; rhennid y bataliynau hynny fesul pedair yn dair brigâd inffantri. Byddid yn penodi Uwchfrigadydd i reoli adran, rhoddid Brigadydd yn ben ar bob brigâd, a goruchwylid pob bataliwn unigol gan Lifftenant-Gyrnol.[46]

Yng Nghymru ar ddechrau'r Rhyfel, ceid tair catrawd a berthynai i'r hen fyddin draddodiadol, sef y Ffiwsilwyr Cymreig Brenhinol, Gororwyr De Cymru, a'r Gatrawd Gymreig. Roedd gan bob un o'r rhain fataliwn reolaidd yn Awst 1914, ond rhyngddynt fe gyflenwasant y pum byddin newydd gyda phump ar hugain o fataliynau inffantri. Dyma brif gyfraniad Cymru i'r Rhyfel o ran milwyr, er bod y catrodau hyn hefyd yn cyflenwi bataliynau ar gyfer Adran y Tiriogaethwyr Cymreig ac ymunai Cymry hefyd â myrdd o gorffluoedd technegol fel y Magnelwyr Brenhinol neu Warchodlu'r Grenadwyr. Yn dilyn esiampl lwyddiannus Arglwydd Derby ddiwedd Awst 1914 yn codi bataliynau lleol yn Lerpwl, aeth rhannau eraill o'r wlad ati i ddenu bechgyn i'r fyddin yn griwiau lleol gyda'i gilydd. Dyma fataliynau'r 'Pals' a ysgogodd Lloyd George i freuddwydio am fyddin Gymreig a fyddai'n brwydro fel un corff dramor. Byddai dwy adran i'r fyddin arfaethedig hon; a byddin oedd ym meddwl Lloyd George yn hytrach na stoc recriwtio i gyfateb â'r galw fan hyn a fan draw fel y mynnid gan yr awdurdodau milwrol. Âi ei freuddwyd yn groes i drefniant arferol yr awdurdodau milwrol:

> Calon bywyd y Fyddin yw'r gatrawd: nid oes ganddi unrhyw deyrngarwch traddodiadol i'r fyddin mewn gwirionedd, dim ond i'r gatrawd ac i'r Goron. Yr oedd meddwl am fyddin genedlaethol, yn enwedig un a godwyd gan wleidydd,—a gwleidydd o Gymro ar hynny—wrth reswm yn eu hanesmwytho.[47]

Ond o'r cychwyn cyntaf, gwyddai Lloyd George y câi drafferth denu Cymry Cymraeg yn enwedig, o gofio grym Anghydffurfiaeth, i'r fyddin. Ymysg aelodau'r Pwyllgor Arfaethedig a benodwyd ym Medi 1914 i ystyried awgrym Lloyd George y dylid ffurfio corfflu Cymreig roedd Arglwyddi Mostyn a Kenyon, ynghyd â Syr Ivor Herbert a William Brace, sef dau Aelod Seneddol, ac yn arwyddocaol, R. T. Jones, ysgrifennydd cyffredinol Undeb Chwarelwyr Gogledd Cymru. Penderfynwyd cynnal cynhadledd genedlaethol yng Nghaerdydd a llythyrwyd—yn ddwyieithog o'r cychwyn cyntaf gan bwysleisio Cymreigrwydd y cynllun—â nifer o arweinwyr y bywyd cyhoeddus yng Nghymru. Cynrychiolwyd sbectrwm eang o'r gymdeithas a ffurfiwyd y W.N.E.C. i drefnu, cynghori a gweinyddu'r W.A.C.. Ymysg deg aelod ar hugain y pwyllgor cynhwyswyd Arglwyddi'r Penrhyn a'r Rhondda, David Davies, A.S., William George, ac, yn bwysicaf oll o gofio am Gymreigrwydd y fenter, y ddau Fonwysyn, y Capten Owen Thomas, Llanfechell a'r Parch. John Williams, Brynsiencyn.

Pwysleisid byth a hefyd Gymreigrwydd y W.A.C. oherwydd deuai'r rhan fwyaf o swyddogion y Ffiwsilwyr Cymreig Brenhinol o deuluoedd breintiedig Seisnig; ychydig ohonynt a hanai o Gymru a llai fyth a fedrai Gymraeg. Broliai Owen Thomas, a benodwyd i oruchwylio'r Frigâd 1af, neu Frigâd Gogledd Cymru fel y'i gelwid, fod 150 o blith y 200 swyddog dan ei reolaeth ym Mai 1915 yn Gymry, ac yn Awst 1916 fod 199 o'r 302 swyddog yn Gymry a'r gweddill yn hanu o'r henwlad neu gyda theulu neu gartref yno. Daeth 455 o'r ceisiadau am gomisiwn gyda'r W.A.C. rhwng Tachwedd 1914 a Mawrth 1915 o Gymru a 234 o Loegr. O blith canghennau Corfflu Hyfforddi'r Swyddogion a sefydlwyd yng ngholegau Prifysgol Cymru, aeth 1,920 i'r fyddin ac o blith 554 aelod Bangor penodwyd 313 ohonynt yn swyddogion. Erbyn haf 1915 dim ond naw ar hugain o fyfyrwyr gwrywaidd a oedd ar ôl yng ngholeg Bangor. Roedd nepotistiaeth Gymreig yn ffactor yn y penodiadau: pwysleisiai ambell riant wrth wneud cais am i'w meibion gael eu penodi'n swyddogion eu bod yn llawiau gyda Lloyd George. Penodwyd Richard a Gwilym Lloyd George eu hunain yn swyddogion a phenododd Owen Thomas ei dri mab ei hun yn swyddogion hwythau. Fel rhan o'i ymgyrch Gymreigio roedd y cyfan o staff Pencadlys yr 38ain Adran (Gymreig) erbyn Mawrth 1915 un ai'n Gymry neu wedi gwasanaethu mewn unedau Cymreig.

Mae'n gwestiwn a fyddai'r W.A.C. wedi llwyddo i ddenu cynifer â 45,000 o recriwtiaid rhwng Medi 1914 a Hydref 1915 oni bai fod strwythur y fyddin wedi'i Chymreigio hefyd. Yn dilyn ffrwgwd ymysg Meirchfilwyr Dinbych gwaharddwyd milwyr rhag siarad Cymraeg â'i gilydd yn y biledau yn Hydref 1914. Ar ôl i Lloyd George gwyno wrth Kitchener cyhoeddodd y Swyddfa Ryfel nad oedd gwrthwynebiad i filwyr siarad Cymraeg, Gaeleg neu Wyddeleg ymysg ei gilydd ond Saesneg yn unig fyddai iaith y parêd a'r gorchmynion. Roedd Kitchener yn hynod ddilornus o'r ddelfryd o gorfflu cwbl Gymreig a chael-a-chael fu hi pan lwyddodd Lloyd George i gael cytundeb y Cabinet i ddarparu caplaniaid Anghydffurfiol ar gyfer bataliynau'r Corfflu. Fel arall y bu hi yn achos Corfflu Byddin Iwerddon a godwyd gan John Redmond: anfonodd Kitchener, yr Ysgrifennydd Rhyfel, yr holl fataliynau a godwyd ynghyd ar chwâl, penododd gaplaniaid Protestannaidd o Ulster gan ohirio penodi rhai Catholig, ni chaniatawyd i fataliynau Gwyddelig a leolwyd yn Lloegr ymuno â'r corfflu brodorol, a gwaharddwyd y corfflu rhag defnyddio ei fathodyn a'i faner ei hun. O'r herwydd, erbyn Chwefror 1915, trengodd y fenter drwy benstiffni Kitchener. Oni bai am benderfyniad Lloyd George mae'n debyg mai'r un fuasai tynged y W.A.C..

Ar ôl cychwyn anaddawol, cyrhaeddwyd nod recriwtio adran gyntaf Corfflu'r Fyddin Gymreig, rhwng 40,000 a 50,000 o ddynion, erbyn diwedd hydref 1915. Rhannwyd y dynion hyn yn ddeuddeg bataliwn: lleolwyd y Frigâd Gyntaf yn Llandudno a'i rheoli gan y Brigadydd Owen Thomas; yn y Rhyl yr oedd yr Ail Frigâd a reolid gan R. H. W. Dunn; a lleolwyd y 3edd Brigâd ym Mae Colwyn. Aelod Seneddol na fu ar gyfyl maes y gad ers deng mlynedd pan ddaeth ei yrfa gyda Byddin India i ben oedd Ivor Phillips, pennaeth Brigâd Bae Colwyn, a dichon mai'r ffaith ei fod yn gyfaill i Lloyd George a gyfrifai i raddau helaeth am ei benodi ef ac Owen Thomas yntau yn ei dro.[48] Yn ddiweddarach, codwyd Ivor Phillips yn Uwchfrigadydd ar yr 38ain Adran (Gymreig), yn ôl enw swyddogol Corfflu'r Fyddin Gymreig ym 5ed Fyddin Kitchener.

Yn y frwydr bropaganda cyfieithiwyd taflenni a phosteri niferus i'r Gymraeg dan oruchwyliaeth y W.N.E.C. Ymhlith y rhai a oedd fwyaf diwyd gyda'r gwaith cyfieithu a llunio pamffledi yr oedd yr Athro John Morris-Jones, ei brifathro ym Mangor, Syr Harry Reichel, ei gyd-athro, E. V. Arnold, a Silyn Roberts yng Nghofrestrfa'r Brifysgol yng Nghaerdydd. Ac eto, tenau oedd yr ymateb iddynt ac amrywiai effeithiolrwydd cyfarfodydd recriwtio yn yr un modd. Er bod saith ar hugain o ddynion mewn cyfarfod yn Nefyn ddechrau Medi 1914 a deugain yn Sarn a Thudweiliog, ym Môn roedd pethau'n o giami. Er cynnal oddeutu deugain a thri o gyfarfodydd yno erbyn diwedd Medi 1914, doedd dim byd fel petai'n tycio. Er i briod Lloyd George dreipsian o gwmpas Llŷn ganol Medi 1914 gyda'r Methodist Calfinaidd dylanwadol, Syr

Henry Lewis, y Parch. John Williams ac Owen Thomas yn gefn, claear fu'r ymateb ym Mhwllheli, Cricieth a Phorthmadog. Yn aml roedd araith gweinidog lleol yn cario mwy o bwysau na huodledd pwysigyn cenedlaethol. Roedd llawer o chwarelwyr y gogledd yn barotach i fynd i'r Sowth neu i ganolbarth Lloegr neu Lerpwl i chwilio am waith nag i'r fyddin:[49] talcenni caled oedd Pen-y-groes a Blaenau Ffestiniog pan ymwelodd Syr Henry Jones â'r ardaloedd hynny yn ystod Hydref a Thachwedd 1915.

Yng ngoleuni'r dystiolaeth hon, mae lle i ailedrych ar y myth a goleddwyd ynghylch parodrwydd y Cymry i ymuno â'r fyddin. Yn ôl ymchwil Clive Hughes i hanes recriwtio yng Ngwynedd rhwng 1914 a 1916, roedd 272,924 o Gymry wedi ymuno â'r fyddin erbyn Tachwedd 1918. Gwahaniaetha'r nifer oddi wrth ffigur Nicholson a Williamson yn *Wales: its Part in the War,* sef 280,000, ffigur camarweiniol oni bai fod ymrestru yn y llynges yn gynwysedig. Ar sail y 280,000 hwnnw roedd 13.82% o boblogaeth Cymru wedi ymrestru, a dibynnu ar ffigurau cyfrifiad 1911. Gosodwyd cyfraniad Cymru i'r Lluoedd Arfog ar y blaen i Loegr (13.32%), yr Alban (13.02%), ac Iwerddon (3.87%). Ond roedd ffigur Cyfrifiad 1911 yn anghywir: 2,025,198 oedd poblogaeth Cymru yn hytrach na 2,032,014, neu 2,420,958 o gynnwys Mynwy hefyd. Amcangyfrifai'r Swyddfa Ryfel fod 10.96% o boblogaeth Cymru wedi ymrestru o'i gymharu â 11.57% Lloegr, 11.50% yr Alban, a 3.07% Iwerddon. Roedd poblogaeth wrywaidd Cymru yng Ngorffennaf 1914 yn 1,268,284 a olygai fod 21.52% o wrywod Cymru wedi ymrestru tra cafwyd 24.02% yn Lloegr, 23.71% yn yr Alban, a 6.14% yn Iwerddon. O bwyso, felly, ar y seiliau ystadegol amgen hyn, gwelir na chyfrannodd Cymru, yn ôl cyfartaledd ei phoblogaeth, ganran anarferol o uchel o ddynion i'r fyddin Brydeinig. Arweinir dyn yn yr un modd gan dystiolaeth fwy goddrychol nifer o'r cyfarfodydd recriwtio i amau cywirdeb y ddelwedd honno o'r Cymry'n rhuthro'n un tŵr i'r swyddfa ymrestru agosaf: doedd y Cymry ddim mor ddiniwed â chael eu rhwydo'n gwbl ddiymdrech ac aed i gryn drafferth i'w denu i'r rhengoedd. Ar y llaw arall, nid Utopia'n llawn gwrthwynebwyr cydwybodol mo Gymru'r cyfnod o bell ffordd.

Trefniant pragmataidd yn bennaf oll oedd penodi'r magnet Owen Thomas: 'Ymyrrwr, un defnyddiol iawn fel abwyd adeg recriwtio, ond byddid yn cael gwared ohono cyn gynted ag y byddai'n ymarferol.'[50] Fel y dywedodd gwraig Asquith am

Kitchener, un arall o arwyr hynafol Rhyfel y Boer, gwnâi boster recriwtio rhagorol. Loes calon i Owen Thomas oedd na chafodd fynd dramor gyda'i filwyr i frwydro: ac yntau'n bum deg wyth yn 1916, yn ofer yr apeliodd ar i'r Swyddfa Ryfel ganiatáu iddo fynd gan na fwriadent anfon yr un cadfridog dros bum deg pump dros y dŵr.[51] Fe'i symudwyd felly yn Nhachwedd 1915 i Barc Cinmel ger y Rhyl yn rheolwr y 14eg Cefnlu Inffantri yn sgil llu o newidiadau yn yr 38ain Adran (Gymreig); er iddo lwyddo yn y swydd honno, bu sgandal genedlaethol ganol 1916 pan fynnodd yr awdurdodau milwrol ei ddiswyddo. Cynhaliwyd ymchwiliad cyhoeddus i'r holl fater ond ni chafodd enw da Owen Thomas mo'i adfer yn llwyr chwaith.[52] Doedd ei urddo'n farchog yn Chwefror 1917 yn fawr o iawndal er bod ei gyd-Fonwysion yn driw iddo hyd y diwedd: pan safodd yn ymgeisydd Llafur ar yr ynys yn Etholiad Cwpon 1918, cipiodd y sedd oddi ar Syr Ellis Jones Griffiths a'i hennill eilwaith fel Llafurwr Annibynnol yn 1922, flwyddyn cyn ei farwolaeth.

Trasiedi yn hanes Owen Thomas, ac un sy'n dadlennu ffawd Corfflu'r Fyddin Gymreig, fu marwolaeth ei dri mab a benodwyd yn swyddogion yn y W.A.C. Beth am hanes y corfflu hwn felly, a ffurfiwyd i ddiwallu dyheadau cenedlaethol ac y recriwtiwyd ar ei gyfer drwy dyngu nad oedd codi arfau yn anghydnaws ag efengyl Crist? Ei ddiffyg amlycaf, a diffyg a nodweddai'r Fyddin Newydd yn gyffredinol, oedd prinder swyddogion a hyfforddwyr cymwys; yr oedd hefyd brinder gynau a lifrai, er bod ambell uned o'r W.A.C. wedi'i dilladu mewn gwisg o frethyn llwyd Cymreig. Yr oedd yr ymarferiadau drilio yn rhai trwsgl iawn yn aml a chan fod y tair brigâd ar wasgar, ni cheid fawr o gyfle i ymarfer ar y cyd. Dyna pam y symudwyd holl unedau'r 38ain Adran (Gymreig) i ardal Caer-wynt i'w hyfforddi ymhellach erbyn diwedd Awst 1915. Y mae ambell hanesydd yn bendant ei gondemniad o ddiffyg profiad swyddogion y W.A.C.:

> Gellid hyd yn oed ddweud, ar yr olwg olaf, fod yr arbrawf o gael byddin gwbl Gymreig wedi methu oherwydd fod gofynion gwleidyddol wedi cael y llaw uchaf ar effeithlonrwydd proffesiynol . . . fe drengodd y W.A.C. a hen Fyddin y Tiriogaethwyr mewn mwy nag un ystyr ar y Somme ac yn Gallipoli.[53]

Yn ystod y cyfnod olaf hwn o baratoi, daeth swyddogion ieuengach, mwy profiadol i'r adwy—yr oedd amryw newydd wella ar ôl cael

Y Brigadydd Owen Thomas a'i feibion, Trevor, Robin a Vincent; ni ddaeth yr un o'r tri yn ôl o'r Rhyfel yn fyw.

(Trwy garedigrwydd Llyfrgell Genedlaethol Cymru)

eu clwyfo ar y ffrynt a bu'r lleill yn gwasanaethu yn India. Cyn ei throi hi am Ffrainc ddechrau Rhagfyr 1915, penodwyd L. A. E. Price-Davies o Swydd Amwythig yn lle Owen Thomas yn Frigadydd y Frigâd 1af (a ailenwyd dramor yn 113eg Brigâd), a phenodwyd T. O. Marden yn ben ar yr 2il Frigâd (114eg); arhosodd Horatio Evans, olynydd Ivor Phillips, yn gyfrifol am y 3edd Brigâd (115fed). Erydwyd cymeriad Cymreig y corfflu bob yn dipyn felly ac erbyn diwedd Chwefror 1915 ildiodd y W.N.E.C. i'r Swyddfa Ryfel: cydnabuwyd nad oedd hi bellach yn ymarferol recriwtio ar gyfer ail adran i Gorfflu'r Fyddin Gymreig a'i bod yn bwysicach, yn sgil y colledion enbyd ar y ffrynt, anfon drafftiau i wasanaethu dramor na chodi bataliynau newydd. Erbyn diwedd Hydref 1915, daeth recriwtio ffurfiol ar gyfer y W.A.C. i ben a chytunwyd erbyn Gorffennaf 1916 i anfon holl recriwtiaid y Ffiwsilwyr Cymreig Brenhinol, Gororwyr De Cymru, a'r Gatrawd Gymreig a gyflenwai Corfflu'r Fyddin Gymreig gynt i fataliynau Cefnlu Arbennig y catrodau i'w drafftio gan yr awdurdodau milwrol yn ôl yr angen. A daeth i ben freuddwyd Lloyd George am gael gweld Byddin Gymreig yn brwydro dramor.

Yn ei brif frwydr dramor, dioddefodd Corfflu'r Fyddin Gymreig golledion enfawr. Ym mrwydr gyntaf y Somme, cliriwyd coedwig Mametz gan y W.A.C. rhwng 7 a 12 Gorffennaf 1916, un o frwydrau bryntaf a chaleta'r ffrynt, ond roedd y gost yn fawr. Collwyd dros 4,000 o ddynion ac o blith y rheini lladdwyd 600 ac aeth nifer cyffelyb ar goll. Effeithiwyd yn arw iawn ar ambell fataliwn: hanerwyd maint y 16eg Cymreig (Dinas Caerdydd) ymron pan gollwyd oddeutu 350 o'i milwyr. Deil y dadlau ynglŷn â'r hyn a gyflawnwyd ym mrwydr egr coedwig Mametz, ond ar 11 Gorffennaf 1987, dadorchuddiwyd cofeb i'r 38ain Adran (Gymreig) gerllaw'r goedwig i goffáu gwrhydri'r milwyr yno. Yn ôl asesiad pwyllog Colin Hughes:

> Doedd meddiannu Coedwig Mametz ddim yn ddigwyddiad taclus: yr oedd y brwydro yn ddryslyd a bu eiliadau o banig ymron wrth i'r Cymry syrthio'n ôl mewn anhrefn. Stryffaglai dynion yn ddi-arweiniad o'r goedwig gan chwilio am gyfeiriad. Ar yr olwg gyntaf, efallai, nid enghraifft mo hyn o 'un o'r byddinoedd bach godidocaf a welwyd erioed', yn hytrach, yn ddibrofiad ac yn ddiffygiol ei hyfforddiant, gwthiodd yr adran Gymreig hufen byddin broffes-iynol yr Almaen yn ôl ryw filltir mewn amgylchiadau hynod anodd,

Brigâd Gogledd Cymru yn gorymdeithio yn Llandudno dan arweiniad y Brigadydd Owen Thomas o Fôn.
(Trwy garedigrwydd Llyfrgell Genedlaethol Cymru)

> camp a ddylai sefyll gyda champau unrhyw adran ar y Somme—gan gynnwys y 7fed Adran uchel ei pharch.[54]

Ychwanega'r un awdur fod pedwar o awduron amlycaf y Ffiwsilwyr Cymreig Brenhinol—Robert Graves yn *Goodbye to All That* (1929), Siegfried Sassoon yn *Memoirs of an Infantry Officer* (1930), Wyn Griffith yn *Up To Mametz* (1931), a Frank Richards yn *Old Soldiers Never Die* (1933)—oll wedi neilltuo lle i drafod y frwydr hon yn eu gweithiau. Dyma hefyd a ysgogodd glasur rhyfel modernaidd David Jones, *In Parenthesis* (1937); y mae'n arwyddocaol mai'r gerdd hon, yn Saesneg, yw'r unig waith Cymreig sydd wedi ymateb yn gyflawn i aruthredd y profiad.

Cyrhaeddodd yr awdur Gerald Brenan Goedwig Mametz drannoeth neu drennydd 14 Gorffennaf 1917:

> Rhwygwyd a maluriwyd ei choed, troes ei dail yn frown ac roedd twll siel bob tair llath. Dyma fan lle y digwyddodd rhywbeth na

> chlywsid braidd sôn amdano o'r blaen yn y rhyfel hwn—ymladd corfforol ffyrnig yn yr awyr agored gyda bomiau a bidogau. Yr hyn a'm synnodd oedd fod yr holl gyrff meirw yn gorwedd yno yn yr union fannau lle y syrthiasent fel petaent yn cael eu cadw i'w harddangos mewn amgueddfa ryfel. Almaenwyr yn eu lifrai maes llwyd, Prydeinwyr yn eu caci yn gorwedd wrth ochrau'i gilydd, a'u hwynebau a'u dwylo fel gwêr gwyrdd gwelw, yr un lliw â marmor prin. Pennau wedi'u gorchuddio â helmedau madarch gwastad yn ymyl pennau mewn helmedau crynion dur yn estyn hyd at eu clustiau. Eisteddai rhai o'r ffigurau hyn o hyd gyda'u cefnau'n pwyso yn erbyn ambell goeden tra safai dau ohonynt—rhaid oedd gweld hyn i'w gredu—wedi'u cydio ynghyd â'r bidogau a wanasant i gyrff ei gilydd ac wedi eu cynnal yn y safle honno gan foncyff y goeden y syrthiasent yn ei herbyn. Teimlais fy mod yn ymweld ag un o stafelloedd Siambr Arswyd Madame Tussaud, oherwydd ni allwn ddychymygu yr un o'r cyrff hyn ar dir y byw. Ac eto, yr oedd yr effaith mewn ffordd forbid yn hardd.[55]

Er gwaethaf presenoldeb amlwg y Cymry yn y frwydr hon a oedd ym mhlith brwydrau mwyaf corfforol gyntefig y Rhyfel, byddai'n gamp dod o hyd i ddisgrifiad mor arw a graffig â hwn mewn barddoniaeth na rhyddiaith Gymraeg. Wrth sgwrsio flynyddoedd yn ddiweddarach â rhai o hen filwyr Corfflu'r Fyddin Gymreig a gwffiodd ym Mametz, cyfeiriodd Aled Eirug at yr ymladd elfennol hwn rhwng y Cymry a'r Prwsiaid gan nodi mai 'dyma'r rhan o'r frwydr y cafodd yr hen filwyr yr anhawster mwyaf i'w ddwyn i gof, am ei fod yn well anghofio'.[56]

Cyfyngedig oedd y sylw a roddwyd ar y pryd i achos Cymru. Fe seiliai'r rhan fwyaf eu gwrthwynebiad i'r Rhyfel ar dir Cristnogol, er bod *Y Deyrnas* wedi llwyddo i dynnu'r gwrthddadleuon at ei gilydd a chynnwys cyflwr gormesedig Cymru a heddychiaeth Gristnogol o fewn yr un gorlan. Aeth grym penna'r mudiad heddwch Cymreig, y Prifathro Thomas Rees, Bangor, i gyfarfod yng Nghaernarfon ym Medi 1924 er mwyn ceisio codi Byddin Ymreolwyr a thueddai'n gynyddol, cyn ei farwolaeth yn 1926, at genedlaetholdeb Cymreig.[57] Ond nid tan yr Ail Ryfel Byd gyda phlaid wleidyddol gyfansoddiadol yn gefn iddynt y gallai unigolion fel J. G. Williams ac A. O. H. Jarman sefyll fel gwrthwynebwyr cydwybodol i ryfel ar sail eu cenedlaetholdeb Cymreig.[58]

Eto i gyd, er na ellid hawlio bod 'Cymreig' yn dynodi heddychlon, mae'n gwestiwn i ba raddau y perthynai militariaeth i brofiad y werin Gymreig yn 1914. Fel hyn y sonia David Davies am Harold Owen yn y cofiant, *A Welshman in Mesopotamia* (1986):

> Argraffwyd y rhyfel yn ddwfn ar ei feddwl er gwaetha'i waeledd ac roedd yn benderfynol o ddychwelyd i'r ffrynt ym Mesopotamia. Ni phylodd ei awydd i wasanaethu ei wlad yn awr ei chyni er pan ymaelododd â'r fyddin ym Morfa Conwy yng Ngogledd Cymru pan dorrodd y Rhyfel.[59]

Sonia broliant y clawr hefyd am ryfel mewn termau 'gwrywaidd' ac 'anrhydeddus'—'He stuck it until the enemy cracked'—ac mae'n anodd dod o hyd i derminoleg mor gynefin a goslef mor ddathliadol yn Gymraeg. Mab y perchennog siopau Owen Owen oedd Harold, a brithir ei lythyrau â chyfeiriadau at Harrow a Harrods, gwyliau cyfandirol a thenis. Roedd yntau'n etifedd ystâd Garthgwynion ger Machynlleth. Er na ellid labelu'i brofiad aristocrataidd ef yn 'anghymreig', ni ellid chwaith gyfeirio ato fel un cynrychioliadol o'r mwyafrif o filwyr Cymru. Mwy nodweddiadol yw profiad Jack Jones. Mewn cymdeithas ddiwydiannol a symudol fel un Merthyr, ni chroesawyd penderfyniad y llanc i fynd i gwffio i Ryfel y Boer ddiwedd y ganrif ddiwethaf. Meddai ei dad wrtho:

> 'Fachgen, dylai fod arnat gywilydd. Dim ond y rheini sy'n rhedeg oddi wrth yr heddlu, a'r rheini sy'n rhy ddiog i weithio, sy'n mynd i'r fyddin.'[60]

Ond pan ymunodd â'r fyddin o'r newydd yn 1914, gwelodd dro ar fyd: llwythwyd y milwyr â sigarennau, curo'u cefnau a chwerthin am ben eu meddwdod gan drigolion Caerdydd: 'Am y tro cyntaf daeth dinasyddion Caerdydd allan i'm llongyfarch i a'm tebyg.'[61]

CYFEIRIADAU

[1] *Gwŷr Enwog Gynt,* Y Clwb Llyfrau Cymraeg, 1950, 17-18.

[2] *War and Social Change,* Llundain, 1974, 10.

[3] 'Traed Mewn Cyffion', *Cyfrol Deyrnged Kate Roberts,* gol. Bobi Jones, Dinbych, 1969, 59.

[4] *Rhwng Dau Fyd,* Dinbych, 1976, 9.

[5] 'Confronting the Minotaur', *Poetry Wales,* Gaeaf 1979/80, 5.

[6] Diolch i Dylan Morris am y wybodaeth hon.

[7] *Eich Gwlad a'ch Cais: Araith David Lloyd George,* City Temple, 10 xi 14, cyfieithiad John Morris-Jones, Llundain, 1914, 2.

[8] *General Smuts's Message to South Wales,* araith a draddodwyd yn Nhonypandy, 29 x 17, 3.

[9] *Y Wawr,* cyf. 1, rhif 1, 1913, 2.

[10] *Lloyd George Was My Father,* Llandysul, 1985, 54.

[11] Ibid., 56.

[12] J. Vyrnwy Morgan, *The War and Wales,* Llundain, 1916, xix.

[13] Ibid., 172.

[14] Ibid., 47.

[15] K. O. Morgan, *Rebirth of a Nation: Wales 1880-1980,* Rhydychen, 1982, 148.

[16] Ynglŷn â'r ymdrechion i sefydlu Sosialaeth Gymreig, darllener Deian Hopkin, 'Y Werin a'i Theyrnas', *Cof Cenedl VI,* gol. Geraint H. Jenkins, Llandysul, 1991, 161-192; Dylan Morris, 'Sosialaeth i'r Cymry—trafodaeth yr ILP', *Llafur,* IV, 2, 1985, 51-63.

[17] 'John Gwili Jenkins, 1872-1936', *Trafodion y Cymmrodorion,* 1974/75, 199.

[18] Gweler 'Three Welshmen at Downing Street', *The Welsh Outlook,* Gorffennaf 1915.

[19] 'Gwerin Cymru—y ffaith a'r ddelfryd', *Trafodion y Cymmrodorion,* 1967, rhan 1, 119. Gweler hefyd Frank Price Jones, 'Gwerin Cymru', *Radicaliaeth a'r Werin Gymreig,* Caerdydd, 1975, 198-206; Alun Llywelyn-Williams, *Y Nos, Y Niwl a'r Ynys,* Caerdydd, 1960, 41-161.

[20] Y Parch. J. Tafionydd Davies, Caerfyrddin, 1910.

[21] Beriah Gwynfe Evans, 1916.

[22] J. Hugh Edwards, *From Village Green to Downing Street,* 1908.

[23] Ibid., *The Life of David Lloyd George,* y gyfrol gyntaf, Llundain, 1913, ix-x.

[24] K. O. Morgan, op. cit., 105.

[25] *Drych o Genedl,* Abertawe, 1987, 40-41.

[26] *Gwŷr Enwog Gynt,* op. cit., 72.

[27] *Y Faner,* 3 ii 84, 12-13.

[28] Ibid., 13.

[29] Adolygiad ar *Gwŷr Enwog Gynt, Lleufer,* Gwanwyn 1951, 47. Ond gweler hefyd yr ailasesiad diweddar o yrfa John Williams lle mae'r awdur yn achub ei gam: Aled Job, 'John Williams, Brynsiencyn, a'r Rhyfel Byd Cyntaf', *Barn,* Tachwedd 1988, 10-12, a Rhagfyr 1988, 32-34.

[30] 12 v 16, llythyr at Morgan Humphreys, Casgliad E. Morgan Humphreys, C.P.G.C, 15971. Ynglŷn â Morgan Humphreys, gweler R. T. Jenkins, *Ymyl y Ddalen,* Dinbych, 1957, 175-189.

[31] *Cofiant y Parchedig John Williams, D.D., Brynsiencyn,* ailargraffiad, Caernarfon, 1929, 236.

[32] Ibid., 228.

[33] Ibid., 228.

[34] *Gwŷr Enwog Gynt II,* Aberystwyth, 1953, 38-39.

[35] Ibid., 59-60.

[36] *The War and Wales,* op. cit., 365.

[37] E. Morgan Humphreys, *Gwŷr Enwog Gynt II,* op.cit., 10-11.

[38] *Diwedd Prydeindod,* Tal-y-bont, 1981, 101.

[39] Gweler R. Merfyn Jones, *The North Wales Quarrymen, 1874-1922,* Caerdydd, 1982, 295-321 yn fwyaf penodol.

[40] John Davies, *Hanes Cymru,* Llundain, 1990, 501.

[41] *Wales: its Part in the War,* Llundain, 1919, 235.

[42] David Lloyd George, dyfynnwyd yn *Gwlad Fy Nhadau,* gol. John Morris-Jones, Llundain, 1915, 124-125.

[43] Gweler *Iolo Goch ac Eraill,* goln. Henry Lewis, Thomas Roberts ac Ifor Williams, Caerdydd, 1937, 27.

[44] Dyfed, *Gwlad Fy Nhadau,* op. cit., 114-115.

[45] D. Tecwyn Lloyd, 'Pan oedd gwaedd y bechgyn lond y gwynt, 1914-18', *Y Faner,* 31 viii 84, 8.

[46] Codwyd y manylion hyn o Colin Hughes, *Mametz: Lloyd George's 'Welsh Army' at the Battle of the Somme,* Llundain, 1979.

[47] Colin Hughes, *Mametz,* op. cit., 18.

[48] Ibid., gweler 21-22.

[49] Gweler Dafydd Roberts, *Y Chwarelwyr a'r Sowth,* Caernarfon, 1982. Ynglŷn â chyndynrwydd ymateb dynion Dyffryn Nantlle i'r ymgyrch recriwtio, gweler Dafydd Roberts, 'Dros Ryddid a Thros Ymerodraeth', *Cymdeithas Hanes Sir Gaernarfon,* rhif 45, 1984, 107-126.

[50] Clive Hughes, *Army Recruitment in Gwynedd, 1914-16,* M.A. Prifysgol Cymru, Bangor, 1983, 149.

[51] Gweler David A. Pretty, *Rhyfelwr Môn,* Dinbych, 1989, 77.

[52] Gweler ibid., 82-94.

[53] Clive Hughes, op. cit., 148-149.

[54] Colin Hughes, op. cit., 136.

[55] *A Life of One's Own,* Llundain, 1962, 205-206; dyfynnwyd yn Colin Hughes, op. cit., 126-127.

[56] 'Mametz—Bedydd Tân Byddin Lloyd George', *Barn,* Tachwedd 1988, 10.

[57] Am hanes Thomas Rees, gweler T. Eirug Davies, *Thomas Rees: Ei Fywyd a'i Waith,* Llandysul, 1939.

[58] Gweler J. E. Jones, *Tros Gymru,* Abertawe, 1970, 215-300; A. O. H. Jarman, 'Y Blaid a'r Ail Ryfel Byd', *Cymru'n Deffro,* Tal-y-bont, 1981, 67-120.

[59] David Wyn Davies, *A Welshman in Mesopotamia,* Aberystwyth, 1986, 93.

[60] Jack Jones, *Unfinished Journey,* Llundain, 1937, 98.

[61] Ibid., 142.

SBARION FICTORAIDD

> *. . . amodwyd natur y diwylliant Cymraeg-Cymreig wedi 1847 gan ymgais i ddod i delerau â chollfarn y Comisiynwyr. Y mae'n amlwg fod hyrwyddwyr y diwylliant hwnnw'n dra ymwybodol o ddisgwyliadau Lloegr ac yn enwedig o'r awydd i estyn teyrnas y Saesneg yng Nghymru. Y mae'r dystiolaeth eisteddfodol, sydd mor werthfawr gan mor amlweddog yw, yn amlygu datblygiad rhyw fath o 'ddiwylliant gwarth' Cymreig, diwylliant sy'n rhaid iddo wrth gymeradwyaeth diwylliant aliwn cyn y teimla'n siwr o'i werth cynhenid, diwylliant yn yr achos hwn sy'n rhaid iddo roi blaenoriaeth i'r Saesneg rhag colli wyneb gerbron Lloegr ymerodrol.*
>
> *Hywel Teifi Edwards*[1]

Trafodwyd yn barod fel yr ymgorfforai David Lloyd George ddyheadau penna'r werin a'r modd—costus yn y pen draw—y gwnâi ei lwyddiant iawn am dolc cenedlaethol Brad y Llyfrau Gleision. Cyfrwng grymus a roddai fri ar y werin a'i dyrchafu oedd yr Eisteddfod Genedlaethol. Yn ôl Hywel Teifi Edwards:

> . . . ymroes apologwyr y genedl, gyda dyfodiad yr Eisteddfod Genedlaethol yn chwedegau'r ganrif ddiwethaf, i droi'r sefydliad yn ymgorfforiad o rinweddolrwydd y Cymry, y werin a'r *best people* a pheri bod y cynulliadau blynyddol i'w hystyried yn gyfle i arddangos eu gwarineb gerbron y byd.[2]

Cynulliad diwylliannol, felly, oedd yr Eisteddfod a dawelai beth ar y ffobia a ddeffrowyd yn 1847; arddangos Cymru yn yr arena fawr Brydeinig oedd ei nod.

Gan fod yr Eisteddfod Genedlaethol yn cynnig ffenest siop ddi-fai i'r genedl, does dim syndod ei bod yn denu'r gwerthwyr gorau; ystyr 'gorau' oedd rhywun a oedd yn 'enw' y tu allan i Gymru. Mynychodd Lloyd George bob un Eisteddfod Genedlaethol namyn dwy rhwng 1890 a 1942 ac wedi iddo ddringo i swydd yn y Cabinet yn 1905 ef fyddai Llywydd y Dydd yn rheolaidd ar brynhawn Iau'r ŵyl. Heidiai'r dyrfa yno ar Ddiwrnod Lloyd George a gwnâi yntau'n fawr o fyth y werin:

> Nid oedd yn gyndyn . . . o adrodd ac ail-adrodd, o Brifwyl i Brifwyl, ystrydebau di-rif ynglŷn ag ardderchogrwydd unigryw'r

> Genedlaethol, parhad gwyrthiol yr iaith Gymraeg a'r honiad parhaus a wnai, mai hon oedd 'Uchelwyl y Werin' wedi 'ei hadeiladu â meini wedi eu naddu o greigiau Cymreig ac wedi eu clymu efo'i gilydd gan galch brwd gwerin Cymru'.[3]

Cred Emyr Price fod Lloyd George yn meddwl y byd o'r Brifwyl ac yn rhoi pwys mawr ar ei Chymreictod; yn anad neb, defnyddiodd ei ddylanwad er mwyn sicrhau Eisteddfod Genedlaethol Gymraeg. Os bu'n dda i'r Eisteddfod wrth ddyn o statws Lloyd George, ni fu ef ei hun ar ôl chwaith wrth elwa'n wleidyddol arni hi. Hyd yn oed os mai symbol o is-ddiwylliant o fewn y sbectrwm Prydeinig ehangach ydoedd yr ŵyl flynyddol, yn arwyddocaol fe fynegai ef ei safbwynt ynddi yn Gymraeg. Yn wir, creodd gynnwrf pan draddododd ei araith lywyddol gyntaf yn 1906 yn ei famiaith.

Gofid calon i Lloyd George oedd gorfod gohirio Eisteddfod Genedlaethol Bangor yn 1914 oherwydd ymyrraeth y Rhyfel. Ei syniad ef oedd cynnal cymanfa ganu yn Eisteddfod Aberystwyth yn 1916:

> Sylweddolai Lloyd George bod angen 'tonic' gwirioneddol ar y bobl, ac fe wyddai ef cystal â neb mai'r sefydliad a apeliai at reddfau crefyddol y genedl oedd y Gymanfa Ganu.[4]

Ond roedd mwy iddi na chodi hwyliau'i gyd-Gymry: gyda llywyddion fel y Parch. John Williams, Brynsiencyn, ac Elfed wrth y llyw, brysneges oddi wrth Gorfflu'r Fyddin Gymreig yn Ffrainc i ddymuno llwyddiant i'r gymanfa, a chasgliad ariannol tuag at y milwyr, roedd hi'n stŷnt bropaganda arall effeithiol. Unwyd y Cymry'n fôr o gân yn gefn i'w ymdrechion ef ei hun.

Mewn anerchiad gerbron yr Orsedd yn ystod yr un Eisteddfod yn Aberystwyth, daliodd D. Tecwyn Evans ei bod yn ddyletswydd ar yr Eisteddfod i bara drwy gydol y Rhyfel. Roedd dal ati i'w chynnal yn arwydd o warineb ac yn cynnal morâl y genedl:

> Dyna wasanaeth yr Eisteddfod a sefydliadau cyffelyb yn ystod yr argyfwng hwn—cadw'r aelwyd genedlaethol yn gynnes, cadw'n delfrydau'n fyw a grymus, nes myned o'r aflwydd hwn heibio ac oni ddychwelo'r 'bechgyn' yn ol.[5]

'Y mae'n iawn', ymhelaethai, 'i Gymru fod yn ffyddlon i'r Ymerodraeth yn nydd ei chyfyngder.' Sbydodd ribidires o ystrydebau'r dydd: '"Gwell angau na chywilydd" yw eu harwyddair, gwell Rhyfel na gorseddu Gormes, a gwell yw marw'n fachgen dewr na byw yn fachgen llwfr.'[6] A hithau'n greadures mor Llundeinig ei bryd, ni allai'r Eisteddfod, fwy na'r capeli, bleidio heddychiaeth a chenedlaetholdeb Cymreig.

Ffrwd y Canu Eisteddfodol

Sut siâp oedd ar bethau llenyddol y Brifwyl, felly, rhwng 1912 a 1926? Dau o'r geiriau a gwyd eu pen amlaf ym meirniadaethau'r cyfnod yw *realism* a *reality,* deuair sy'n arwyddo egin gwrthryfel yn erbyn rhamantiaeth degawd cynta'r ganrif a gyrhaeddodd ei anterth yn Eisteddfod Bae Colwyn, 1910, gydag awdl amserol Williams Parry i'r haf. Ond erbyn dechrau'r dauddegau, a chwiw realaidd cerdd Cynan, 'Mab y Bwthyn', wedi cydio'n dynn, ceisiwyd cau'r drysau o'r newydd a hiraethu am gynhesrwydd achubol 'Yr Haf'. Yr un oedd ymateb y beirniaid i'r arbrofi Freudaidd a lled fodernaidd yn 'Atgof' (1924) Prosser Rhys: o hyd eu tinau y cytunasant i'w goroni oherwydd yr addewid am bethau 'gwell' i'r dyfodol yn ei waith.

Cychwynnir yn Eisteddfod Wrecsam yn 1912 am mai yno y gosodwyd cerdd yr arch-Brydeiniwr William Watson, 'Wales: A Greeting', i'w chyfieithu i'r Gymraeg am ddwybunt o wobr. Canu clodydd Gwalia Wyllt George Borrow, tirlunwyr y ddeunawfed ganrif a Matthew Arnold a wneir yn hanner cynta'r gerdd: ei thirwedd, ei phobl lawn consýrn, ei gofal gwaraidd dros ei beirdd. Ar ôl y ddôs hael hon o weniaith daw'n ddiplomataidd at ei neges:

> Sons—daughters—of Wild Wales, whose kindred swayed
> This island, ages ere an English word
> Was breathed in Britain—let an English voice
> Hail and salute you here at England's heart.
> On Europe, east and west, the dim clouds brood,
> Disperse, and gather again; and none can tell
> What birth they hold within them.[7]

Oni wyddai hyd sicrwydd y byddai'r Cymry, doed a ddelo, yn gefn i Loegr? Onid oedd budd yr Ymerodraeth yn y fantol? Hyd yn oed mor hwyr â 1912 fe allai gyhoeddi'n fostfawr:

> This Empire, that despite her faults and sins
> Loves justice, and loves mercy, and loves truth,
> When truly she beholds them; and who thus

Helps to speed on, through dark and difficult ways,
The ever climbing footsteps of the world.

Cerdd bropaganda gyfrwys ydoedd er goleuo'r Cymry ynglŷn â'u dyletswydd mewn da bryd. O blith y tri deg saith teyrngar a ymatebodd i'r dasg, cyfieithiad Eifion Wyn aeth â'r wobr.

Mae gan Pedrog bethau diddorol i'w dweud yng nghystadleuaeth y Gadair a enillwyd, ynghyd â'r Goron y flwyddyn honno, gan T.H. Parry-Williams gyda'i awdl i'r 'Mynydd'. Dyma'i sylwadau cyffredinol:

> Ceir yma rai yn rhodresa â hen eiriau anarferedig, pan yn anwybodus o'u hystyr, ac hyd yn oed o ystyr llawer o'r geiriau mwyaf cyffredin. Tueddir i efelychu awduron galluog diweddar, mewn arddull a chynllun, ac hyd yn oed fesurau, nes y teimlir diffyg—wel, diffyg *reality* a naturioldeb yn y gwaith. Mae dyn yn dechreu diflasu, bellach, ar 'redyn' a 'banadl', ac ar wylio 'rhianedd' a 'macwyaid' yn rhedeg fel cwningod drwyddynt. Nid yw fod rhai beirdd wedi cyfansoddi'n orchestol â defnyddiau o'r fath yn rheswm dros gyfyngu barddoniaeth Cymru i unffurfiaeth fel hyn. Campus yw dwyn ysgolheigdod a newydd-deb i farddoniaeth Gymreig, ond gwareder hi rhag epayddiaeth wasaidd a choeg-ddysgedig.[8]

Ar ôl ceryddu holl efelychwyr Williams Parry, fe gystwya Parry-Williams yn benodol am ffansi ei ddychymyg:

> Does fawr o werth, ynddi ei hun, nac i unoliaeth yr awdl, yn y 'rhiain' a geir yma: mae hi'n amddifad o naturioldeb a *reality.*[9]

Ond digon simsan oedd dirnadaeth yr hen Pedrog o realaeth: er iddo wrthod 'amryw hen eiriau anarferedig' ar y naill law nid oedd ar y llaw arall am ganiatáu ystwytho ac ymestyn yr iaith drwy gynnwys y Cymreigiad 'glasier' o'i mewn. Cwyn debyg oedd gan feirniaid y Gadair am ddylanwad y Saesneg a'r idiom lafar: esgymunwyd 'sifalri' a 'seintwar' gan Syr Edward Anwyl a 'ces' a 'dwynsiwn' gan Gwili.

Erbyn Eisteddfod Bangor yn 1915 roedd T.H. Parry-Williams wedi cyflawni'r gamp ddwbl unwaith yn rhagor, ac er nad oedd ei awdl yn hollol wrth fodd John Morris-Jones na J. J. Williams, ei bryddest ddinesig a achosodd y brif stŵr. Roedd Eifion Wyn yn gwbl ddigyfaddawd ei gondemniad arni a chyhoeddodd hynny'n blwmp ac yn blaen mewn darn o feirniadaeth enwog. A doedd un o'i gyd-feirniaid, Alafon, ddim yn gwbl fodlon:

> . . . er na fedraf hoffi *plaendra* rhai o'i ddisgrifiadau yr wyf fi, fel Gwili, yn teimlo dan orfod i'w dyfarnu yn deilwng o'r wobr.[10]

Yr un oedd ei fyrdwn mewn llythyr petrus at Eifion Wyn tra tafolai'r cynnyrch, sef na allai yn ei fyw 'ganmol y chwaeth yn y pethau gor-realistic.'[11] Cymreigiad o *realism* yw 'plaendra' Alafon ond dyma Gwili, bedair blynedd ar ôl pryddest ddyrchafol Crwys i werin Cymru yn Eisteddfod Caerfyrddin, ac ar yr union adeg pan oedd cynifer o epil y werin honno yn suddo ym mwd y cyfandir, yn dweud yn sidêt:

> Teimlwn, fel tri beirniad, fod *realism* y bardd yn troi'n beth aflednais i deimlad Cymro; ond rhaid i'r Cymro, yn ol pob tebyg, ddysgu dygymod â'r wedd hon ar fywyd, nes dyfod tro ar fyd, ac ymchwelyd at fyd dymunolach.[12]

Yn y dyddiau 'annymunol' hynny, synhwyrir mai awydd gwaelodol y beirniaid o hyd oedd gwarchod barddoniaeth Gymraeg fel gwyryf rhag crafangau'r byd.

Yn *Y Geninen,* Ionawr 1917, argraffwyd darlith eisteddfodol Gwili, 'Pedair Ffasiwn', lle'r ymetyb yn helaethach i'r realaeth a sleifiai i Gymru, darlith sy'n llai amddiffynnol ei chywair na'i feirniadaeth ar bryddestau 1915. Cydnebydd fod beirdd Gwalia wedi cymryd at ganu John Masefield, awdur tra phoblogaidd *The Everlasting Mercy* (1910), a'u bod wedi glân syrffedu ar y rysáit treuliedig o lwyaid o serch, cyflenwad o rianedd, a bwnsiad o flodau:

> Clywsant hwythau am 'fosiwn y modur' a mynd yr oes. Gwelsant *seamy side* Rhyfel, a haint a thrueni'r Ddinas. Gwrthrychol eto yw nodwedd amlycaf y farddoniaeth newyddaf hon; er hynny, y mae yn nes at fywyd a cheir ynddi fwy o ymgais i ddehongli'r boen a'r prudd-der a'r pechu o'n cwmpas. Ei pherygl, ar hyn o bryd, yw gweld yr annymunol yn unig, a cholli golwg ar fywyd yn grwn.[13]

O leiaf y mae'r gri hon am gydbwysedd yn datgelu barn fwy goleuedig na'r un gyffredin, a sylweddolid fod pethau'n prysur newid yn y byd oddi allan ac felly'n gyndyn ond anorfod yng Nghymru fach.

Erbyn 1916 roedd Eifion Wyn wedi ei foddio o'r newydd wrth feirniadu cystadleuaeth y pedair telyneg ar y thema Sioraidd ddiogel, 'Y Llwybrau Gynt Lle Bu'r Gân'. Doedd yna'r un bwgan realaidd yn debyg o'i fwrw oddi ar ei echel y tro hwn a gallodd ganu grwndi'n fodlon braf:

> Nid rhyfedd i destyn mor ddewisol swyno cynnifer ag ugain i'w rodfeydd. Hyd lwybrau Maesaleg yr oeda rhai; ymdry ereill hyd lwybrau ar wasgar. Ni waeth, fe ddichon, ym mha fro y bo'r llwybrau, cyd ag y b'ont yn 'llwybrau gynt lle bu'r gân'.[14]

Porthi delwedd Fictoraidd o 'Gymru lân, Cymru lonydd' a wnâi cerddi gwladgarol Eifion Wyn ei hun, cerdyn post o wlad a weddai'n iawn i lenyddiaeth marchnata'r Bwrdd Croeso:

> Cymru fach i mi—
> Bro y llus a'r llynnoedd,
> Corlan y mynyddoedd,
> Hawdd ei charu hi.
>
> Cymru fach i mi—
> Cartre crwth a thelyn,
> Cysegr salm ac emyn,
> Porth y nef yw hi.[15]

Gwlad bitw, ddel a difygythiad ydoedd, trefedigaeth Brydeinig.

Eto fyth, mewn rhai cerddi adeg y Rhyfel, troes awen Eifion Wyn hyd yn oed yn filitaraidd a'r feinwen yn dangos ei hewinedd. Mewn cerddi fel 'Dos'[16] a 'Gwron'[17] mynnodd fod bechgyn Cymru yn deffro ac yn achub cam eu cenedl Brydeinig. Adargraffwyd yr hen ffefryn, 'Os Wyt Gymro' yn *Y Geninen* yn 1916,[18] ond nid digon rhwng 1914 a 1918 oedd gwisgo cenhinen yn y cap a'i gwisgo yn y galon: daeth yn bryd gweithredu ac aberthu. Ymatebodd saith bardd ar hugain i ofynion y gystadleuaeth am bedair telyneg yn 1917, sef 'Y Milwr yn Ateb Galwad ei Wlad', ond cynnig R. Eirwyn Rees o Bencader, yr un â 'dramatic touch ymhob un o honynt', chwedl Elphin y beirniad, a orfu. Mae penawdau tabloid ei gerddi yn datgelu fformiwla'r gwaith: 'Mynd', 'Hiraeth', 'Yn y Ffos', 'Cofiwch fi at fy Mam':

Gwn mor hagr yw gwisg y brenin,
Ac mor wrthun arfau cad,
Ond daw islais o'r pellterau—
'Cas y gŵr na char ei wlad'.[19]

Erbyn pennill olaf 'Hiraeth' y mae wedi llyncu'r abwyd a'r enwair:

Mwyn yw cydio 'ngharn y cleddyf
Pan fo cenedl dan ei cham,
A gwyn fyd y galon honno
Gaiff amddiffyn mun a mam.[20]

Ac yntau ar ei wely angau ar ddiwedd ei gasgliad cerddi, daw cysyniad cynhaliol y werin ddoeth i'w feddwl: 'A gŵyr fod ei fam yn ei dagrau/Ar riniog ei bwthyn llwm'; i'w hamddiffyn hi a delfrydau'r werin a'i cododd y brwydrodd.

Ond wrth gwrs, un digwyddiad sy'n dwyn Eisteddfod Penbedw i gof a champ Hedd Wyn yw hwnnw. Cynigiodd ei hanes ffocws i sylwadau'r beirdd ar y Rhyfel: cawsant rywbeth i sylwi arno a'i ddehongli a rhoddodd sawl llenor gynnig ar ddiffinio'r hyn a olygid wrth ei farw. Yn Eisteddfod Corwen 1919 gosodwyd 'Wrth fedd Hedd Wyn' yn destun ar gyfer y myfyrdraeth, a cherdd hirfaith, lafurus o dros dri chan llinell o eiddo'r Parch. H. Emyr Davies, Brymbo, a enillodd. O leiaf fe fentrodd hwn godi cwestiynau:

Oes rhywbeth hwnt i'r Armagedon gref
Heblaw llid annwn a dallineb dyn,
A Duw yn goddef gwaith y naill a'r llall?
Ba ddiben sydd i'r aberth gwaedlyd hwn?[21]

Ond gydag iddo holi'n betrus, tewi a wnaeth yntau oblegid, 'Nid lle i holi yw cyffiniau'r bedd;/Lle i alaru ac i gofio yw'. Fel y sylwir yn y man, nid tan Eisteddfod Abertawe yn 1926 a'r Blaid Genedlaethol wedi'i ffurfio ers blwyddyn, y cafwyd y dehongliad mwyaf herfeiddiol o'r drasiedi gan y Parch. T. Cennech Davies.

Yn Eisteddfod Castell Nedd yn 1918 cynigiwyd y swm sylweddol o gan punt gan y *Western Mail* am gerdd Saesneg arwrol, 'Wales in the War', gyda'r hen gyfaill William Watson yn beirniadu. Daeth ugain cynnig i law ond hanner y wobr a rannwyd yn unig rhwng tri o'r cystadleuwyr a dyfarnu Sarnicol a Wil Ifan yn gyd-fuddugol.

Gesyd Sarnicol gyfraniad y Cymry i'r Rhyfel Mawr yng nghyd-destun gweddill hanes Cymru drwy gyfeirio at frwydrau Glyndŵr a Llywelyn: bu Cymru'n ymladd o blaid cyfiawnder a Duw erioed, a gwelai'r Rhyfel fel ymrafael Miltonaidd rhwng Duw a'r Diafol. Drwy rym ei ddychymyg lastig, llwyddodd hyd yn oed i gysoni'r Diwygiad Methodistaidd â'r Rhyfel: onid ymateb i lais Duw a wnaed ar y ddau achlysur i bob pwrpas? Cymro a ddaeth i'r adwy i achub gwareiddiad y byd:

> . . . it was Wales—
> Long thought a little land of little men—
> 'Twas Wales that bore the man of heart and brain
> To save the millions from the ghostly foe,
> The grisly scout of pestilence and death.[22]

Roedd hi'n dilyn mai Cymru, o'r herwydd, oedd gwlad orau'r byd:

> Now, more than ever, great is little Wales,
> For she has shared the agony of a world
> The universal travail of mankind.

Cymru daleithiol a thriw oedd hon o hyd.

O gymharu â'r ymateb bombastig, dathliadol yn Saesneg, roedd yr ymateb Cymraeg yn nodweddiadol dawelach a mwy diymhongar. Dyna'r emynau yn Eisteddfod Corwen, er enghraifft, 'Dathliad Heddwch' ac 'Ymostyngiad yn Amser Heddwch.'[23] Flwyddyn yn ddiweddarach yn y Barri mewn 'Pryddest neu arwrgerdd, heb fod dros 1000 o linellau', James Evans o Ynys Hir a aeth â'r wobr; thema ganolog ei gerdd oedd fod gwareiddiad wedi drysu'n lân yn ystod y Rhyfel gan golli golwg ar Grist. Canolbwyntia'i gerdd ar yr ymateb gartref i'r Rhyfel Mawr: does yma fawr o sôn am faes y gad ond yn hytrach tynnir sylw at y clwyfedigion gartref. Mam y dychwelodd ei mab ati a ddarlunir ar y naill law ac un a'i collodd ar y llall:

> Gwel fel y gwasg ei bachgen gwyn i'w chôl;
> Tawn ninnau mwyach a'n cwestiynau ffôl:
> 'Ai dewr fu'r mab—wnaeth ef wrhydri?' Tawn!
> Digon i'w chalon lawn ei gael yn ôl.[24]

Cyferbynnir sefyllfa dau gariad a adunwyd ar ôl y Rhyfel gyda chyfwng gwraig a wallgofodd ar ôl colli'i chariad. Daw safiad simsan yr eglwysi yn ystod y Rhyfel hefyd dan lach y bardd:

> Och fi! hen lan,
> Pa fodd y buost fudan ddydd y praw?
>
> Pa le yr oeddit ti, pa le, y dydd
> Y rhodded hen anghenfil dae'r yn rhydd?
> Gallesit ti ei rwymo petait lân
> Fel mynwes Maban Mair, a Gair dy ffydd.[25]

Gwêl fod y byd wedi ildio ffordd tangnefedd am ffordd Mamon a militariaeth a geilw ar bobl i garu ei gilydd o'r newydd ac ail-gofleidio Cristnogaeth. Cred fod y byd, o'r diwedd, yn dechrau dychwelyd at ei goed.

Serch ei bod yn lleisio protest Gristnogol yn erbyn rhyfel, cerdd wastad a rhethregol ei mynegiant yw pryddest James Evans ar y cyfan. Er bod y gerdd yn agor drws o ran syniadaeth, ni cheir asiad boddhaus o fath yn y byd ynddi rhwng ei syniadaeth a'i mynegiant, asiad a fyddai'n argyhoeddi'r darllenydd yn llenyddol. Mewn creadigaeth brennaidd o dros dri chan llinell a hanner a geidw'n slafaidd at batrwm o benillion pedair llinell degsill odledig ni thorrir unrhyw dir newydd o ran arddull nac ieithwedd. Yn 1921 y daeth y tro ar fyd mwyaf dylanwadol o ran arddull yn sgil llwyddiant 'Mab y Bwthyn'. Fictoraidd ei syniadaeth a'i chynsail yw'r bryddest honno hefyd; yn y darnau Sassoonaidd o real y mae ei grym pennaf a'i newydd-deb. Gwelodd Gwili'n eglur fod ynddi 'fwy o *realism* beiddgar nag a geir yn un o'r lleill',[26] ac roedd yn fwriad pendant gan Cynan siocio ei gynulleidfa. Mewn llythyr at Silyn yn ystod 1920 ynghylch cyhoeddi *Telyn y Nos* addefodd:

> Amcanwn sgrifennu darn o realism noeth i argyhoeddi y bobl 'sydd dda ganddynt ryfel' ac hefyd i agor llygaid y bobl sy'n synnu na ddaeth y bechgyn adref o Ffrainc fel 'saint'.[27]

Fel y dadleuir yn adran ola'r bennod hon, cynnyrch dwy ffrwd—y canu eisteddfodol a'r canu poblogaidd—oedd 'Mab y Bwthyn'.

Yn groes i fwriad cyhoeddedig Cynan ei hun, does dim dwywaith fod ei bryddest wedi agor y fflodiart yn 1921. Dyma'i sylwadau esgusodol ef ei hun mewn 'Gair o eglurhad' ar ddechrau ei bryddest fuddugol bryd hynny:

> 1 O fwriad y canwyd agoriad y Bryddest ar fesur clogyrnog—i gyfleu awyrgylch y *Jazz.*
> 2 Ceir yn y gân eiriau anghyfiaith, megis, *Tango, jazz-band, estaminet, vin rouge, Medoc, bayonet.*
> Trwy brofiad chwerw ac mewn ysgol galed dysgodd llawer Mab y Bwthyn, fel finnau, ystyr y rhain yn ystod y blynyddoedd diweddaf. Er hynny, o drugaredd, nid oes eto eiriau Cymraeg am danynt.
> Ond gan na fedrwn ddehongli'n deg fywyd Mab y Bwthyn heddyw ac anwybyddu'r pethau hyn, dewisais gyfeirio atynt wrth eu henwau priod yn hytrach na mentro'r cyfrifoldeb o greu geiriau Cymraeg am bethau sydd mor groes i natur y Cymro—er ymwthio ohonynt i'w fywyd dros dymor.[28]

Ond tybed nad ildio i bwysau'r sefydliad llenyddol a wnaeth Cynan a chytuno i leddfu sioc ei gerdd drwy lunio'r *apologia* hwn? Roedd Crwys wedi rhoi chwip-din cyhoeddus i 'Pentewyn':

> Gellid meddwl iddo lwyr anghofio fod tri beirniad yn mynd i ddarllen ei gân, a bod Coron i'w hennill neu i'w cholli ganddo. Bu inni bron â'i thaflu allan o fysg y goreuon, oblegid ei mydryddiaeth ddi-ofal i ddechrau. A chyda llaw credwn eto y byddai'n hawdd i *Bentewyn* ddweyd ei feddwl lawn mor effeithiol gyda mydryddiaeth mwy gofalus. Eto, y mae yma odlau dieithr iawn—'het' a 'bayonet', a phethau cyffelyb. Dywedwn y pethau hyn am y gwyddom y sylwir arnynt ac a synnir atynt gan lawer a'u darlleno.[29]

Atebir amryw o bwyntiau Crwys yn esboniad Cynan ar ei gerdd ei hyn. Gan nad ailargraffwyd mohono ar ddechrau'r bryddest yn *Telyn y Nos* yn ddiweddarach yr un flwyddyn, mae'n ddigon posib mai dan bwysau'r beirniaid yr ychwanegodd Cynan y cyflwyniad hwnnw i fersiwn y *Cyfansoddiadau* o'i gerdd. Byddai hynny'n cyd-fynd ag agwedd amddiffynnol y Brifwyl a cheidwadaeth ei chwaeth.

Eto i gyd, yn 1921 yn yr un Eisteddfod yr oedd hen syniadau'n dal i lusgo'u traed. Enillodd Caerwyn o Langefni yng nghystadleuaeth 'Geiriau yn disgrifio gwrhydri milwyr Cymru yn un o frwydrau y Rhyfel Mawr':

> 'Gwell Angau na Chywilydd'
> Ar luman Cymru roed;
> Anfarwol fri ei hanes hi
> Yw'r beddau is y coed;

Gwrhydri dewrion Mametz
  Gaiff fawl tra rhedo dwfr;
A thystio fynn Gwladgarwch gwyn:
  Gwell bedd na bywyd llwfr.[30]

Mynnodd y byddai enwau 'Dewr feibion y werin' yn para'n fyw oherwydd eu haberth. Ond roedd dehongliad mor ffyddiog â hynny dan gwmwl cynyddol. Gwili a nododd yn Rhydaman yn 1922 wrth feirniadu'r pryddestau—'Y Tannau Coll'—am 'Dakros' yn benodol: 'Y mae clefyd "Mab y Bwthyn" yn drwm ar y bardd hwn',[31] ac os cynigiodd pryddest 1920, 'Trannoeth y Drin', syniadau aeddfed roedd 'Mab y Bwthyn' yn sicr wedi cynnig mynegiant rhwydd a llafar yn ogystal â rhythm cofiadwy a ffurf hylaw, hawdd ei dynwared. O'r diwedd, canfuwyd model.

Wrth iddo feirniadu yn Rhydaman, daliodd Dyfnallt fod yng ngherdd 'Dakros' 'fath ar rialaeth heb y tragedy'—a sylwer fel y Cymreigiwyd y gair *realism.* Dyfynnir talpiau helaeth o'r bryddest ym meirniadaeth T. Gwynn Jones:

Teimlwn fod Duw mewn cyfyngder cas—
Pawb yn ymofyn cymorth ei ras,
Y Sais a'i ceisiodd i'w arddel ef
Gan ddadleu ei gam ag hyawdl lef,
Ac yntau'r Ellmyn yr un mor dyn,
Gweddio a chwalu'r cartref gwyn;
Y Belgiaid a'r Ffrancod yn eu braw
Yn dweud nas gall Duw ddim sefyll draw;
Dwy ochr yn hawlio Duw'r un pryd,
Yn hawlio Duw a'i allu i gyd;
Teimlwn fod Duw mewn cyfyngder cas—
Pawb, dros dro, am gael cymorth ei ras![32]

Rhydd Gwynn Jones dri thudalen a hanner o sylw i'r gerdd gan amlygu ei gydymdeimlad â hi. Dyma'i sylw ergydiol wrth iddo drafod y darn uchod: 'Y mae'n wir bod y bardd dipyn yn hy ar yr Hollalluog, fel ereill yn y gystadleuaeth, ond dim byd i'w gymharu â'r diwinyddion oedd yn ei bresio i'w byddinoedd yn ystod y rhyfel.'[33]

Amlwg ddigon fod yr ornest yn Rhydaman wedi creu tensiwn rhwng y beirniaid; amlwg ddigon hefyd nad oedd Cynan wedi treulio'i brofiad yn iawn oherwydd roedd wrthi o hyd yn ceisio rhoi trefn arno flwyddyn ar ôl cipio Coron Caernarfon. Byddai'n ddadlennol cymharu barn y tri beirniad am bryddest Cynan dan y ffugenw 'Israffel' ar y pryd. Dyma sylwadau Gwili, un a ganodd ganeuon rhyfelgar yn ystod y frwydr er iddo arddel safbwynt golygyddol annibynnol ym mhapur enwad Lloyd George, *Seren Cymru*:

> Dichon mai'r peth sy fwyaf gennym ni'n tri yn erbyn Israffel yw ei fod yn parhau i ganu am hacrwch rhyfel, yn 1922, a'r mwyafrif ohonom wedi glân syrffedu ar y sôn amdano, ac yn hiraethu, ers tro bellach, am ganiad newydd.[34]

Y mae Dyfnallt—cyn-gaplan yn Ffrainc fel Cynan—yn sicrach byth ei feirniadaeth:

> Peth arall sydd yn fwy o wendid nag o gryfder ynddi yw awyrgylch ffiaidd y rhyfel. Wedi'r cyfan, peth dros dymor yw ystori aflan y rhyfel, a phrin yn sicr y mae galw am ei help i ganu ar destun dynol fel hwn. Goreu oll po gynted y byddo i awen Cymru esgymuno'r atgof amdani.[35]

Ond gwahaniaethai barn yr heddychwr Gwynn Jones yn sylfaenol â hwy:

> Nid wyf i'n beio mo'r beirdd am ddwyn y Rhyfel i mewn i'w cerddi, canys dyna'r peth mwyaf ym mhrofiad dynion ers blynyddoedd lawer, a rhaid i'r rhai a fu'n chwythu'r tân ddygymod a gwrthryfel y beirdd bellach. Dengys y gystadleuaeth hon yn eglur ddigon mai nid dynion yn unig a laddwyd. Y mae'r hen grefydd wedi marw, ac mae dynion yn berwi gan anniddigrwydd ysbryd. Chwerddir am ben y 'parchusrwydd' a'r mân ddefodau a elwid yn grefydd gynt, a beirniedir Duw a dyn.[36]

Flwyddyn ar ôl llwyddiant 'Mab y Bwthyn', roedd barddoniaeth Gymraeg wedi cyrraedd croesffordd a chrafai'r beirniaid eu pennau wrth geisio penderfynu pa ffordd y dylid ei dilyn nesaf. Mae'r gwahaniaeth barn rhwng dau o'r beirdd-feirniaid a gysylltid â'r ysgol ramantaidd yn arwyddocaol: myn y naill fychanu arwyddocâd y Rhyfel a dychwelyd yn Sioraidd at farddoniaeth a deunydd 'priodol'; cydnebydd y llall nad oedd modd dychwelyd mor hawdd at amodau'r byd blaenorol gan fod y Rhyfel Mawr wedi esgor ar fyd sylfaenol wahanol ei reolau.

Er gwaethaf petruster y beirniaid, daliai'r beirdd i dreulio'r Rhyfel yn greadigol ac i'w lusgo i ganol tiriogaeth barddoniaeth. Emyn yn ymbil am wasgaru ysbryd rhyfel oedd gan John Rees o Drealaw yn Rhydaman[37] ac emyn yng nghysgod y Rhyfel Mawr oedd gan y Parch. Tecwyn Evans ym Mhont-y-pŵl yn 1924. Digon llywaeth a chlên oedd trwch y cyfansoddiadau hyn o hyd; ni ddaeth y gerdd fwyaf digyfaddawd a chadarnhaol ei safbwynt tan Eisteddfod Abertawe yn 1926. Bryd hynny, fe ofynnwyd am ddarn i'w adrodd a'r Parch. T. Cennech Davies o Bencader a enillodd gyda'r gerdd i 'Gadair Ddu Birkenhead'. Mae'n gyfansoddiad cwbl groes i 'Wales: A Greeting', William Watson: nid llungopi mewn cyfieithiad o syniadaeth Seisnig a geir ynddo ond mynegiant unigol Gymreig o deimladau a fu'n eplesu ers blynyddoedd. Ffeiriwyd Ymerodraeth Watson am Ymreolaeth Cennech Davies. Oni welwyd Cymru, yn ystod y Rhyfel, yn cael ei hecsbloetio er ei gwaethaf a'i hunaniaeth yn cael ei mowldio fel y mynnid? Cynigiai Hedd Wyn symbol nerthol—yn ei addewid ifanc a'i botensial coll—o'r ecsbloetiaeth hon. Allan o dân cynddaredd a rhwystredigaeth y ganwyd y Blaid Genedlaethol yn 1925. Os oedd modd mynegi teimladau fel a ganlyn yn 1926 rhwng cloriau cyhoeddiad swyddogol yr Eisteddfod Genedlaethol, o bob sefydliad, mae'n rhaid fod y rhod yn rhyw ddechrau troi:

> A thithau, a bleidiai ryfel, rho ateb yng ngwydd y nef:
> Pa faint a fu'r clod a'r ennill i Brydain o'i golli ef?
> Oes rhywun yn ddoethach heddiw? Oes rhywun yn nes at ddydd?
> Pam y mae eto filwyr? A pham nad yw Cymru'n rhydd?
>
> Esgyn drwy'r storm i'r Ysgwrn, ac ateb ei dad a'i fam,
> A saf wrth y Gadair ddistaw—mae honno yn holi—Pam?
> Ni fynnit fyw'n swn cydwybod, a dall wyt i oleu'r Gwir,
> Ond gwybydd na fyn y nefoedd i fudan fyw yn hir.
> A gwybydd na fyn y ddaear byth mwyach glodfori dy drâs—
> Ba waeth os yw pen dy epil yn arglwydd ar lonaid plas?
>
> A chlyw! fe ddaw dydd goleuach, daw eto addfwynach llu,
> Cawn fyw i weled y Prifardd yn dringo i'w Gadair Ddu;
> I ganu am serch a bywyd, a defaid ac ŵyn, a grug,
> Gan ddysgu cenhedlaeth newydd fod Rhyfel i gyd yn ffug.[38]

Roedd barddoniaeth eisteddfodol yn dechrau dangos ei dannedd; roedd gafael yr hen hegemoni Ryddfrydol yn dechrau llacio.

Ffrwd y Canu Poblogaidd

Does dim ond angen picio drwy gopi o wythnosolyn enwadol fel *Y Goleuad* neu *Seren Cymru* neu bapur cenedlaethol fel *Y Brython* neu *Y Faner* i ganfod cronfa barod o farddoniaeth am y Rhyfel. Roedd *Y Geninen* â'i bys ar byls y gymdeithas gyfoes ac fe'i llwythwyd â phob math o englynion i newyddbethau'r oes: 'Y Cerbydau Trydanol', 'Y Gramaphon', 'Submarine', 'Y Shell', 'Y Zeplin', 'Y Peiriant Torri Gwair', 'Y Torpedo', 'Y Tanc', 'Acetylene Gas', 'Tân-Belen', 'Yswiriant Cenedlaethol', 'Y Veto'. Ond rhwng 1914 a 1918, y tri thestun a godai eu pennau anorchfygol amlaf oedd y Caiser (Drwg), y milwr (Da) a David Lloyd George (Da).[39] Gellir dweud am yr englynion a'r caneuon pobogaidd hyn fel y dywedodd E. G. Millward am ganu newyddiadurol y cyfnod Fictoraidd:

> Y mae'r cwbl yn tystio i weithgarwch llenyddol a diwylliannol hynod fywiog sydd yn wedd bwysig ar ddiwylliant poblogaidd Oes Victoria, yng Nghymru megis yn Lloegr. Ni chafodd y maes hwn y sylw a haedda yng Nghymru, ac o'r herwydd y mae'r darlun a feddwn o'r ganrif ddiwethaf yn anghytbwys ac yn anghyflawn.[40]

Yn wir, ymestyniad o'r un gweithgarwch yw'r canu-papur-newydd hwn, parhad o'r un math o ganu iwtilitaraidd. Mae'r un sylwadau felly'n briodol wrth fynd ati i bwyso a mesur cynnyrch cyfnodol y wasg yn ystod y Rhyfel Mawr, cynnyrch sy'n dwyn llu o nodweddion y canu poblogaidd Fictoraidd megis delweddau stoc y Bwthyn Gwerinol, y Wlad Wyryfol Wen neu'r Fam Rinweddol Ddi-fai.

Pam, o ystyried y ffasiwn dystiolaeth ddiymwâd, ein bod yn dal i gwyno am y prinder? Stwff sâl a byrhoedlog yw naw deg y cant o ddeunydd y wasg ar y pryd, ond gwiriondeb fyddai sylfaenu'n darlleniad ar ragdybiau rhy gyfyngedig gan wadu arwyddocâd y gweithgaredd llenyddol brwdfrydig hwn. Yng ngolwg cenedlaetholwyr ymrwymedig diweddarach, does dim dwywaith na ddangoswyd Cymru yn y cyfnod hwnnw ar ei gwaethaf. Nid yw Pennar Davies am ymhelaethu'n ormodol yn y darn a ganlyn, fel petai am gael gweld y cyfnod yn cael ei sensro o'n meddyliau am byth:

> Nid af i ymhelaethu ar y cerddi a ysgrifennwyd yn nhwymyn y rhyfel, rhyfel a wnaeth ddifrod mor alaethus ar rai o'r pethau

> mwyaf addawol yn ein gwlad. Gwladgarwch y beirdd yw fy mhwnc, ac ni ddywedaf fwy nag sy'n angenrheidiol i'w egluro. Cynhyrchwyd cerddi i gefnogi'r rhyfel y pryd hwnnw y mae eu hawduron heddiw, os ydynt fyw, yn gwrido o'u plegid . . . I gryn nifer o feirdd y traddodiad Ceiriogaidd rhyw addurn bach bert, nid annhebyg i wisg yr Orsedd, oedd y gwladgarwch Cymreig. Oddi allan i fyd yr odlau a'r cynganeddion 'Prydain' oedd y wlad a oedd yn cyfrif.[41]

Swatiai Cymru'n glyd yng nghesail y corff Prydeinig. Gan fod y cerddi rhyfel hyn yn arwyddo'r berthynas ddibynnol honno, y mae eu hastudio yn ddadlennol er mwyn sylweddoli nerth ei grym a natur ei harwyddocâd.

Meddylfryd oes Fictoria a'i heithwedd a gynrychiolir gan ddau o'r cwpledi a ddyfynnwyd amlaf yng nghyfnodolion 1914-1918. Emrys (g. 1813) oedd piau slogan yr heddychwyr:

> Segurdod yw clod y cledd
> A'i rwd yw ei anrhydedd.[42]

Ceiriog (g. 1832) oedd piau dihareb y rhyfelwyr:

> Mil gwell yw marw'n fachgen dewr,
> Na byw yn fachgen llwfr.[43]

Y mae'r cwpled hwn, calonrwygol ei apêl, yn adleisio un arall o ddywediadau llywodraethol y dydd, sef 'Gwell angau na chywilydd' a fabwysiadwyd yn arwyddair gan Gorfflu'r Fyddin Gymreig a Gororwyr De Cymru. Er ei fod yn datgelu ymresymiad simplistig ryfeddol, roedd her emosiynol uniongyrchol yr ymadrodd yn ddigon i anesmwytho cannoedd a pheri iddynt holi beth yn union oedd eu 'dyletswydd'.

Beth, felly, am wladgarwch y prydyddion hyn? Fe sgrifennwyd *Cerddi'r Cywilydd* (1972) adeg Arwisgiad 1969, a phan yw Gerallt Lloyd Owen yn cyfeirio'n llawn angerdd at ei wlad—

> Fy ngwlad, fy ngwlad, cei fy nghledd
> Yn wridog dros d'anrhydedd.
> O, gallwn, gallwn golli
> Y gwaed hwn o'th blegid di[44]

—gwyddom o'r gorau mai Cymru yw'r 'wlad' honno a bod Prydeindod yn rym gwrthwynebus iddi. Ond yng ngwaith y rhan fwyaf o feirdd y cyfnodolion, ni ellir rhagdybio'r un rhaniad eglur. 'Lloegr yn Cyhoeddi Rhyfel yn erbyn yr Almaen', bloeddiai'r poster ar 4 Awst 1914, oherwydd fel y noda Robert Graves, 'nid arferid y gair "Prydain" bryd hynny.'[45] Broliai un o gyhoeddiadau'r *Western Mail* yn ystod y Rhyfel fel a ganlyn am gampau milwrol y catrodau Cymreig:

> Many more of the men Wales sent out sleep for ever in that vast graveyard of the south—yielding their lives without complaining to the cause of the Empire. For they had learnt to say with all the conviction of their hearts the immortal words of Kipling, 'Who dies if England lives?'[46]

Er bod y cysyniad o Gymru yn cael ei hyrwyddo er mwyn porthi balchder cenedlaethol—fel yn achos Corfflu'r Fyddin Gymreig—daw arwynebolrwydd yr awgrym hwn o genedligrwydd gwahanol i'r amlwg oherwydd cymathu'r 'Wales' cychwynnol o fewn 'England' erbyn diwedd y dyfyniad.

O leiaf y mae cân ddwyieithog W.S. Gwynn Williams a Dyfnwal, 'Only a Soldier (Bachgen o Gymro)', sy'n gyflwynedig —fel degau o gyhoeddiadau'r dydd—i Lloyd George, yn arddangos rhyw ymwybod o arwahanrwydd y Cymro. Gwneir yn fawr o'r syniad mai'r Cymry oedd y Brythoniaid yn wreiddiol a chymryd yn ganiataol y bydd bechgyn Cymru'n fwy na pharod i amddiffyn Prydain. Dyma'r ddwy gytgan:

> Bachgen o filwr saif dros ei famwlad,
> Cartref y dewrion gloew eu bri,
> Bachgen o Gymro'n caru Hen Brydain,
> Bachgen a'i galon gura i ti.
>
> Only a soldier serving his country,
> Only a comrade faithful and true,
> Only a Briton guarding the Homeland,
> Only your own boy fighting for you.[47]

Sylwer nad oes sôn am hunaniaeth unigol y bachgen o Gymro yn y pennill Saesneg, ond fod y prydydd yn gwneud ati i bwysleisio teyrngarwch greddfol y Cymro i Brydain yn fersiwn Cymraeg y gân. Yn ddiau, roedd i brydyddiaeth o'r fath swyddogaeth genhadol.

Gallai'r beirdd bendilio'n ôl a blaen yn anfeirniadol rhwng 'Cymru' a 'Phrydain' fel petaent yn gyfystyron. Fel yr awgrymodd Heini Gruffudd, does dim angen ymchwilio'n fanwl cyn canfod bys Lloyd George rywle yn y brywes:

> Mae'n debyg bod cael Lloyd George yn brifweinidog Prydain yn gwneud Cymru hithau'n wlad rydd, yn rhan o Brydain rydd... Ymollynga'r beirdd i ymhyfrydu yn ysblander yr ymerodraeth, gan geisio cyfystyru Cymreictod â Phrydeindod.[48]

Os oedd rhai prydyddion yn meddu ar ymwybod o arwahanrwydd Cymru, ni fentrwyd ei mynegi. I ddibenion propaganda, pwysleisio undod Prydeinig ac nid arwahanrwydd Cymreig oedd y dacteg bwysicaf. Ar yr un pryd daliai beirdd Saesneg i gyfeirio, yn ddadlennol, at 'Loegr' rhagor 'Prydain':

> Troops to this England true
> And your commanders,
> God be with all of you
> Fighting in Flanders.

Dyfynnwyd y pennill hwn o'r *Times* yn *Seren Cymru,*[49] lle'r ychwanegwyd mai 'Gwell, yn ddiau, fyddai "Britain" yn lle "England", ond hwyrach na ddaeth hynny i feddwl y bardd.'

Pan yw 'L. o Lerpwl' yn ymbil yn *Y Brython*[50] 'O Arglwydd, cadw'r wlad', mae'n ddigon posib mai Cymru sy ganddo mewn golwg:

> O Arglwydd, cadw di'r Hen Wlad
> Rhag iddi byth gael cam;
> Cysegrwyd hon gan eirchion fyrdd,
> A dagrau dwys fy mam.

Ond erbyn y pennill olaf daw'n amlwg mai at Brydain y cyfeiria:

> Mae baner Prydain Fawr yn werth,
> Ei dal o hyd i'r lan,
> Er mwyn cael calon, llaw, a llef,
> Yn un, o blaid y gwan.

Mynegir yr un syniad yn ddiamwys gan Pedr Hir yn ei 'Ryfelgan': 'Er mwyn Prydain a Phrydeindod/Rhaid o Brydain fynd ym mhell'[51], er ei fod o leia'n crybwyll ei famwlad wrth gloi: '... ymwrolaf/I amddiffyn Cymru wen.' Cyfrifoldeb Cymru oedd bod yn gefn i Brydain yn ôl D. T. Evans yn *Y Tyst*[52]:

O Gymru anwyl, codwn,
I les ein gwlad dihunwn,
Na fydded Cymro yn ein plith
Yn byw dan rith gwladgarwr.
I'r gâd, i'r gâd, y cerddwn,
Ein gwaed, os rhaid, a gollwn;
Amddiffyn Prydain byth a wnawn—
Ei harfau'n llawn a wisgwn.

Er ei fod, felly, yn mentro gwahaniaethu rhyw fymryn rhwng Prydain a Chymru, yr un oedd brwydrau'r ddwy a doedd dim dadlau nad cyfrifoldeb Cymru oedd cefnogi Britannia.

Er bod dros ddeng mlynedd ar hugain rhwng cyfnod y ddwy gerdd, o ran meddylfryd ac idiom does fawr o wahaniaeth rhwng 'Milwr Prydeinig' E. Llwchwr Jones o'r Rhyfel Mawr a 'Milwr Prydeinig' Bryfdir a syrthiodd mewn rhyfel yn y Transvaal yn 1881.[53] Gogoneddir y rhyfelwr yn y naill gerdd a'r llall gan dystio i gyfiawnder ei achos arwrol:

Nid porthi yspryd balchter,
A meddwi'n sot ar waed,
A sathru glân gyfiawnder
Yn ynfyd dan ei draed,
Yw neges y Prydeiniwr
Wrth wisgo'r gloyw gledd,
I hyrddio'i wrthwynebwr
I'w gynamserol fedd.

Ond taro'r cledd-addolwr,
I'w fflamiol le ei hun,
A sefyll megis arwr
Dros ryddid Duw a dyn.
Abertha'i fywyd drosodd,
A throsodd gyda gwên,
Er mwyn y wlad a'i magodd,
A'i thraddodiadau hen.

Yn naear sanctaidd Cymru
  Mae bedd ei dad a'i fam,
A chyn cai'r Huns ei fathru
  Fe losga i fod yn fflam.
A chodai hen wroniaid,
  Anfarwol Cymru gynt,
Pe clywid corn estroniaid
  Yn seinio yn y gwynt.[54]

Mae lefel moesoldeb y milwr Prydeinig yn uwch na'r rhelyw: cwffia'r Frwydr Gyfiawn. Ai at Gymru y cyfeiria ar ddiwedd yr ail bennill? Pan oedd cynifer o draddodiadau Cymreig yr arferid eu cymryd yn ganiataol yn cael eu sathru dan draed, at ba 'draddodiadau hen' yr oeddid yn cyfeirio mewn gwirionedd? Dychwel yn ffyddlon fel ci at Gymru fach yn y pennill clo, dyfais gyfarwydd mewn nifer o gerddi cyffelyb.

Awydd G. Penrith Thomas yw 'cadw y Faner Brydeinig/Rhag myned yn garpiau dan draed'[55] ac mae Prosser Rhys yntau'n fawr ei gonsýrn dros y 'Llynges Brydeinig':

Unbennes gadr! feistres hoyw'r dyfnfor!
  Hawddamor iti ar dy wrol daith!
Dy enw clodwiw dreiddiodd i bob goror—
  Edmygedd cyfandiroedd ydyw'th waith.[56]

Er cynnal morâl y genedl a'i hatgoffa o Gyfiawnder a Christnogaeth ei Hachos, canodd Dyfed, yr Archdderwydd ar y pryd, emyn bob wythnos rhwng 1917 a 1918 yn *Y Cymro* a bu Eifion Wyn yntau'n emyna'n fisol yn *Y Dysgedydd* yn 1916. Cyfrannodd Dyfed nifer o ganeuon hefyd i'r *Cerddor* a luniodd ar y cyd gyda David Evans, Athro Cerddoriaeth Coleg Prifysgol Caerdydd, er hybu'r ymgyrch recriwtio. Mae 'Ymlaen yr Awn' (Ebrill 1916) o leia'n anfon milwyr i'r frwydr 'yn enw Rhyddid Cymru'. Cân ar gyfer soprano ac alto yw 'Milwyr a Morwyr' (Hydref 1916), dewis bwriadol o leisiau mae'n siwr er deffro greddfau *macho* y gŵr. Diwedda'r gân mewn ffanffêr o drais:

Brysiwn, daliwn y gelyn du;
Rhwyfwn, rhwyfwn, rhwyfwn, rhwyfwn;
Brwydrwn, brwydrwn, taniwn ar ei longau,
Drylliwn, chwalwn ei allu mawr;
Gwyrwn, suddwn fradwr i'r dyfnderau,
Bloeddiwn, dawnsiwn ar fedd y cawr.

Cân bropaganda arall o eiddo'r un bartneriaeth yw 'Saf i Fyny dros dy Wlad' (Ionawr 1917) a gyflwynwyd i blant ysgolion Caerdydd, ffaith sydd bron mor arswydus â'r nodyn esboniadol uwchben cerdd Brynferch, 'I'r Gad! I'r Gad! Fy machgen': 'Cyfansoddwyd y llinellau canlynol er mwyn annog fy mab i ymuno â'r fyddin, yr hyn a wnaeth.'[57] Buan iawn y sylweddolir, wrth ddarllen dadleniad o'r fath, nad gwiw bwrw'r canu hwn o gof gan fod iddo ddiben mor ymarferol; fel y llenyddiaeth ddirwest, y mae'n ymestyniad o syniadau'r Fictoriaid ynglŷn â llên bwrpasol.

Teitl hunanesboniadol cerdd Samuel Griffiths yw 'Anogaeth i'r bobl ieuainc i ymuno a'r fyddin':

> Mae'r Rhyfel presennol yn gyfiawn,
> Ymrestrwch, wyr ieuainc i'r gâd;
> Mae'n iawn i bob Cristion amddiffyn ei hun,
> Ei deulu, ei grefydd, a'i wlad;
> Mae hawliau dynoliaeth yn galw
> Am dorri anwariaeth i lawr,
> A noddi y truan a neddir i'w fedd,
> Gan dduwiau anianol eu gwawr.[58]

Amlwg ddigon fod pwysau seicolegol aruthrol ar ddynion ifainc i ymrestru; drwy beidio aent yn groes i'r holl beiriant propaganda Prydeinig. Oedd, fel y sylwodd D. J. Williams, roedd hi'n ddigon hawdd i bobl mewn oed hysio'r bechgyn i'r gad: '. . . gwneir rhyfeloedd gan yr hen; fe'u porthir gan y rhai hynny nad ânt byth yno'u hunain, ac fe'u hymleddir gan yr ifanc.'[59] Nid codi bwganod y mae R. H. Jones ond lleisio ofnau pobl a besgodd ar anwybodaeth pan ddywed am 'y gelyn' amhenodol:

> Beth pe deuent i'n hardaloedd?
> Fechgyn anwyl ewch yn filoedd
> Dros gartrefi'n gwlad.[60]

Druan â'r bechgyn na wyddent ble i droi am arweiniad: a hwythau wedi'u disgyblu yn unol â dysgeidiaeth y Deg Gorchymyn i anrhydeddu tad a mam, roeddynt yn dargedau hawdd ar gyfer y bwledi emosiynol hyn. Ac os meiddiai rhiant anghydweld â'r Rhyfel, roedd ganddynt drwydded hefyd i fynd yn groes i'w ewyllys gan mai'r 'gorchymyn mawr' y cyfeirir ato ym Mathew, pennod 22, yw cariad at Dduw. Goblygiadau gweithredol y cariad hwnnw fel y'i dehonglwyd gan ddiwinyddwyr, mawr a mân, rhwng 1914 a 1918—er gwaetha'r Bregeth ar y Mynydd annhymhorol—[61] oedd ymuno mewn crwsâd cyfiawn i warchod Ei fuddiannau.

Pa gysur oedd i rieni'r milwr marw? Ceir llwythi o gerddi yn honni mai gwerthfawr fu'r aberth fel 'Tant yr Aberth', T. Mason Jones, 'i gwpl priod o Bontarfynach ar golli eu mab 18 oed yn y ffosydd yn Ffrainc':

Do, gwnaeth ei ran hyd angau
 I gadw'n bro rhag cledd,
Ac ni ddaw'r gâd i'n ffiniau
 Heb groesi tir ei fedd;
Mae'ch bachgen hawddgar eto
 A thelyn yn ei law,
A thant yr aberth liwia'r gân
 Ar lwyfan nefoedd draw.[62]

Y mae canu felly'n rhy hawdd, yn rhy ddibroblem, yn rhy iach o'r hanner. Mwy pasiantaidd a llai dwys yw'r rhangan, 'Y Milwr Dewr a'i Faner': '. . . ca'wd hyd i gorff y gwron;/Ar ei fron * y Faner hon'[63] a'r seren yn dynodi 'Gellir datblygu baner pan genir y geiriau hyn'; ni ddywedir p'un ai Jac yr Undeb ynteu'r Ddraig Goch y dylid ei chwifio.

Nid cyfansoddiadau newydd sbon danlli a âi â bryd y cyfansoddwyr bob gafael: fe gyfansoddwyd nifer o ganeuon yn benodol i'w canu ar alawon cyfarwydd fel 'Gwnewch Bopeth yn Gymraeg', 'Aderyn Pur', 'Rhyfelgyrch Gwŷr Harlech' a 'Duw Gadwo'r Brenin', sef yr anthem Brydeinig, 'God Save the King.' Roedd 'Cân y Milwr: Hi a'm Maccodd I' gan Dr. E. Lloyd Owen o Gricieth, i'w chanu ar dôn 'Gwŷr Harlech.' Er y byddai'r awdur yn ddiweddarach yn un o aelodau cynharaf y Blaid Genedlaethol, doedd hon chwaith ar y pryd ddim yn nodi pa 'wlad' a oedd dan sylw; anogaeth elfennol a gafwyd yn hytrach i gefnogi'r wlad hon heb gwestiynu dim ar gyfiawnder ei hachos:

Milwr wyf—a 'ngwlad 'rwy'n hawlio
Sydd yn *iawn*—boed hyn neu beidio—
Hyn nis gallaf fyth anghofio—
 Hi a'm *maccodd i!*[64]

Byrdwn y gerdd yw bychanu rheswm a dyrchafu emosiwn; doedd dim amser i oedi a hollti blew ynglŷn â phriodoldeb y Rhyfel.

Mae'r fath agwedd meddwl yn nodweddu i'r dim y modd yr oedd Cymru ar y pryd fel petai'n hwylio'n benysgafn ar lanw teimladol gan ddweud a gwneud pethau mawr. Ar dôn yr 'Anthem Genedlaethol' roedd 'Ein Brenin a'n Gwlad' i'w chanu, sef 'Ein grasol Frenin Siôr' a 'rhyddid Prydain Fawr.'[65] Cyffrowyd Evan Jenkins yntau gan yr un syniad, ac ymddengys na welai ddim byd o'i le ar fynegi'r syniad hwnnw ar batrwm sy'n adleisio emyn:

Darostwng, Arglwydd Mawr,
Elynion fyrdd yn awr,
   I'n Brenin ni;
Tyn 'Prwssia' waethaf gaed,
Mewn syched am ei waed,
A'i hanfod lu wrth draed,
   Ein Brenin ni.[66]

Dyma Bantycelyn:

O! tyred, Arglwydd mawr,
   Dihidla o'r nef i lawr
Gawodydd pur;
Fel byddo'r egin grawn,
Foreddydd a phrynhawn,
I darddu yn beraidd iawn
   O'r anial dir.[67]

Oni bai fod yr adlais yn gwbl ddamweiniol, yna fe awgryma'r gerdd recriwtio hon sut y seciwlareiddiwyd crefydd er dibenion tymhorol yn ystod y Rhyfel.

Ond tybed, mewn gwirionedd, ai cerddi'n ymwneud â'r Rhyfel Mawr yw llawer o'r rhain yn eu hanfod? Onid y gwir amdani oedd bod y bygythiad hwnnw'n cynnig cyfle pellach i dywallt sentiment am ben Gwalia fach? Onid oedd hi'n dlysach ac yn anwylach a'r lleidr yn llercian y tu ôl i'r clawdd agosaf? Rhoes y Rhyfel estyniad oes i ganu gwladgarol y Fictoriaid. Ac yntau yn bell o'i gynefin yn y fyddin ym Macedonia yn 1918, cofiai David Jones ei bentref ef ei hun. Yng nghanol yr anrhaith a welai o'i gwmpas, dwysawyd yr olwg gyferbyniol a goleddai o'i gartref. Hen le bendigedig oedd hwnnw:

Breuddwydiaf o fewn y murddun
  Sy â'i haelwyd o huddygl yn drwm,
A hed fy meddwl dros dir a thon
  I arall fwth yn y cwm;
Byth nid anghofiaf ei charu,
  Aelwyd fy mebyd yw hi,
Tyf ei swynion yn dlysach o hyd,
  I alltud dros donnau'r lli,
  Wrth oedi dros donnau'r lli.[68]

Rhoes Bobi Jones fynegiant i syniad cyffelyb, flynyddoedd yn ddiweddarach, yn 'Preselau':

Mor dlws yr ymddengys y bryniau hyn dan sawdl estron.
Mewn perygl, anwylach hawddgarach yw'r rhiwiau hyn.[69]

Go brin mai ar ddamwain yr enillodd Crwys bum punt am y gân wladgarol 'Caru Cymru'[70] yn Eisteddfod Genedlaethol Penbedw, 1917, hoff anthem cerdd-dantwyr fyth oddi ar hynny. Onid cerdd ymrestru gyfrwys ydoedd, cerdd i godi cywilydd, teyrnged ddi-fefl i'r werin Gymraeg a'r bardd ynddi'n bwrw golwg batriarchaidd, amddiffynnol dros ei famwlad? Llwythwyd ei rhinweddau fel glo ar dân: ei glendid, ei harddwch, ei symlrwydd, ei naturioldeb, ei hiaith, ei gwerin, ei duwioldeb, nes cyrraedd cleimacs y clo—'Nid Cymru fydd Cymru a'i choron dan draed'.

Cerdd arall sy'n cyfuno amryw o'r nodweddion stoc Fictoraidd —y bwthyn gwledig to gwellt, y teulu dedwydd, y rhieni rhinweddol, a hyd yn oed y delyn—â dyfodiad y Rhyfel yw 'Fe Syrthiodd y Saith', Volander Jones:

Roedd bwthyn bach swynol yng nghanol y wlad,
Lle'r oedd saith o feibion yn llawn o fwynhad;
Ni ddeuai'r un gofid dros drothwy y drws
I leddfu llawenydd y bwthyn bach tlws;
Fe'u ceid fel telynau o gwmpas y bwrdd,
I gadw pryderon a thrallod i ffwrdd;
Yr oeddynt mor llawen a'r wyn ar y bryn,
A phob un yn teimlo y byd iddo'n wyn.[71]

Gormes oedd y Rhyfel, ac yn wyneb y gormes hwnnw gwelwyd gwerth Cymru o'r newydd; dwysawyd yr ymdeimlad o gariad a chyfrifoldeb tuag ati. Y mae'r modd y personolwyd Cymru gan y beirdd hyn yn arwyddocaol; fel y sylwodd Heini Gruffudd:

> O gofio'r ymosodiadau a fu ar yr iaith Gymraeg, ac ar foesau Cymru, y mae defnyddio'r sumbol o forwyn yn arbennig o arwyddocaol fel ymgais i adeiladu eilwaith y syniad o genedl rinweddol.[72]

Delwedd o Gymru'r wyryf a welir hefyd yn narlun Christopher Williams, 'Deffroad Cymru', a atgynhyrchwyd yn arwyddocaol yn *Gwlad Fy Nhadau*: fe'i gwelir yn codi'n eurwallt, fronnog mewn llieiniau gwynion â'i golwg ar y nefoedd gyda draig wrth ei thraed i'w hysio ar ei hynt. Ond pa mor rhinweddol bynnag oedd delwedd o'r fath yn ei hanfod, delwedd fenthyg ydoedd; fel y nododd Peter Lord wrth drafod eiconograffeg Gymreig y bedwaredd ganrif ar bymtheg:

> Wrth nesáu at gwblhau'r broses o ddileu gwahanrwydd cenedlaethol gwelir yn aml y genedl sydd wedi'i llyncu yn mabwysiadu sumbolau gweledol o wahaniacth rhanbarthol di-rym a grewyd yn wreiddiol gan y diwylliant arall. Yr hyn sydd yn taro rhywun am y genre hwn yng Nghymru yw mai gwragedd—bron yn ddieithriad yng nghynnyrch y ganrif ddiwethaf—a bortreadir ynddo. Y mae'n rhaid cofio sefyllfa gymdeithasol a gwleidyddol gwragedd yn y ganrif honno er mwyn deall arwyddocâd y ffaith. Yr oedd gwaragedd, boed hwy'n byw bywyd dosbarth canol yn gaeth i'w cartrefi neu'n gweithio yn y diwydiannau trymion neu fel morynion, yn wleidyddol niwtral a di-rym. Trwy gyfrwng y ddelwedd fenywaidd Gymreig trosglwyddwyd y statws hwnnw i holl genedl y Cymry.[73]

Ie, Cymru fenywaidd, fregus ac anwleidyddol ydoedd—fel petai rhywbeth nefolaidd yn ei hanian a'i codai uwchlaw mân wleidydda bob dydd—a chyfrifoldeb ei meibion oedd ei gwarchod er mwyn ei chadw felly.

Delwedd barod Fictoraidd oedd honno o'r Fam. Dyfais arall lawn mor ddefnyddiol oedd y farwolaeth estynedig a'r milwr unig wrthi'n ddiwyd yn llythyru wrth lithro o'r byd er cadarnhau gwerth yr aberth i'w fam. Cerdd sentimental o'r fath yw 'Dafydd yn marw yn y gad—llythyr olaf fy mam' gan Awelon o Bwllheli.[74] Er gwaetha'r pellter rhyngddynt, mae cariad ei fam a'i fagwraeth Gristnogol yn cynnal ei ysbryd. Fe'i gwêl toc yn y nefoedd:

Alltud ydwyf gan yr Ellmyn,
  Wedi'm clwyfo yn y Gâd;
Heb 'run gobaith am adferiad,
  'N marw 'rydwyf yn fy ngwaed;
Nerth a gefais, Mam, er hynny,
  'Nol eich cyngor, olaf, byw,
I ddal fy hyder yn wastadol
  Ar addewid Gadarn Duw.

Meicrocosm yw'r Fam Gymreig—yn ei daioni, ei phurdeb, ei haelioni a'i benyweidd-dra—o holl rinweddau'i Gymru, trosiad a gwyd ei ben yn aml yn yr astudiaeth hon; rhydd y nodweddion hyn ystyr a phwrpas i fywyd. Try yn reddfol, wrth gloi, at Walia:

Dywedwch wrth fy hen gyfeillion,
  Na raid i Gymru ostwng pen—
Gan i'ch Dafydd farw yn ffyddlon
  'Mhell o'i wlad dros Walia wen;
Ac mae'i weddi olaf ydoedd—
  Tra yn marw yn ei waed,
Am i Dduw o'i fawr drugaredd
  Gofio am ein hannwyl wlad.

Dichon fod arwyddocâd deublyg i'r prif enw 'Dafydd': byddai'n dwyn i gof—pe digwyddai i rywun ei anghofio—David Lloyd George yn ogystal â brwydr Dafydd a Goliath. Rhyfel wedi'i bolareiddio wedi'r cyfan oedd hwn, rhwng Gwlad Belg a Chymru fach ar y naill law a'r Almaen fawr ar y llall, rhwng y Da a'r Drwg, rhwng Crist a'r Anghrist.

Darlunio marwolaeth yn felodramatig a wneir yn 'Marw yn nhir estron', John T. Job:

O Gymru! paradwys fy nghalon,—
  'Rwy'n marw: ni'th welaf byth mwy;
Anturiais i'r maes gyda'th ddewrion,
  Tywelltais fy ngwaed gyda hwy.[75]

Taniwyd y milwr â gwladgarwch o'r newydd yng nghanol miri'r frwydr: ymfalchïa ei fod wedi brwydro dros 'achos cyfiawnder' ac edrydd bader a ddysgodd gan ei fam cyn marw. Daw darluniau o'i fwthyn, ei dad a'i gapel i'w feddwl. Ond yn sydyn reit daw gwaredigaeth, er gwaetha'i farwolaeth ym Mesopotamia ddi-Dduw a digysur:

Ond ust!—dyma Gymro'n ei boenau
  Yn f'ymyl—yn sôn am y Groes:
O! diolch i'r Meichiau—mae Bywyd i minnau!
Ffarwel, wlad fy Nhadau! 'rwy'n marw mewn ffydd:
  O Fesopotamia mi godaf ryw ddydd.

Onid oedd hi'n lwc a hanner iddo ddod o hyd i Gymro? Ni allai hwnnw wedyn ddim peidio â bod yn Gristion o argyhoeddiad. Mae hon hefyd yn ddyfais bur gyfarwydd yn y brydyddiaeth yma: a'r milwr ar fin marw, daw milwr arall i'r adwy i achub ei enaid. Yn wir, defnyddiwyd amrywiad arni mor ddiweddar â 1983 ym mhryddest Eluned Phillips am Ryfel y Falklands pan yw milwr o Gymro'n cyfarfod â milwr clwyfedig o Ariannin sy'n hanu o'r Wladfa.[76]

Ceir ambell farwolaeth sy'n ddi-chwaeth o foethus a phob argoel bod llinynnau siwgwraidd Mantovani ei hun yn cyfeilio i ymadawiad y milwr gwylaidd o'r bywyd hwn:

Ei haul fachludodd! O! olygfa hardd!
Yn croesi'r lli heb alaeth dan ei fron
A phyrth y nef yn agor led y pen,
Gan frwd groesawu'r milwr ar ei rawd
Dros belmynt aur a grisiau'r ddinas dlos.[77]

Braint fendigedig fyddai cael marw yn y Rhyfel Mawr yn ôl Rolant Wyn yntau:

Dos i'r frwydr fawr yn enw
  Cristionogaeth a gwareiddiad;
Pwy a wyr na chei di farw
Dan dy goron dros dy Geidwad?[78]

Doedd dim dianc rhag y Rhyfel nac esgus dros beidio â chymryd rhan ynddo:

Paid dweud fy nghyfaill mwyn dy fod
  Yn parchu egwyddorion,
Os nad wyt barod heddyw i ddod
  Ag aberth—gwaed dy galon;
Paid dweud dy fod yn caru Duw
  Mewn oeraidd gyflwyniadau,
Tra'n methu dweyd—'Fy Arglwydd yw',
  Heb ofni'r canlyniadau.[79]

Fe grwydrwyd yn o bell o olwg y gwerthoedd ymneilltuol: bellach roedd crefydd a militariaeth yn bartneriaid cytûn.

Roedd ymwybod y prydyddion hyn â hanes Cymru'n rhan o'u harfogaeth greadigol. Er mwyn cyfleu Cymreigrwydd y Rhyfel gwnaed defnydd helaeth o ffigurau Cymreig, rhai hanesyddol a chwedlonol fel Arthur, Glyndŵr a Llywelyn. Yr un gwladgarwch, fe ymddengys, a daniai ysbryd y milwyr modern â'r arwyr hynny. Fel 'Deffroad Cymru' y gwelai Glan Tegid y cyfnod a Chymru yn dringo i binaclau bri a chydnabyddiaeth ledled y byd. Yn ôl pob golwg, trech uchelgais na rheswm a threch teimlad na deall:

> Wel, cân, hen Gymru annwyl!
> Dy uchel wyl sy'n dod,
> Mae'th blant yn cyflym ddringo
> I ben pinaclau clod;
> Mae Arthur yn y fyddin,
> Ac Arthur yn ei grud;
> Daw Arthur ar ol Arthur—
> Wel, Gymru, gwyn dy fyd![80]

Gorseddwyd Arthur eisoes fel ffigur cyfoes, yn symbol o adfywiad Cymreig y cyfnod. Dim ond ambell unigolyn a welai, drannoeth y drin, oblygiadau hyn. Yng ngherdd Wyn Williams, Llanystumdwy, ceir anthithesis i'r canu Arthuraidd hwn:

> Gwrandewais yn fy ymffrost ddyddiau gynt
> Ar lais yn galw, 'Deffro mae yn ddydd,'
> A llef rhyw ysbryd gwladgar yn y gwynt
> Yn llefain, 'Arthur yn cyfodi sydd'.
> Ond ha, wŷr frodyr! pa rhyw ddydd a gawd
> A pha rhyw Arthur gododd yn y tir?
> Deffroi i weled brawd yn lladd ei frawd...[81]

Fe urddwyd William Watson yn farchog am ei gyfraniad prydyddol i'r ymgyrch bropaganda ac ym Medi 1914 cynhaliodd adran bropaganda newydd y llywodraeth gynhadledd gyfrinachol ar gyfer o leiaf bump ar hugain o awduron enwog gyda G. K. Chesterton, Conan Doyle, Thomas Hardy a John Masefield yn eu plith. O gymharu â'r brwdfrydedd ymddangosiadol hwn, fe geryddwyd beirdd Cymru oherwydd eu hapathi a'u harafwch. Dyna fyrdwn eitem yn *Y Faner,* 10 Hydref 1914, ac ysgrifennodd

J. Vyrnwy Morgan y llith ysgubol a ganlyn ddwy flynedd yn ddiweddarach:

> As to the effect of the war on Welsh literature, both prose and poetic, there is nothing of any importance to relate. It has not, as yet, produced any ballads or battle-songs for the Welsh soldiers; there are no Welsh war lyrics . . . . . . It is calculated that there are in Wales about three thousand Welsh bards, or rather poetic experimentalists; like all modern poets they think more of freedom than of fighting for it.[82]

Cynhaliwyd sawl cystadleuaeth i brocio'r beirdd ym mhapurau newydd y cyfnod. Anfonwyd cant pum deg chwech o gynigion at y beirniad, John Morris-Jones, yng nghystadleuaeth *Y Brython*: 'Apel y Cadfridog: Brigadier Owen Thomas' Appeal Rendered in Verse'. Gwili a gyfansoddodd y gerdd fuddugol a oedd i'w chanu ar 'Ryfelgyrch Capten Morgan', a chynhwysir ynddi nifer o brif themâu propagandwyr Cymreig y dydd: yr alwad ddwyfol, dydd aberth, gwaedd gwladgarwch y gorffennol, tynged y cenhedloedd bychain, a threchu gormes:

> Wŷr ieuainc Cymru! Clywch yr alwad gref!
> Corn y gad sydd heddyw'n alwad nef.
> Geilw'ch Cadfridog, geilw'n iaith ei wlad,
> Geilw'ch dewr gymrodyr draw o'r gad.
>
> *Cytgan:*
> Fechgyn Cymru, wele daeth 'y Dydd'!
> Ewch dan faner Cymru dros Ewrop rydd.
>
> Clywch ar y bryniau alwad megis cynt!
> Llef fel llef Llywelyn gwyd y gwynt.
> Ar arch eich Owen, codwch fel un gwr
> Oni chlywch drwy'r glynnoedd waedd Glyndwr.[83]

Rhagwelodd Gwynn Jones yn 'Ymadawiad Arthur' ar droad y ganrif ddydd Rhyddid a Deffroad ar ôl 'tost gaethiwed hir':

> A daw y Dydd o'r diwedd,
> A chân fy nghloch, yn fy nghledd
> Gafaelaf, dygaf eilwaith
> Glod yn ôl i'n gwlad a'n iaith.[84]

Bellach, uniaethwyd y frwydr i wireddu hen ddyheadau cenedlaetholaidd cywir mudiad Cymru Fydd gyda'r frwydr i gynnal cenedlaetholdeb Prydeinig; mynnwyd—heb gydnabod unrhyw dyndra ideolegol rhwng y ddeubeth—mai'r un oedd y frwydr.

Bu'r prydyddion newyddiadurol hyn wrthi ers dechrau'r Rhyfel yn gweithredu gorfodaeth filwrol answyddogol yn eu caneuon. Ond fe gynyddodd y pwysau seicolegol ar ddynion i ymrestru gyda dynesiad gorfodaeth filwrol swyddogol yn 1916, mesur a greodd stŵr mawr yng Nghymru ar y pryd. Y gwrthdrawiad moesol a seciwlar rhwng rhyddid cydwybod a gorfodaeth gyfansoddiadol a wylltiodd ymneilltuwyr; ni fu cysoni dysgeidiaeth Crist â militariaeth Brydeinig yn hanner cymaint problem o'i chymharu. Roedd hi hefyd yn dolc i falchder y Cymry ac yn taflu sen ar eu teyrngarwch i'r achos. Gan mai Lloyd George a bwysai am y newid, fe'i hystyriwyd yn feirniadaeth fwy personol byth. O ganlyniad, pwyswyd o'r newydd ar Gymry i listio er mwyn gwarchod enw da eu mamwlad. Troes trechu'r Almaenwyr, y frwydr Gristnogol, achub cam y cenhedloedd bychain, oll am y tro yn ffactorau eilradd. Bellach, roedd Cymru ei hunan ar brawf a balchder cenedl gyfan yn y fantol:

Ninnau oll o lwyrfryd calon
Awn, ymrestrwn heddyw'n ffyddlon,
Er diogelu hawliau'r goron
   Trown o'n tir bob trais;
Fechgyn Cymru wladgar,
Dewch yn ewyllysgar,
Dewch yn lluoedd, dewch yn llon,
I gadw'n hurddas hawddgar.
Ysbryd dewr 'Llyw Olaf Cymru'
A wna eto ein cynhyrfu,
Mewn egwyddor i orchfygu—
   Dyma'r olaf gais.[85]

Roedd yn rhaid profi bod y Cymry cystal os nad gwell dinasyddion na gweddill pobloedd Prydain. Dyna paham yr oedd cerdd Myfyr Elfed yn cloi drwy nodi'n fuddugoliaethus-falch i'w arwr aberthu 'ar allor y milwr gwirfoddol'.[86] Ni fyddai marw'n filwr gorfodol yn hanner cystal camp: marwolaeth y milwr gwirfoddol oedd yr un egwyddorol.

Poster recriwtio nodweddiadol.
(Trwy garedigrwydd Llyfrgell Genedlaethol Cymru)

Yn ôl y nifer llethol o gerddi a sgrifennwyd amdano, y Caiser oedd hoff gyff gwawd y beirdd hyn. Aed ati i gyfansoddi gwrth-epigau i'r dyn: mae gan Afanwy ugain pennill i 'Cwymp y Caiser'[87] a Dewi Glan Rhondda saith ar hugain o englynion iddo. Ynddynt mae am alltudio'r 'bolgi brwnt' a'r 'wag hyll' i St. Helena, 'ysbyty despotiaeth', i fwyta 'bara dwr'.[88] Digon yw dweud bod mwy o hynodrwydd i hyd yr ymdrechion hyn nag i'w hansawdd. Enllibiwyd yr un gwrthrych â blas gan ddegau o feirdd: 'lwmp o hunan aflan; hen gnaf yng nghroen y ddafad; penbwl; yr hurtyn gwael'. Ef hefyd oedd Bwystfil Llyfr y Datguddiad, ymgorfforiad o'r Anghrist. Dyheai ambell un am dorri ei ben i ffwrdd. Y Caiser oedd gwreiddyn pob drwg; ef, yn anad undyn arall, oedd Y Drwg. Anrhydeddwyd ef â degau o englynion cyhuddgar a damniol:

Nero gwlad yw'r Kaiser a'i glêdd,—a'i fawr
Fost yn warth a chabledd;
Cwymp yn sarn dan farn i'w fedd;
Gwae rwygwr plant a gwragedd![89]

Lew—Gaisar uchelgeisiol,—rhyfelwr
O falais uffernol;
Ni fedr y nef ei droi'n ol
Ond drwy'i ddinistr haeddianol.[90]

Gêm brydyddol gyfarwydd oedd ffantasïo beth yn union a wnâi rhywun â'r Caiser pe digwyddai ei ddal. Un o'r rhai mwyaf cyntefig ei awgrymiadau a rhemp ei ddychymyg oedd 'T.W.' o Lanrwst:

Rhowch fach blaenllym yn ei ffroenau,
A ffrwyn nerthol yn ei weflau!

Yna rhowch ef mewn cage haiarn
Dan warchodaeth dynion cadarn.

Mynd ag ef yn show trwy'r gwledydd
Er 'chwanegu at ei waradwydd.

Ac os cynyg gam-bihafio,
Rhoi chwip ar ei gefn i'w stwytho.[91]

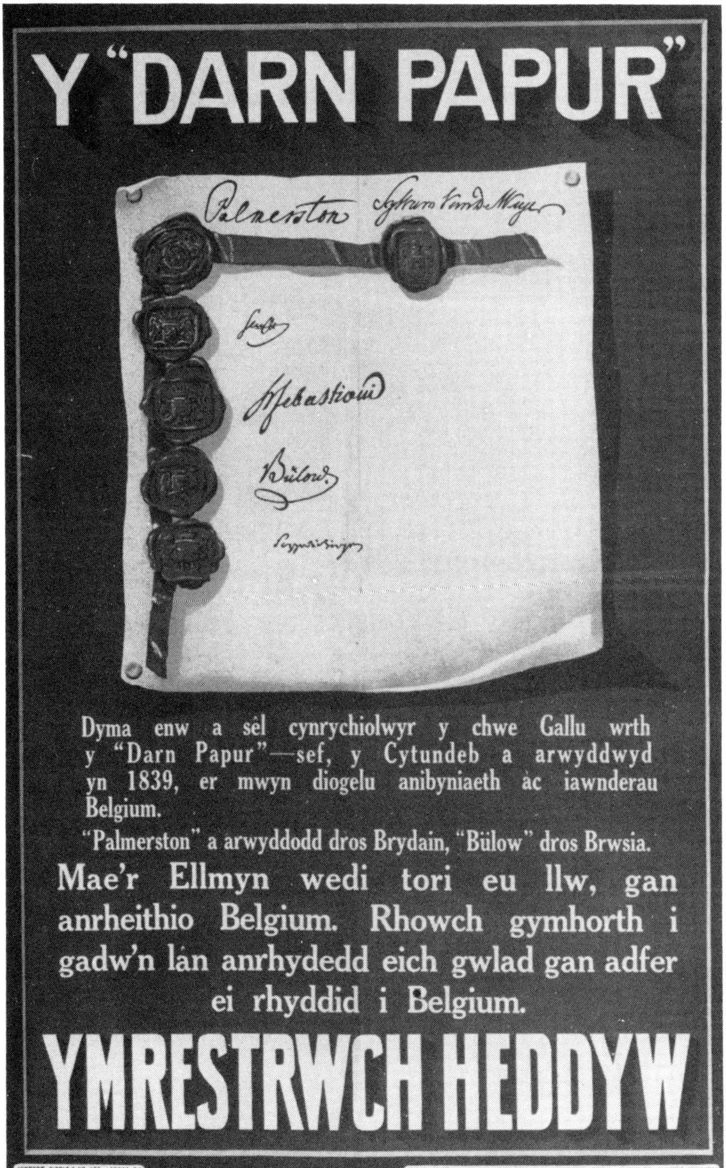

Poster recriwtio nodweddiadol.

(Trwy garedigrwydd Llyfrgell Genedlaethol Cymru)

Ie, creadigaeth Walt Disneyaidd oedd Caiser y papurau newydd.

Cymeriad cartŵn oedd David Lloyd George yntau, Arwr Gwerin Gwlad a Chymro Enwoca'i Ddydd. Gallai Dewi Barcer ei anfarwoli fel myth: 'Hir awydd hwn yw rhyddhau/Dynion o hen gadwynau'.[92] Roedd yn ystrydeb ystyrlon ym meddyliau'r werin ar sail ei weithgaredd yn y Rhyfel Degwm, ei ymdrechion o blaid Deddf Datgysylltu, ynghyd â'i drethi trymion a ffrwynodd bwerau'r meistri tir. Digon hawdd gweld sut y cydiodd y myth oherwydd ei ddarlunio fel Robin Hood yr ugeinfed ganrif:

> Ym mis Ebrill 1909, yn rhinwedd ei swydd fel Canghellor y Trysorlys, datguddiodd Lloyd George ei 'Gyllideb i'r Bobl'. Cipio arian oddi wrth berchnogion tir, y bragwyr a chyfoethogion eraill oedd ei fwriad, a hynny er mwyn gwobrwyo'r lluoedd arfog, hen bensiynwyr a rhai o'r di-waith.[93]

Ar hyd y Rhyfel, tra sathrwyd y Caiser i'r llaid dyrchafwyd Lloyd George yn dduw. Awgryma pennill Cadvan a draddodwyd yn Eisteddfod Genedlaethol 1915 beryglon yr arwraddoliaeth ddigwestiwn hon:

> Mae pob *plaid* yn falch ohonot,
> Mae dy wlad â'i gobaith ynot;
> Cyfyd gweddi Prydain drosot
> Hyd y nen—Lloyd George:
> Myn Gwareiddiad, Moes a Chrefydd
> Wneud i olew moliant gwledydd
> Gyd-ymdywallt yn gafodydd
> Ar dy ben—Lloyd George.[94]

Mae'n amlwg fod gohebydd *Y Tyst* o'r un farn oherwydd fe ysgrifennodd yn berlewygus drannoeth yr un Eisteddfod:

> Un o ŵyr mwyaf y byd heddyw yw Mr. Lloyd George. Yr oedd ei araith yn odidog o ran ysbryd a chynnwys a neges. Mae ei bersonoliaeth a'i ddylanwad, ei swyn a'i ddawn, ei athrylith a'i ysblander meddyliol yn rhyfeddol—yn *colossal*—ac mae eisoes wedi gwneud ei ôl ar holl hanes y byd am byth . . . Mae'r byd yn falch ohono, a dylai Cymru orfoleddu yn ei oleuni.[95]

Arwyddocâd hyn oll oedd y dylai pawb gyd-fynd ag amcanion y pen-gwleidydd. Golygai hynny nid yn unig ymddiried yn ei ddoethineb ond bod yn deyrngar iddo doed a ddelo. Ac ystyr 'bod yn deyrngar' ar y pryd oedd cefnogi'r Rhyfel. Bradwr a fradychai Gymru a'r Gymraeg ond, yn bennaf, Lloyd George—y gwrthwynebydd cydwybodol oedd hwnnw.

Yr oedd hi'n anodd i'r arwr wneud dim o'i le. Hyd yn oed pan ddaeth Deddf Gorfodaeth Filwrol i rym, achlysur a alluogodd olygyddion fel Gwili a Beriah Gwynfe Evans i 'weld drwyddo' o'r diwedd, ni chollodd bennill o deyrngarwch y beirdd poblogaidd. Ac erbyn diwedd 1916, os bu rhwyg yn gynharach, fe'i cyfannwyd pan ddaeth yn Brifweinidog. Erbyn hynny, Lloyd George yng ngolwg y byd oedd Cymru, a gallai wneud fel fyd a fynnai â hi. Er i rai cyfnodolion geisio cadw fflam y traddodiad anghydffurfiol ynghyn, syrthiodd protestiadau'r *Deyrnas* a beirniadaeth colofnau golygyddol *Seren Cymru* ar glustiau byddar. Goslef nodweddiadol ymgreiniol sydd yng ngherdd Benoni yn llongyfarch Lloyd George ar ei ddyrchafu'n Brifweinidog:

Annwyl Gymrawd, wnei di oddef
I eiddilaf Gwalia Wen
Dy longyfarch gyda myrddiwn,
Am dy osod di yn ben.[96]

Ef, meddai, yw'r Moses a'n dwg 'o'r blin anialwch/Draw i Ganan hedd mewn bri'. Fe'i sancteiddiwyd â chyffelybiaethau Beiblaidd droeon ac mae Cadvan yn ei 'Anerchiad yn Eisteddfod Genedlaethol Aberystwyth' yn cloi:

Daw'r holl fwystfilod yn llonydd—
'Ni ddysgant ryfel mwy':
'A Bachgen bychan' Eifionydd—
Lloyd George—'yn eu harwain hwy'.[97]

Cred Bifan yn daer fod ei hynt yn 'Dduw-etholedig'[98] a phwysa Benoni arno i ddiystyru'r Cymry annheyrngar hynny a'i beirniada. Fe'i cysura drwy fynnu fod holl aelodau'i enwad, y Bedyddwyr, 'fel un teulu/Yn ymffrostio ynot ti'.[99]

Ffigur arall y sgrifennwyd degau o gerddi iddo oedd yr Arglwydd Kitchener, Cadlywydd y fyddin Brydeinig ac un o arwyr pennaf Rhyfel y Boer. Draenen anachronistaidd yn ystlys y Cabinet oedd Kitchener ym marn Lloyd George. Ar y llaw arall, gwrthwynebai Kitchener, fel milwr profiadol ac Ysgrifennydd Rhyfel, y math o ymyrraeth radical yng ngweinyddiad y Rhyfel a gynrychiolid gan y lleygwr Lloyd George. Rhwng pob dim, doedd fawr o Gymraeg rhyngddynt. Ond roedd Kitchener yn arwr Prydeinig a'i fuddugoliaeth yn y Transvaal yn fedydd addas i'r era Edwardaidd. Roedd yn ymgorfforiad o lwyddiannau'r Ymerodraeth a dringodd ei boblogrwydd i'w anterth pan ymddangosodd poster recriwtio enwoca'r Rhyfel gyda'i wyneb mwstasiog a'i fys ymestynnog. Ac yntau'n symbol o gadernid a nerth yr Ymerodraeth fel Britannia a John Bull, doedd y Cymry ddim ar ôl o'i glodfori.

Mae E. Evans o Dal-y-bont yn canmol Kitchener ramantus i'r entrychion ac yn ei gynnig yn esiampl i fechgyn ifainc:

Gadfridog dewr! a gwron Prydain Fawr,
Mae'i enw'n fyw, a gloyw fel y wawr,
Yn rhengoedd lu o filwyr glew a glân,
Yn barod ar ei arch, â'u bron yn dân,
I ddilyn ôl ei draed i faes y gâd,
I frwydro'n ddewr o blaid eu hannwyl wlad.
O! Kitchener enwog! Mae yn ei wedd
Ryw awdurdodol drem, pan gwyd ei gledd.[100]

Roedd cornel gynnes i'r hen Kitchener yng nghalon y Cymry oherwydd ei gyngor tadol a Christnogol i'r bechgyn diniwed cyn iddynt groesi'r Sianel i Ffrainc: 'Gochelwch ferched a gwin!' Rhydd Beriah y nodyn esboniadol hwn wrth gwt ei gerdd, 'Paid': 'Apelia Arglwydd Kitchener am fyddin sobr, deisyfa ar bawb i beidio "tretio" y milwyr'.[101] Arall oedd barn Kitchener am y Cymry: bygythiodd ymddiswyddo ar gownt awgrym Lloyd George y dylid ffurfio uned Gymreig ar wahân, ac ni chydymdeimlai â'r Cymro pan gwynodd hwnnw na châi Cymry siarad Cymraeg yn y fyddin. Rhai gwyllt, anufudd, na ddylid ymddiried ynddynt oedd y Cymry, meddai Kitchener wrth Asquith.[102]

Roedd suddo'r *Hampshire* a Kitchener ar ei bwrdd ym Mehefin 1916 yn achlysur arall i ddiawlio creulondeb yr Almaenwyr a chryfhau penderfyniad y Prydeinwyr. Gwelai 'T.W.' ef, yn 'Cwyn Coll am ein henwog a'n hanwyl Kitchener', fel gwaredwr modern:

Ni wnaeth undyn fath wrhydri
  Mewn un cyfnod nac un lle,
Pwy allasai gael miliynau
  Tan y faner fel efe?

Ai fawr ofal a'i gynghorion,
Er ei chael yn bur eu moes,
Gwr mwy teilwng a galluog
Ni chyfododd mewn un oes.[103]

Ysgrifennai T. R. Jones yn *Y Traethodydd*: 'er lliosoced a thrymed y colledion drwy y Rhyfel erchyll o'i ddechreu, ni bu un golled ingol all gystadlu â hon'.[104] Roedd Eynon yn *Y Tyst* yn fwy ffansïol:

> Dyna Kitchener wedi gorffen ei yrfa! Onid oedd rhywbeth yn *heroic* yn null ei farwolaeth? Myned allan i Rwsia dros y môr, gan wynebu'r nos a'r dymestl, ac yna diflannu! Nid ei gladdu rhwng pedair astell goed mewn bedd dwylath wrth un ond ei gladdu yn yr ehangder mawr, yn nyfnder y ddunos ddofn, heb neb i nodi'r fan y mae'n huno, a'r storom gref yn canu ei hanthem yn yr angladd.[105]

Roedd marwolaeth aberthol Kitchener yn symbol pellach i'r Cymry o gyfiawnder achos Prydain.

Un o'r ffyddloniaid i achos Britannia oedd y baledwr Evan Williams neu Arfonwr. Broc môr o oes ffyniant y faled boblogaidd oedd ei gynnyrch. Dramaeiddiai ddigwyddiadau priodol o'r Rhyfel megis dienyddiad Edith Cavell, suddiad y Lusitania a'r Hampshire, ac ysbeilio llyfrgell Louvain. Profai'r baledi hyn sydynrwydd ymateb y bardd i gyffroadau'r oes; llosgwyd dinas ganoloesol Louvain yng Ngwlad Belg ar 25 Awst 1914, ac er nad oes dyddiad argraffu ar y copi, fe'i cyflwynwyd gan Dewi Morgan i'r Llyfrgell Genedlaethol ar 29 Hydref. Arwydd teg o lefel deimladol y faled yw nodiadau'r clawr: does dim tir canol rhwng Da a Drwg, Llawenydd a Thristwch. Polareiddiwyd y teimladau yn eglur-blaen:

Cân am y Rhyfel: Brwydrau Ofnadwy.
Cieidd-dra y Germaniaid yn Belgium.
LLOSGI LOUVAIN!
Dyledswydd holl garwyr Rhyddid i wrthwynebu
y Kaiser, gelyn dynolryw a Rhyddid.[106]

Roedd dyfarniadau moesol diamwys o'r fath yn rhan o swyddogaeth y baledwr.

Achosodd y modd y llosgwyd Louvain, gan gynnwys ei phrifysgol a'i llyfrgell, brotest ar hyd a lled Ewrop. Yn ddiau, cafodd yr

Almaenwyr ail: aeth eu bwriad i godi ofn ar y byd o chwith wrth i'r Cynghreiriaid droi'r tu min at rym mor farbaraidd. Roedd llosgi'r llyfrgell hefyd yn halogiad uffernol a philistaidd yn nhyb y Cymry a roes o'u ceiniogau prin i godi colegau prifysgol. Roedd dienyddiad y nyrs Edith Cavell hefyd yn cynnig symbol ardderchog o ddiweirdeb benywaidd a diwydrwydd Cristnogol yn troi'n aberth dan ddwylo halogedig yr Almaenwyr. Llofruddiaethau oedd bara-menyn y baledwr, ond roedd diben rhagor na sbloet fusneslyd papur tabloid i'r hanesyn yn ystod y Rhyfel.

Ar ôl disgrifio 'dienyddiad ysgeler Nurse Cavell' a chofnodi ei haberth a'i hysbryd maddeugar, gwêl Arfonwr ei gyfle i atgyfnerthu penderfyniad ac ailbwysleisio'r nod:

> Cyst y weithred hon i'r Almaen
>   Fwy na cholli byddin gref,
> Saif y byd mewn braw a dychryn,
>   A chondemnia âg un llef!
> Rhydd i ninnau, trwy'n terfynau,
>   Help i'r holl ymdrechion sydd
> I ymrestru ein gwyr ieuaingc
>   I'n dyogelu fel gwlad rydd![107]

Defnyddir yr un fformiwla'n union ar ddiwedd y faled sy'n gwaredu at ddinistrio llyfrgell Louvain:

> Geilw hyn ar i'n hieuengctyd
>   Wneyd bob aberth dros eu gwlad:
> Ymwregysu am y frwydr,
>   Hwylio i uno yn y gâd . . . [108]

Yn yr un pamffled ceir atgynhyrchiad o gerdd recriwtio Harold Begbie, 'Fall In', sy'n llawn pwysau emosiynol ar y Dyn i 'wneud ei ran'. Er mai ar 1 Medi 1914 yn y *Daily Chronicle* yr ymddangosodd gyntaf, erbyn 16 Hydref roedd cyfieithiad Cymraeg Beriah Gwynfe Evans wedi'i gyhoeddi yn *Seren Cymru* gyda'r nodyn awdurdodol a ganlyn:

> Y cyfieithiad 'Brenhinol' a dderbyniwyd ac a gymeradwyir gan y Brenin a Thywysog Cymru o benillion Harold Begbie, 'Fall In', i'w adrodd neu i'w ganu mewn cyfarfodydd cyhoeddus.

Yn union fel petai'r Brenin ei hun yn giamstar ar y Gymraeg! Ond pwy a ŵyr nad bwriad Beriah oedd gosod ei fersiwn ef ar silff uwch na throsiad answyddogol 'J. Ll. W.' a gyhoeddwyd ar 12 Hydref yn *Y Faner*; cafodd fersiwn Beriah ei argraffu wedi hynny yn rhifyn 17 Hydref o'r *Faner* a 21 Hydref o'r *Tyst*.

Doedd Cymru, felly, yn sicr ddim ar ei hôl hi'n derbyn llenyddiaeth bropaganda effeithiola'r cyfnod: prawf yr addasu prysur hwn sydynrwydd a pharodrwydd yr ymateb. Cyhoeddwyd cyfieithiad 'R.M.P.' o'r gerdd Almaeneg, 'Hymn of Hate', sef 'Treithgan Casineb at Loegr', yn rhifyn Dydd Calan 1915 o *Seren Cymru* gyda'i byrdwn penderfynol, 'Un gelyn sydd gennym a dim ond un—Lloegr'. Serch hynny, yn rhifyn Ionawr 1915 o'r *Traethodydd* cyhoeddwyd addasiad arall o'r un gerdd gan Anellydd: 'Cyfieithiad o'r gân Ellmynig "A Hymn of Hate", gan Ernst Lissaver'. Nid enw'r awdur yn unig sy'n wahanol: gwelodd y cyfieithydd ei ffordd yn glir i ledu arwyddocâd y gerdd drwy gyfeirio at Brydain yn hytrach na Lloegr:

> Carwn fel un a chashawn ynglŷn,
> Un gelyn sydd gennym, a dim ond un—
> PRYDAIN![109]

Un o ganeuon mwyaf poblogaidd y neuaddau cerdd yn 1915 oedd 'Keep the Home Fires Burning' lawn hiraeth a dyfalbarhad. Fe'i cyfieithwyd erbyn 1916 gan T. T. Thomas i'r Gymraeg[110] a thrachefn yn 1917 gan Eifion Wyn.[111] Ac ni allai hyd yn oed gyhoeddiad mor ddadleuol â'r *Wawr* ymatal rhag cyhoeddi cyfieithiad awdur *Amser i Ryfel* (1944) o soned enwocaf Rupert Brooke, 'If I should die . . .'[112]

Rhwng pob dim, meddai holl ganu newyddiadurol toreithiog y Rhyfel Mawr ar gryn ddylanwad a phresenoldeb.

'Mab y Bwthyn'

Rhwng cerddi'r traddodiad eisteddfodol a'r holl ganu-papurnewydd, roedd prydyddiaeth Gymraeg yn gaeth i ragdybiaethau Prydeinig a Rhyddfrydol. Y gerdd a ragorodd arnynt oll o ran poblogrwydd ac un na chollodd eto'i holl ramant yw 'Mab y Bwthyn'. Dyma'r bryddest a sicrhaodd Goron Eisteddfod Genedlaethol Caernarfon i Cynan yn 1921. O blith y pedwar teitl a gynigiwyd i'r beirdd y flwyddyn honno—'Breuddwyd Macsen',

'Gwilym Hiraethog', 'Arwydd Mab y Dyn' a 'Mab y Bwthyn'—yr olaf a apeliodd fwyaf at ddychymyg y cystadleuwyr. A pha ryfedd hynny? Onid oedd yn gwahodd cerdd foliant i bob Arthur werinol a gododd—yn unol â'r ddelfryd Fictoraidd—o ganol ei dlodi i safle awdurdodol a pharchus yn ei gymdeithas? A'r Eisteddfod yn cael ei chynnal yn etholaeth y Prifweinidog a'r Gŵr a Enillodd y Rhyfel, tybed na obeithiai'r trefnwyr yn ddistaw bach am folawd amserol i Lloyd George? Beth bynnag am y bwriad, y gwrthwyneb a gafwyd: cerdd wrth-Gynnydd a gwrth-codi-yn-y-byd a gwella-ein-hystâd yw 'Mab y Bwthyn'. Ac er bod ynddi bethau radical o newydd, cerdd sy'n pleidio Rhyddfrydiaeth gymodlon, henffasiwn ydyw. Er bod y foeswers yn eglur ddigon, gofidiai'r beirniaid am lymder y darlunio: 'Mae ynddi rai golygfeydd mor ofnadwy yn eu llun a'u lliw fel y buasem yn dewis tynnu'r gorchudd drostynt, a'u claddu o'r golwg', chwedl Anthropos.[113]

Cerdd-ddianc yw 'Mab y Bwthyn';[114] dymuniad y traethydd dadrithiedig yw dianc o olwg Llundain aflan i fynwes ei Gymru wyryf yn ôl. Pregethwrol o ddwrdiol yw'r cychwyn: gwacter a wêl y bardd, sydd â'i lach ar y Ddinas buteinllyd. 'Mynd' yw gair allweddol y pennill cyntaf gyda phobl yn gweu'n wallgof trwy'i gilydd gan ddawnsio ac yfed, gamblo a chwerthin i sŵn y jàs. Darlun o Bechod ydyw, *Jazz Age* y dauddegau:

> . . . gwelwn wyneb Pechod odditan y paent,
> A'r dawnswyr-jazz yn hollol fel y maent;—
> Cnawd ac ellyll trwy'i gilydd yn gwau,
> A'r diafol yn y canol yn gyrru'r ddau.

Byddai, mi fyddai'r cwbl yn fêl ar fysedd Ellis Wynne ei hun. Arwynebol a di-Dduw yw bywydau'r rhain a llawn gwag ofera; pobl ydyn nhw sy wedi colli golwg ar natur ac, o'r herwydd, wedi ymwadu â'r Drefn: 'Eneidiau wedi marw'n trigo mewn cnawd'. Dyma'r darlun eithaf o'r holl Bechodau y bu'r tadau patriarchaidd yn rhybuddio rhagddynt; dyma soffistigeiddrwydd.

Collwyd golwg ar symlrwydd ystyrlon bywyd. Pwysleisir hynny'n elfennol o amlwg drwy gydol yr adran gyntaf trwy gyfrwng yr ansoddeiriau 'bach' a 'mawr': 'ennyd bach; bwthyn bach (ddwywaith); calon fach (ddwywaith); piser bach (ddwywaith); ffynnon Felin Bach'. Dwg yr ansoddair awgrymog 'bach' lu o eiriau i'w ganlyn: anwyldeb, daioni, agosatrwydd, cynhesrwydd, symlder, diweirdeb, tylwyth, cynefin, rhinweddol, bucheddol, gwreiddiau, gwerinol, trefn. Perthyn i'r eithaf arall a wna 'mawr': amhersonol, digymeriad, arwynebol, anfoesol, annaturiol, llygredig, halogedig, ariangar, materol, cnawdol, bygythiol. 'Bach' yw Cymru wledig a'r Gymraeg; cyfeiriwyd eisoes wrth drafod canu'r ffrwd eisteddfodol at y nodyn ar ddechrau'r bryddest a ddiolchai nad oedd geiriau Cymraeg ar gael i ddisgrifio agweddau ffieiddiaf y Rhyfel Mawr. 'Mawr' yw Lloegr ddiwydiannol Saesneg. Drannoeth y Rhyfel, caiff y traethydd ei fygu gan gynnwrf bas y ddinas a hiraetha am fro ei febyd:

> Llechweddau'r grug! Llechweddau'r grug!
> Yno mae bywyd ac nid ffug.
> Mae yno ddynion talgryf glân.
> Mae'r gwragedd yno'n wragedd pur.

Er codi yn y byd yn ŵr cefnog o barch, dioddefai'n enbyd o dlodi ysbrydol. Arglwydd y cwm Eifion Wynaidd ydoedd yn blentyn: 'Os bwthyn bach oedd gan fy nhad,/Myfi oedd brenin yr holl wlad'. Ar ôl diwrnod caled o waith estynnai'r fam am ei Beibl 'A rhoddai ef yn nwylo 'nhad', sef y penteulu. Yn blentyn roedd popeth yn berffaith; yn wir, bron iawn na chredai 'Fod Eden wedi dod yn ôl'.

Cwestiwn dirdynnol y traethydd yn ei unigrwydd dinesig yw:

> O Wynfa Goll! O Wynfa Goll!
> Ai dim ond breuddwyd oeddit oll?
> Paham y cefnais ar y wlad
> A'r bwthyn bach lle bu fy nhad
> Yn eiriol drosof? A phaham
> Y diystyrais ddagrau mam?

Fe gyll Cynan olwg ar wrthrychedd wrth ddwyfoli plentyndod gwledig ar y naill law a damnio plentyndod dinesig ar y llall. Ni sonia rhieni dinesig am 'anwyldeb plant'. Er bod Cynan yn driw yn ei bryddest i'r ddelwedd Fictoraidd o'r bwthyn gwyngalchog, diogel a chlyd, tra darlunir y dioddefaint a'r caledi y tu ôl i'r ddelwedd allanol gan Kate Roberts yn *Traed Mewn Cyffion,* mae yna dir cyfarwydd rhyngddynt: mae'r naill a'r llall, yn eu ffyrdd eu hunain, yn delfrydu'r tlodi drwy'i uniaethu â phatrwm cymdeithasol cytûn a llai cymhleth. Yr unig adeg yn ystod y bryddest pan geir awgrym o'r modd y byddai'r bardd yn 'gwella' ei gynefin yw tra myfyria yn fugail—wrth reswm—ar lethrau'r mynydd:

> O! mor wahanol ydyw'r byd
> O uchelderau'r mynydd mud:
> Oddiyno gwelwn barc y 'stad
> Yn un â thyddyn llwm fy nhad,
> A phob clawdd terfyn wedi'i chwalu,
> Heb rent na degwm fyth i'w dalu.

Ond buan yr â'r dyheadau gwerinol, radicalaidd hyn i'r gwellt: 'gwrthryfela'n erbyn Ffawd' yw disgrifiad y traethydd o hyn ac ni rydd ragor o goel ar ei ffantasïau Utopiaidd.

Bacio'n ôl a rhoi heibio'r cyfeiliorniadau bachgennaidd hyn a wna gan fodloni'n hytrach ar gariad mewnblyg, gwrthgymdeithasol Gwen Tŷ Nant, un o ffrindiau Men, Eifion Wyn; ei chariad hi sy'n ei achub ac yn ei wared rhag drwg. Mae hi'n ffitio i'r patrwm traddodiadol daionus i'r dim. Yn wir, roedd cynodiadau cyfoethog ddigon i'r enw priod hwn yn ôl gwyddor brydyddol beirniad eisteddfodol amlyca'r dydd, John Morris-Jones:

> . . . gofid i'r neb a gâr draddodiadau'r iaith yw gweled eraill yn benthyca'r ffug newydd hwn, a rhoi afieithair fel Men yn eu canau yn lle'r enw Cymraeg Gwen, yr enw tlysaf ar ferch mewn iaith yn y byd.[115]

Felly nid yn unig rhagora Gwen Cynan ar Men Eifion Wyn o ran barddonoldeb: y mae'r enw yn batrwm o rinweddoldeb. Er ei fod yn edifarhau'n ddiweddarach, edifarhau oherwydd colli Gwen ac nid am iddo beidio â gwneud dim i ddileu anghyfartaledd cymdeithasol a threfniant gormesol tirfeddiannwr-a-thenant a wna. Creadigaeth i gadw'r traethydd ar y llwybr union yw Gwen. Fe'i dwyfolir fel rhodd Duw: 'Gwnaeth Duw un diwrnod wyneb merch . . .' a'i mynwes yn 'hafan glyd/I ffoi rhag holl ddrycinoedd byd'. Mae hi'n dofi'i brotest ac yn ei gallio: 'O'm llid eiddigus hi a'm dug/I weld y nef sydd yn y grug'. Yn y wlad yn unig y deuir o hyd i Barhad: 'y bythol bethau hyn'.

Coleg y traethydd yw'r Rhyfel Mawr: hwnnw sy'n ei arwain i brofedigaeth ar hyd llwybrau digofaint ac anlladrwydd. Oherwydd hwnnw y daw ei berthynas â Gwen i ben:

Yn Rhagfyr cefnais ar y wlad,
Ac ar hen fwthyn gwyn fy nhad;
Ffarweliais â'm hanwylyd Gwen,
A'r nefoedd sydd tu hwnt i'r llen.

Anwar a di-Dduw yw'r 'gwersyll ger y dref' a'i try yn 'beiriant lladd'. Â Gwen hithau i ganol 'llygredd Llundain fawr' i faeddu 'ei dwylo glân/Yn llenwi y pelennau tân'; hynny yw, â i weithio mewn ffatri arfau. Bodda'r milwr ei ofidiau yn Ffrainc â gwin tipyn cryfach na dŵr iachusol ffynnon Felin Bach ei blentyndod. Caiff hunllef yn ei feddwdod: gwêl wraig yr Almaenwr a laddodd ac ef ei hun yn gwthio cleddyf i'w bron. Gyda'r cyffyrddiad Freudaidd hwn daw'r sylweddoliad fod y frwydr yn anghristnogol ac yn groes i'r athrawiaethau duwiol a ddysgodd yn fachgen gan ei fam, a dyma sobri'n ysbrydol. Clyw Iesu Grist yn ei gyfarch a phenderfyna roi'i arfau heibio, hyd yn oed os saethir ef.

Cyn i'r traethydd gael mynd â'r maen i'r wal drwy ymddiarfogi, daw llythyr oddi wrth ei fam yn dweud wrtho fod Gwen wedi 'syrthio', scf *euphemism* Fictoraidd fel 'colli ei choron', fe dybir, i awgrymu ei bod o leiaf wedi colli'i diweirdeb. Syrthiodd, felly, yn ysglyfaeth i'r ddinas. Dyma drobwynt yn y gerdd: mewn pwl o ddicter a dialedd, styfniga'r traethydd fwy fyth a lladd cynifer o filwyr â'r fath arddeliad nes ei godi i swydd prif ringyll. Tyngodd lw:

"Rwyf yn canu'n iach
Am byth i'r hyn a gerais cyd,
Hunan sy'n llywodraethu'r byd;
I hunan y mae pawb yn byw;
A hunan bellach fydd fy nuw."

Yn driw i'w athroniaeth hunangar, ni ddychwel i Gymru ar ddiwedd y Rhyfel ond sefydlu'n hytrach fusnes ffyniannus yn Llundain gan ymgyfoethogi ar draul llafur merched ifanc—awgrym o thema gyffrous arall nas trafodir ymhellach. Ond er i bwerau'r fall ei feddiannu, fe'i hachubir yr eildro:

Fe dorrodd rhyw oleuni pêr
Ar f'enaid—megis oesau'n ol
Yn ffordd Damascus ar Sant Paul.

Plediai'r llais arno i ddod adref at ei dad i'r 'seithfed nen', ond ni all yntau ddychwelyd heb Gwen. A'r diwedd yw cludo'r ddau gariad yn ôl ar derfyn y faled i'r nefoedd ddaearol a glodforwyd i'r entrychion ar ddechrau'r bryddest; yno o'r diwedd y daw taith dymhestlog y traethydd i ben, mewn gwlad o laeth a mêl, ac yntau o'r newydd yng nghwmni ei gymar. Neu o leiaf, dyna'u diwedd yn fersiwn enwoca'r gerdd a gyhoeddwyd yng nghyfrol *Cyfansoddiadau* eisteddfodol 1921 ac yn ddiweddarach yr un flwyddyn yn *Telyn y Nos*: egyr adran ola'r fersiwn hwnnw gyda'r geiriau diamwys rhwng dyfynodau, '"Fel hyn y deuthum atat, Gwen"'. Ond fe ymddengys fod Cynan wedi ymyrryd â'r diweddglo delfrytgar hwn ac wedi hepgor deg llinell ar hugain o fersiwn gwreiddiol 'Mab y Bwthyn' pan aeth ati yn 1959 i baratoi casgliad o'i holl gerddi ar gyfer *Cerddi Cynan*; mwy amwys yw'r diweddglo yn y fersiwn diwygiedig am na chynhwysir mohono rhwng dyfynodau chwaith. Ond diweddglo 1921 sydd fwyaf triw i weledigaeth Cynan drannoeth y Rhyfel ac yn hwnnw y gwelir sail poblogrwydd heintus y gerdd.

Byrdwn y gerdd wrth gloi yw mai 'seithfed nen/Yw drws y bwthyn . . .' ac yn hynny o beth dyw hon chwaith ddim yn gerdd ryfel ddiedifar nac unplyg. Yn hytrach, symbol o gyfeiliorniadau dyn yw'r Rhyfel: mae'n enghraifft eithafol o'i wanc a'i fydolrwydd a chynrychiola'r byd bwystfilaidd a phaganaidd. Hynny yw, ni dderbynnir mo'r Rhyfel ar ei delerau cyfoes ei hun: achubir y cyfle yn lle hynny i'w ddefnyddio fel delwedd gyfoethog mewn dameg. Taith y pererin Cymreig o symlder natur dlawd i lyn cysgod pechod ac yna i edifeirwch duwiol yw'r bryddest. Oes, mae arlliw Fictoraidd cryf ar ei gwneuthuriad. Gwneir defnydd canolog o adnoddau stoc y cyfnod: y bwthyn bach to gwellt, duwioldeb, dirwest, drygioni'r ddinas gyferbyn â daioni'r wlad, y ferch angylaidd a'r ferch syrthiedig, a dysgeidiaeth seml, agos-i'w-lle y rhieni. Mae yma farddonoldeb mwy blodeuog nag eiddo Eifion Wyn:

> Duw ydyw awdur popeth hardd,
> Efe yw'r unig berffaith fardd:
> Onid ei delynegion O
> Yw'r coed, a'r nant, a phlant y fro?

Mae tlodi'n fendith yn hytrach nag yn faich, ac mae'r wlad yn ddifai drwyddi.

Eto i gyd, y mae'r disgrifiadau o'r Rhyfel yn rhagori'n hawdd ar unrhyw beth a grybwyllwyd hyd yn hyn o blith sbarion Fictoraidd y bennod hon. Prawf y gwahaniaeth rhyngddynt fod Cynan wedi *bod* yn Ffrainc. Gwêl, fel y gwelodd T. Gwynn Jones ym 'Madog' (1917-1918) mai diawlineb yw pob gwladgarwch. Â o'r tu arall heibio i ystrydebau diamgyffred Crwys:

Pan roech ar gadw enwau'r llu
  Fu farw'n lew ar faes y gad,
Na âd yn ango'r deri hyn,
  Y deri syrthiodd dros eu gwlad.[116]

Ac ni all ganu â'r un sicrwydd ag Eifion Wyn, sy'n sôn fel hyn am Lydawr a gladdwyd yn ei dref:

Un peth a wn, pe gwyddai
  Fod calon Ffrainc yn ddwy,
A bod y gelyn yn ei thir,
  Na hunai ddim yn hwy.[117]

Ar ei gorau y mae 'Mab y Bwthyn', yn baradocsaidd ddigon, yn cwestiynu holl eirfa sloganaidd y cyfnod: mae Cynan ynddi'n arfer iaith ac yn arddel idiom yr oes i anelu cyhuddiadau tuag ati ac i ddweud ei ddweud amdani. Gallai Eifion Wyn, na fu o fewn can milltir i'r ffosydd, ddehongli amharodrwydd llanc i fynd i'r gad fel llwfrdra:

Cymer dy darian, a dos
  Fel llanciau dy dref i'r drin;
Ni rof fy llaw i un a fo llwfr,
  Na'm calon, na moeth fy min.[118]

Mae'r darian anachronistig honno yn siarad cyfrolau am ddiffyg amgyffrediad Eifion Wyn o'r Rhyfel. Cyfle i brofi ei wrywdod oedd y Rhyfel: cyfle i ddyn brofi mai Dyn ydoedd drwy'i amddiffyniad cyntefig o'r ogof rhag y blaidd. Dyw pethau ddim cweit mor eglur a syml yng ngolwg Cynan, er bod ei waredigaeth yn bendant.

Y mae dynoliaeth milwr Cynan yn drech na'i filitariaeth, er mai yng ngeirfa lai seciwlar 'datguddiad' Cristnogol y mynegir ei brofiad; fe wêl drwy'r holl eiriau crand a hawdd. Arwyddocaol yw'r ffaith iddo osod yr ymadrodd '"I ymladd dros iawnderau ngwlad"' yn garcus rhwng dyfynodau: geiriau benthyg ydynt na wŷr ef mo'u hystyr go-iawn. Does yn y gerdd ddim unrhyw brotest groch yn erbyn gormes Prydain ar Gymru ond ei neges derfynol ydyw mai difetha 'enaid' dyn a wna Llundain ac mai yng Ngwalia fach y bodola'r gwerthoedd 'arhosol'. Ac eto, er ei fod yn dychwelyd i'w Gymru enedigol o Lundain estron, mae sylweddoliad y traethydd yn fwy rhyng-genedlaetholaidd na chenedlaetholaidd: gwêl ei fod ef a'r Almaenwr a laddodd yn cael eu defnyddio'n ddigyfaddawd er cwffio brwydr rhywrai eraill. Dyw'r tri ohonynt —mab y bwthyn, Gwen a'r Almaenwr—yn ddim namyn 'cocos ym mheiriannau'r gad'. Ac yn waeth fyth, mae'r diniwed—y teuluoedd dedwydd gartref—hwythau'n dioddef. Sylweddoliad mab y bwthyn yw mai plant Duw ydyw dynion oll ar hyd y ddaear ac mai llywodraethau barus sy'n peri iddynt ladd ei gilydd:

Maddeu, Waredwr Calfari,
I fab y bwthyn fel myfi
Gyfodi'r cledd i ladd ei frawd,
Ac yntau'n fab i fwthyn tlawd;
A dwg holl werin byd yn iach
O ddichell gwŷr yr uchel âch.

Bron na fyddid yn taeru mai Niclas y Glais sy'n llefaru.

Ond yn lle gweld, fel y gwelodd Niclas, y system bŵer sy'n rheoli cymdeithas er cynnal buddiannau'r lleiafrif llywodraethol, gweledigaeth lai fygythiol yw un Cynan yn y bôn. Pan yw Niclas yn gweiddi ar i bobl herio cyfundrefn wleidyddol y dydd a mynnu Rhyddid, mae Cynan yn tristáu am iddo golli golwg ar ddysgeidiaeth seml yr Efengyl. Galar a gwae sy gan Cynan; gwrthryfel a thân sy gan Niclas. Fel y dywedodd yr olaf yn 'Cerddwch Ymlaen' o'i gyfrol *Cerddi Rhyddid*:

Gwallgofrwydd yw cynnal brenin
  Mewn gloddest, a dawns, a gwin,
A'r miloedd gweithwyr ar hyd eu hoes
  Dan faich eu caledwaith yn flin.[119]

Ond nid anghytunai Cynan â'r *status quo*: dengys hanes gweddill ei fywyd nad oedd anghyfartaledd y drefn gymdeithasol yn pwyso'n rhy drwm arno. Yn ôl John Eilian:

> Yr oedd Cynan yn gymaint Brenhinwr ag oedd Ceiriog a Thalhaiarn —mwy, yn wir, gan ei fod yn gweled yn ddyfnach i mewn i'r mater. Yr oedd beunydd yn amgyffred, fel Shakespeare. 'the divinity that doth hedge a king', ac yn dal i fod ei hunan yn 'soldier of the Queen'.[120]

Roedd yn aelod selog o'r Seiri Rhyddion er canol y dauddegau a dihangol yw natur ei ganu telynegol mwyaf cofiadwy ar ôl y Rhyfel Mawr yn 'Aberdaron', 'Llanfihangel Bachellaeth', a 'Tresaith'. Dichon hefyd fod Cynan yn rhy hoff o bomp ac urddas y label mawreddog 'Bardd-Bregethwr' i ganiatáu i'w farddoniaeth grwydro i dir rhy anfarddonol. Ni allai fod wedi canu mor ddiamynedd â Niclas, 'Mae'r amser i ganu'n mynd heibio'[121], gan fod ganddo gymaint o feddwl o farddoniaeth er ei mwyn ei hun.

Eto i gyd, er bod Cynan yn cilio'n ôl pan allasai gamu ymlaen, y mae ar brydiau mor eironig a dychanol ei gywair â Siegfried Sassoon:

> Rhwng hanner nos ac un o'r gloch
> Daeth un o wŷr yr hetiau coch
> I'n hannerch ni gerllaw'r mieri
> Lle y buasai ffosydd 'Jerry'.
> Mawr oedd y cyffro, mawr y 'stŵr,
> A mawr y parch a gaffai'r gŵr;
> Efô oedd Llywydd y Frigâd,
> A difa dynion oedd ei drâd;
> Ond dwedai'r coch o gylch ei het
> Na thriniai o mo'r *bayonet*;
> 'Roedd ei sbienddrych yn odidog,
> Ond beth a wyddai ef am fidog?
>
> Dywedodd, ''Wel, fy mechgyn glân,
> Aethoch fel diawliaid trwy'r llen tân;
> Ac yn y rhuthr neithiwr lladdwyd
> Cannoedd o'r Ellmyn; ac fe naddwyd
> Eich enwau ar goflechau'ch gwlad:
> Y mae eich banner heb un staen—
> Yr ydym filltir bron ymlaen''.
>
> (Ond o! am fynd o'r gwaed a'r twrw
> I'r angof sy'n y gasgen gwrw!)

Ceir adleisiau fan hyn o gerddi megis 'Lamentations' neu 'The General'[122] sy'n gwneud hwyl am ben yr awdurdodau milwrol a'u diffyg dirnadaeth o realiti'r frwydr i'r milwr cyffredin. Y mae mor orchfygus o onest yn y cwpled uchod rhwng cromfachau â rhai o eiriau diamwys caneuon poblogaidd y milwyr:

Nobody knows how tired we are,
Tired we are,
Tired we are;
Nobody knows how tired we are,
And nobody seems to care.[123]

Mae canu gwrthawdurdod felly yn drybeilig o brin ymhlith canu rhyfel Cymraeg.

Ond hyn a hyn o'r ffordd yn unig allai Cynan ei thrafaelio. Yng ngolwg Sassoon, fel caplan buasai Cynan wedi perthyn i griw elitaidd ac ymylol: 'ni ddeuai'r un *padre* ar ein cyfyl—ac eithrio i gladdu rhywun.'[124] Mynegir yr un dirmyg tuag at grefyddwyr gan Robert Graves yn *Goodbye to All That* lle dywed:

> Go brin yr ysbrydolwyd nemor un milwr o bob cant gan ymdeimlad crefyddol o'r math mwyaf amrwd. Buasai'n anodd parhau'n grefyddol yn y ffosydd hyd yn oed pe bai dyn wedi llwyddo i ymdopi ag anghrefyddolder y bataliwn hyfforddi gartref.[125]

Gwelir yr agendor rhwng profiad y caplan a'r milwr cyffredin yn eglur yng ngwaith Dyfnallt, ond ni fu'n hanner cymaint o rwystr i Cynan. Gall ganu'n ddiriaethol a llafar gan gyfleu dinodedd ac undonedd bywyd y fyddin:

Yr un hên westy, 'r un ystôf,
A'r un *vin rouge* i bylu'r cof;
Yr un hen feinciau, 'r un hên fwrdd
A chyn i'r bechgyn fynd i ffwrdd;
Yr un atebion ffraeth gan Mimi,
A'r un mor frwd ei chroeso imi.

"Tyrd, angel yr *estaminet,*
Y *medoc* gorau yn y lle!
Tyrd, Mimi, chwilia'r seler ddu—
Y *medoc* goreu yn y tŷ!"

Go brin y byddai'r Ffrances hon wedi ei derbyn i'r seiat ac nid gwin y cymun mo'r *medoc*. Ond hyd yn oed fan hyn, ni all y caplan ymatal rhag dwyn isleisiau moesol i'r darlun yn hytrach na'i adael yn ei noethni awgrymus. Er bod Mimi a'i gwin yn gysur calon i'r milwr lluddedig, mae'r ansoddeiriau yno i atgoffa'r darllenydd mai darlunio Pechod a wna o hyd: 'seler ddu; botel fudr; gwddw caeth'.

Efallai mai dyma wendid pennaf 'Mab y Bwthyn': metha'n lân â gollwng gafael ar foesoldeb a chrefydd y tadau. Yn y pen draw, protest amodol yw protest Cynan. Gan fod y darlun a dynnir o'r tir mawr mor bechadurus o ddu, mae'n dilyn mai nefoedd wyngalchog yw ei gynefin ynysig mewn cyferbyniad. Ond beth am y crefyddwyr a'i hanfonodd i ganol y Rhyfel hwnnw yn y lle cyntaf gan fendithio'r arfau a melltithio'r gelyn? Mynd dros y tresi dros dro a wnaeth Cymru rhwng 1914 a 1918; daeth yn bryd maddau bellach fel y maddeuodd y traethydd i Gwen. Neges gysurlon a chymodlon un a fu yn y Rhyfel i'w gydwladwyr oedd fod yna hen fyd hurt y tu draw i Gymru ond nad oedd angen poeni'n ormodol—roedd Cymru, o gymharu, yn saff. Er gwaethaf petruster y beirniaid eisteddfodol ynglŷn â hi ac er gwaethaf holl gamweddau hunan-gondemniol masnachwyr a gwleidyddion a chrefyddwyr lu drwy gydol y Rhyfel, daeth y sefydliad Cymreig allan ohoni yn syndod o dda yn 'Mab y Bwthyn'.

Roedd yna Drefn sicr yn bodoli; mynd yn groes i'r Drefn ragluniaethol honno a wnaeth Dyn yn ystod y Rhyfel Mawr; a dim ond trwy ddychwelyd at honno y deuai Ystyr yn ôl i'w fywyd. Gan hynny, mae Cynan yn bacio'n ôl rhag gosodiad cynhyrfus o hereticaidd fel, 'Breuddwyd gwallgofddyn ydoedd Duw,/A hap a damwain ydoedd byw', ac yn amenio dihareb fabiaidd William Cowper—'God made the country, and man made the town'—[126] yn lle hynny: 'Dyn wnaeth y dref, ond Duw y wlad'. Ar ôl cyffwrdd blaen bys â'r byd modern, mae'n dianc am ei fywyd yn ôl i'r henfyd diogel. Mewn gair, mae'r Eifion Wyn ynddo yn y pen draw yn drech na'r Parry-Williams.

Tybed na ddeilliai diffyg beirniadaeth derfynol Cynan ynghyd â'i anallu i ymryddhau'n artistig o hualau diwylliannol yn rhannol o'i agwedd gyfaddawdol wrth gystadlu am Goron Caernarfon? Petai wedi pastynu'n galetach, a fyddai wedi cipio'i wobr, tynnu sylw at ei gerdd ac ennill bri personol? Chwarae'r gêm gystadleuol yr oedd Cynan ac yr oedd hon yn gerdd fentrus; yr oedd hi'n crybwyll pethau nas crybwyllwyd mewn modd mor ddi-flewyn-ar-dafod ac 'anfarddonol' yn Gymraeg o'r blaen. Fe fenthyciodd ddelw Fictoraidd er mwyn mynegi pethau an-Fictoraidd ddigon ar brydiau. Ond fel y dywedwyd gynnau, diwedd y gân yw fod Cynan yn cadarnhau, yn cymeradwyo ac yn anwylo llawer o syniadau set y gymdeithas honno. Ac er gwaethaf beiddgarwch 'Mab y Bwthyn' ar y pryd, dofir ei phanig yn rhannol gan y mesur baled cysurus o ailadroddus. Dywed Bernard Bergonzi rywbeth tebyg am farddoniaeth ryfel Ford Madox Ford:

> Mewn rhai mannau cais Ford ysgrifennu am ddigwyddiadau'r frwydr ar fesur baled, sydd mewn gwirionedd yn eu rhwystro rhag cael eu gwireddu o gwbl; yn wahanol i gerddi Sorley sydd o natur arwynebol debyg, lle ceir tyndra eironig rhwng ffurf a chynnwys.[127]

Rhaid fyddai disgwyl hyd ymddangosiad rhigymau Parry-Williams—y cyhoeddwyd y cyntaf ohonynt yn ystod y Rhyfel yn 1915—cyn cael y tensiwn eironig hwnnw rhwng furf a chynnwys. Yn y cyfamser ac yn ei ffordd ei hun, fe hwylusodd 'Mab y Bwthyn' y ffordd ar gyfer 'Atgof' Prosser Rhys, er ei bod yn annhebyg y byddai Cynan yn chwennych y clod hwnnw. Erbyn 1928 a'r 'Sant' roedd pethau wedi mynd yn rhy bell ac roedd y sensoriaid wrthi fel lladd nadroedd: roedd realaeth a moderniaeth wedi cael hen ddigon o benrhyddid; roedd hi'n bryd eu ffrwyno a dychwelyd at farddoniaeth o'r iawn ryw.

Ond pa faint bynnag a feirniadwn arni, does dim dwywaith am boblogrwydd 'Mab y Bwthyn'. Beth yn union sy'n cyfrif am y poblogrwydd hwn? Y mae ynddi stori dda, elfen naratif gref a deniadol, felly mae hi'n cynnig diddanwch i'w darllenydd. Daw'r stori honno i ben yn hapus, ac y mae hi'n gysur calon sylweddoli na threchir mo'r unigolion gan eu hamgylchiadau. Fel corws mewn drama gerdd, daw aelodau'r cast law-yn-llaw i'r llwyfan yn deulu mawr cytûn ar ddiwedd y sioe yn wenau bob un; felly hefyd y cludir y traethydd a'i gariad yn saff i'r dyfodol ar ôl terfysgoedd y Rhyfel. Canfyddir llwybr ymwared, gwarentir parhad, daw'r byd yn ôl i'w le, a chynigir swcwr seicolegol o'r herwydd ar ôl ansicrwydd mawr y Rhyfel. Y mae'r byd o'r newydd yn 'Mab y Bwthyn' yn gwneud synnwyr; ailorseddir Ystyr a chynigir Ateb i broblemau'r oes. Yn wahanol i 'Ddinas' estron ac amhoblogaidd Parry-Williams chwe blynedd ynghynt, nid oedd 'Mab y Bwthyn' yn bradychu ei chynulleidfa drwy'i gadael ar ôl yng nghanol y stomp dinesig: fe'i cyfeiriodd at y ffordd adref. Tystiolaeth y cyngaplan hwn i drigolion ei famwlad yn ddiwahân oedd fod Cymru'n gadwedig o hyd a bod yr hen werthoedd yn dal mewn grym. Dyna'r myth cyfeiliornus a daenodd ar led. Yn hyn oll, wrth gwrs, y mae'n gerdd Sioraidd, wrthfodernaidd.

Er bod 'Mab y Bwthyn', felly, yn garreg filltir yn hanes barddoniaeth Gymraeg, ni fyddai'r un bryddest eisteddfodol ddilynol yn ennyn y fath boblogrwydd torfol. Gyda'r *Llenor* a'r Blaid Genedlaethol yn datblygu yn ystod y dauddegau, lledai'r bwlch rhwng yr *élite* deallusol a'r werin gyffredin ers tro byd. Er gwaetha'r ufudd-dod i Lloyd George hyd ei farwolaeth yn 1945, roedd yr hen fyd Rhyddfrydol yn orweddog ers tro byd. Ond bu anesmwythyd o fewn Cymru cyn y Rhyfel Mawr. Telynfab Niclas sy'n siarad yn ei ddiod yn *Ffwrneisiau* (1982):

> Pwy siawns sy gyta ni i ennill cater ar destune fel "Ac yr oedd hi yn nos", "A chaewyd y drws", "Mair a ddewisodd y rhan dda", a "Gethsemane"? Ma'n rhaid stydio *Geiriadur Charles* cyn dechre ar yr un ohonyn nhw. A beth ma bardd yn well o ailadrodd yr hyn sy'n y Beibil? Ma'r canu Beiblaidd 'ma yn ganu peiriannol; yn ganu pell oddi wrth yn bywyd ni heddi. Pam ddiawl na fydden nhw yn rhoi testune tidi? Fe fydd barddoniaeth Gymrag yn siwr o ddarganfod y cnawd rywbryd; ac fe fydd yr awen yn gweld fod gan ddyn goc.[128]

Fe wireddwyd awydd Telynfab gyda 'Mab y Bwthyn' yn 1921: 'Ei fab ef, Taliesin Niclas, oedd Mab y Bwthyn, a phrofiadau ei fab yn y Rhyfel oedd profiadau hwn.'[129] Doedd barddoniaeth T. Gwynn Jones, W. J. Gruffydd, R. Williams Parry, na T. H. Parry-Williams ddim yn cyfathrebu ag ef mor rhwydd: 'Ydy'r werin ddim yn deall barddoniaeth y rhain: dim ond ysgolheigion. Bwyd i jiraffs yw'u barddoniaeth nhw.'[130] Bron gair am air yr un fath yw condemniad y bardd gwlad, John Joseph o Gwm Tawe, yn rhagymadrodd Gwenallt i *Llygad y Drws* (1940).[131]

Fel y nodwyd gynnau bach, cerdd wrthfodernaidd, un sy'n ymwrthod â thelerau'r bydysawd modern a'i gelfydydd yw 'Mab y Bwthyn' yn y pen draw. Y mae'n dilyn, felly, mai arwynebol yw ei dirnadaeth o realiti ac elfennol yw ei dirnadaeth o seicoleg. Athroniaeth 'ddaearol', ymarferol a geir ynddi o gymharu â'r hyn a nodweddai awduron modernaidd a gyfansoddai rhwng nawdegau'r bedwaredd ganrif ar bymtheg a thridegau'r ugeinfed ganrif. Roedd nifer o ffigurau mwyaf dylanwadol yr 'ysgol' fodernaidd wrthi'n cyfansoddi rhannau o'u gweithiau mwyaf arwyddocaol yn ystod y Rhyfel Mawr, a siapiwyd ac effeithiwyd yn arw ar natur y gweithiau hynny gan y Rhyfel: dyna hanes Marcel Proust yn *Á la recherche du temps perdu* (1913-1927), James Joyce yn *Ulysses* (1922), T.S. Eliot yn *The Waste Land* (1922), a Thomas Mann yn *Der Zauberberg* (1924):

> Yr oedd y mudiad modernaidd yn orchest hirestynedig a newidiai'n barhaus, dros gyfnod o drigain mlynedd. Celfyddyd oes rhyng-genedlaetholdeb deallusol a diwylliannol ydoedd, a therfysg cymdeithasol aruthrol, a throsglwyddid ei syniadau o'r naill ddiwylliant i'r llall. Yr oedd o'r herwydd yn gelfyddyd gosmopolitanaidd fawr, yr ymchwiliwyd iddi o'u gwirfodd gan rai fel rhan o'r broses oesol o deithio llenyddol ac alltudiaeth (fel yn achos Pound, Eliot, Joyce a'i olynydd Samuel Beckett) ac y gorfodwyd eraill i'w hwynebu gan anhrefn hanesyddol a heliodd nifer o lenorion modern o'u mamwlad (fel yn achos Dostoevsky, Ibsen i raddau, ac yna Mann, Brecht, a Nabokov). Ceir nifer o resymau hanesyddol da iawn, fel y nododd George Steiner, pam y cynhyrchwyd llawer o'n celfyddyd fodern gan awduron 'alltud', wedi'u hysgaru oddi wrth eu celfyddyd genedlaethol, eu traddodiad, neu eu hiaith gynhenid, a pham fod y gair 'modern' mor glwm wrth ddiffyg gwreiddiau a chyfeiriad. Ac am lu o resymau cystal, y mae cynyrfiadau alltudiaeth—eironi, dieithrwch, diffyg gwreiddiau, diffyg rhinweddau cartrefol a chyfarwydd—oll yn nodweddu'n amlwg ran helaeth o'i gorchest, a dyna paham y mae'n gelfyddyd sy'n ein styrbio lawn cymaint ag y mae'n ennyn ein hedmygedd.[132]

Ond gwneud yr hen yn newydd, perthnasoli Cymreictod i'r byd modern, cludo Cymru i ganol y newyddfyd—dyna apêl cenedlaetholdeb Cymreig fwyfwy yn ystod y dauddegau i nifer o lenorion. Rhoddwyd dôs adnewyddol o waed, felly, yng ngwythiennau Cymreictod ynghyd â *raison d'être* i lenyddiaeth. O'r herwydd, ni ddynodai'r Rhyfel ysgytiad styrbiol modernaidd i'r rhan fwyaf o lenorion a ysgrifennai yn Gymraeg; arall oedd natur ei arwyddocâd. Ailganfod eu cynefin, dyrchafu eu gwreiddiau, arddel eu hiaith, ymestyn ac ailgloddio eu traddodiadau cynhenid, tyrchu'n adferol am gyfeiriad—dyna'r sialens gymdeithasol ar gyfer llenorion Cymraeg ar ôl y Rhyfel.

Hyd yn oed yn 1921, broc môr oedd 'Mab y Bwthyn' o ran ei phoblogrwydd, ei hawdurdod a'i hyder. Ni fyddai'r gymdeithas Gymraeg wedi hynny fyth eto mor gytûn ynglŷn â'i chenhadaeth na'i hunaniaeth. Roedd hi'n Gymru wahanol gyda'r iaith ar drai a diboblogi cynyddol. Byddai diwylliant yn llai monolithig ac unedig a châi ei gosmopoleiddio fwyfwy. Dyna pam y soniodd Alun Llywelyn-Williams fel hyn am Cynan:

> Mae cryn arwyddocâd i boblogrwydd prydyddiaeth Cynan. Efallai'n wir mai ef yw cynrychiolydd olaf traddodiad diwylliannol a fynnai fod barddoniaeth yn gyntaf ac yn bennaf oll yn gyfrwng adloniant i bobl gyffredin.[133]

Nid eistedd gyda'r cenedlaetholwyr union-gred na chyda'r moderniaid anghred ynfyd a wnaeth Cynan yn 'Mab y Bwthyn' yn 1921. Do, fe gofleidiodd Cynan ei swyddogaeth gymdeithasol mewn ffordd fwy amrwd nag odid neb o'i gyfoeswyr, ond nid ymddengys ei fod wedi oedi i ailystyried y swyddogaeth honno yn sgil y Rhyfel. A wnaeth Cynan a'i faled dra dylanwadol gymwynas â'i oes ai peidio sy'n gwestiwn. I werin ac arweinwyr ei gyfnod yn ddiwahân, roedd ganddo neges gadarnhaol: roedd yr hen fyd yn adferadwy; nid breuddwyd ond realiti o fewn cyrraedd oedd y Wynfa Goll; hen le bendigedig oedd cartref. Mewn gair, plediodd werthoedd Cymru Fictoria. Yn y pen draw, bodlonodd Cynan ar gadw'r chwedlau'n fyw.

CYFEIRIADAU

[1] 'Y Gymraeg yn y bedwaredd ganrif ar bymtheg', *Cof Cenedl II*, gol. Geraint H. Jenkins, Llandysul, 1987, 128.

[2] 'Yr Eisteddfod ac Anrhydedd Gwlad', *Eisteddfota*, gol. Alan Llwyd, Abertawe, 1978, 7-8.

[3] Emyr Price, 'Lloyd George a Machynlleth, 1937', *Y Faner*, rhifyn yr Eisteddfod Genedlaethol, 1981, 12.

[4] Huw Williams, 'Cymanfa Ganu Gyntaf yr Eisteddfod', *Y Faner*, 3 viii 84, 15.

[5] *Y Geninen*, Gorffennaf 1916, 221.

[6] Ibid., 222.

[7] *Cyfansoddiadau a Beirniadaethau Eisteddfod Genedlaethol Gwrecsam, 1912*, 171.

[8] Ibid., 31.

[9] Ibid., 43.

[10] Beirniadaeth y bryddest, *Cyfansoddiadau a Beirniadaethau Eisteddfod Genedlaethol Bangor, 1915,* 42.

[11] Dyfynnwyd yn Peredur Williams, *Eifion Wyn,* Llandysul, 1980, 99.

[12] Beirniadaeth y bryddest, op.cit., 44.

[13] 'Pedair Ffasiwn', *Y Geninen,* Ionawr 1917, 46.

[14] Beirniadaeth y pedair telyneg, *Cyfansoddiadau a Beirniadaethau Eisteddfod Genedlaethol Aberystwyth, 1916,* 18.

[15] *Telynegion Maes a Môr,* Caerdydd, 1906, 119.

[16] *Caniadau'r Allt,* Llundain, 1927, 63.

[17] Ibid., 69.

[18] Eifion Wyn, *Y Geninen,* Ionawr 1916, 96; argraffwyd gyntaf yn *Telynegion Maes a Môr,* op. cit., 108.

[19] *Cyfansoddiadau a Beirniadaethau Eisteddfod Genedlaethol Birkenhead, 1917,* 79.

[20] Ibid., 80.

[21] *Cyfansoddiadau a Beirniadaethau Eisteddfod Genedlaethol Corwen, 1919,* 69.

[22] *Cyfansoddiadau a Beirniadaethau Eisteddfod Genedlaethol Castell Nedd, 1918,* 147.

[23] *Cyfansoddiadau a Beirniadaethau Eisteddfod Genedlaethol Corwen, 1919,* 96-99.

[24] *Cyfansoddiadau a Beirniadaethau Eisteddfod Genedlaethol Y Barri, 1920,* 66.

[25] Ibid., 69-70.

[26] *Cyfansoddiadau a Beirniadaethau Eisteddfod Genedlaethol Caernarfon, 1921,* 74.

[27] Casgliad cyffredinol, C.P.G.C., 19589.

[28] *Cyfansoddiadau a Beirniadaethau Eisteddfod Genedlaethol Caernarfon, 1921,* 77.

[29] Ibid., 62.

[30] Ibid., 162.

[31] Op.cit., 74.

[32] *Cyfansoddiadau a Beirniadaethau Eisteddfod Genedlaethol Rhydaman, 1922,* 61.

[33] Ibid., 62.

[34] Ibid., 79.

[35] Ibid., 87.

[36] Ibid., 71.

[37] Ibid., 139.

[38] *Cyfansoddiadau a Beirniadaethau Eisteddfod Genedlaethol Abertawe, 1926,* 165.

[39] Gweler Tecwyn Lloyd, 'Llenyddiaeth Cyni a Rhyfel, 1914-1939', *Ysgrifau Beirniadol IV,* 1969, 153-157.

[40] *Ceinion y Gân,* gol. E. G. Millward, Llandysul, 1983, xiv.

[41] Davies Aberpennar [Pennar Davies], 'Cwrs y Byd', *Baner ac Amserau Cymru,* 27 vi 51.

[42] 'Clod y Cledd', *Blodeugerdd Barddas o'r Bedwaredd Ganrif ar Bymtheg,* gol. R. M. Jones, Llandybïe, 1988, 255.

[43] John Ceiriog Hughes, 'I Blas Gogerddan', *Yr Oriau Olaf,* Lerpwl, 1888, 98.

[44] 'Fy Ngwlad', *Cerddi'r Cywilydd,* Caernarfon, 1972, 22.

[45] 'The Kaiser's War: A British Point of View', *A Promise of Greatness,* gol. George A. Panichas, Llundain, 1968, 4.

[46] *Portraits of Welsh Heroes, Western Mail,* Caerdydd, dim dyddiad, 3.

[47] 'Only a Soldier (Bachgen o Gymro)', Wrecsam, 1917, 5.

[48] *Y Syniad o Genedl yn Llenyddiaeth Gymraeg yr Ugeinfed Ganrif,* M.A. Prifysgol Cymru, Aberystwyth, 1973, 90.

[49] *Seren Cymru,* 21 viii 14.

[50] *Y Brython,* 31 xii 14.
[51] *Y Geninen,* Gorffennaf 1915, 183.
[52] *Y Tyst,* 27 i 15.
[53] Gweler *Ceinion y Gân,* op.cit., 95-97.
[54] 'Milwr Prydeinig', *Seren Cymru,* 16 x 14.
[55] *Y Dysgedydd,* Chwefror 1916, 80.
[56] *Y Cymro,* 20 ii 18.
[57] *Seren Cymru,* 16 x 14.
[58] *Y Cymro,* 2 vi 15.
[59] 'Y Gagendor', *Yr Efrydydd,* cyf. 4, rhif 3, 15 iii 24, 74.
[60] *Baner ac Amserau Cymru,* 30 x 14.
[61] Gweler y drafodaeth ar y Bregeth ar y Mynydd yn Dewi Eirug Davies, *Byddin y Brenin,* Abertawe, 1988, 145-149.
[62] *Y Goleuad,* 31 iii 16.
[63] John Price ac W. M. Roberts, *Y Cerddor,* Tachwedd 1914.
[64] *Y Cymro,* 2 xii 14.
[65] Glasfryn, Cricieth, *Y Cymro,* 21 vii 15.
[66] *Baner ac Amserau Cymru,* 20 xi 15.
[67] Gomer M. Roberts, gol. *Gwaith Pantycelyn,* Llandysul, 1960, 50.
[68] 'Y Pentre Gwag', *Beirdd ein Canrif I,* pedwerydd argraffiad, Aberystwyth, 1941, 69.
[69] 'Preselau', *Rhwng Taf a Thaf,* Llandybie, 1960, 25.
[70] *Cerddi Crwys,* Wrecsam, 1926, 107-108.
[71] *Caneuon Volander Jones,* Llanymddyfri, 1920, 10.
[72] *Y Syniad o Genedl . . .,* op.cit., 109.
[73] 'Hela Llewod yn yr India', *Barn,* Rhagfyr 1987, 497.
[74] *Y Cymro,* 13 i 15.
[75] *Y Goleuad,* 28 iv 16.
[76] 'Clymau', *Cyfansoddiadau a Beirniadaethau Eisteddfod Genedlaethol Ynys Môn, 1983,* 45-53.
[77] J. J. Drefnewydd 'Y Gwr a'r Cleddyf yn ei Law', *Y Tyst,* 30 xii 14.
[78] *Y Brython,* 10 xii 14.
[79] Parcwyson, Aberdar, 'Y Milwr yn Marw', *Y Tyst,* 31 i 17.
[80] *Y Brython,* 15 x 14.
[81] 'Llef o'r Dyfnder', *Y Deyrnas,* Mai 1919, 64.
[82] *The War and Wales,* Llundain, 1916, 181-182.
[83] Gwili, *Y Brython,* 27 i 16.
[84] T. Gwynn Jones, *Caniadau,* Wrecsam, 1934, 32.
[85] John Harries, Abergwaun, 'Galwad i'r Gad', *Seren Cymru,* 17 iii 16.
[86] 'Pennod o hanes ''Rhywun''', *Seren Cymru,* 28 iv 16.
[87] *Seren Cymru,* 18 vi 19.
[88] *Seren Cymru,* 26 ii 15.
[89] L. Rhystud Davies, *Y Geninen Eisteddfodol,* Awst 1915, 5.
[90] Ap Meurig, *Y Geninen,* Ionawr 1916, 34.
[91] *Y Rhedegydd,* 1 i 16.
[92] *Y Geninen,* cyf. 32, 1914, 16.
[93] Robert Griffiths, *Streic! Streic! Streic!,* Caerdydd, 1986, 9.
[94] *Y Geninen,* Hydref 1916, 257.

[95] *Y Tyst,* 11 viii 15.
[96] *Seren Cymru,* 11 v 17.
[97] *Y Geninen,* Gorffennaf 1917, 210.
[98] *Y Tyst,* 24 iv 18.
[99] *Seren Cymru,* 11 v 17.
[100] *Y Tyst,* 3 iii 15.
[101] *Seren Cymru,* 27 xi 14.
[102] Gweler Trevor Royle, *The Kitchener Enigma,* Llundain, 1985, 270-271.
[103] *Y Rhedegydd,* 29 vii 16.
[104] *Y Traethodydd,* Ionawr 1917, 60.
[105] *Y Tyst,* 21 vi 16.
[106] *Baledi a Cherddi,* Casgliad Ll.G.C., cyfrol 21, rhif 59, 1975.
[107] *Baledi a Cherddi,* cyfrol 11, rhif 30, 4.
[108] *Baledi a Cherddi,* cyfrol 21, rhif 59, 3.
[109] *Y Traethodydd,* Ionawr 1915, 86.
[110] *Seren Cymru,* 18 ii 16.
[111] *Y Cymro,* 31 i 17.
[112] T. Hughes Jones, *Y Wawr,* cyfrol 11, rhif 3, Hydref 1915, 115.
[113] *Cyfansoddiadau a Beirniadaethau Eisteddfod Genedlaethol Caernarfon, 1921,* 54.
[114] Dyfynnir o fersiwn gwreiddiol 'Mab y Bwthyn', ibid., 77-93 a *Telyn y Nos,* Caerdydd, 1921, 1-35. Gweler trafodaeth Derwyn Jones, 'Byw fyth fydd "Mab y Bwthyn"', *Y Faner,* 3 viii 97 a 17 viii 79.
[115] John Morris-Jones, *Cerdd Dafod,* Rhydychen, 1925, 27.
[116] 'Dros eu Gwlad' (1918), *Cerddi Crwys,* op.cit., 68.
[117] Eifion Wyn, 'Yr Alltud' (1915), *Caniadau'r Allt,* Llundain, 1927, 62.
[118] 'Dos' (1915), ibid., 63.
[119] *Cerddi Rhyddid,* Abertawe, 1914, 58.
[120] 'Cynan a'i waith', *Taliesin,* cyfrol 52, Awst 1985, 94.
[121] *Cerddi Rhyddid,* op. cit., 60.
[122] Siegfried Sassoon, *The War Poems,* gol. Rupert Hart-Davis, Llundain, 1983, 86 a 78.
[123] *The Long Trail: What the British Soldier Sang and Said in 1914-1918,* goln. John Brophy ac Eric Partridge, Llundain, 1965, 37.
[124] Siegfried Sassoon, op.cit., 47.
[125] Robert Graves, *Goodbye to All That,* 1929, arg. Harmondsworth, 1957, 157.
[126] 'The Task', *The Penguin Book of English Verse,* gol. John Hayward, Harmondsworth, 1956, arg. 1983, 238.
[127] *Heroes' Twilight,* Llundain, 1965, 80.
[128] D. Gwenallt Jones, *Ffwrneisiau,* Llandysul, 1982, 100.
[129] Ibid., 305.
[130] Ibid., 309.
[131] Idem., 'Rhagymadrodd', *Llygad y Drws,* T. E. Nicholas, Dinbych, 1940, 11.
[132] Malcolm Bradbury, *The Modern World: Ten Great Writers,* Llundain, 1988, 21-22.
[133] 'The Poetry of Cynan', *Poetry Wales,* Haf 1975, 8.

CRACIO'R CADWYNAU

Rhyfel yw'r Rhyfel hwn, fe'n sicrheir, dros fuddiannau'r cenhedloedd bychain—yr ydym yn bennaf, meddir, yn ymladd dros hawliau Belgium, Montenegro, a Pholand i fyw eu bywyd eu hunain, heb fod achos iddynt ofni'r dwrn haearn mwy. Os felly, gweddus fydd i Senedd Prydain ganiatau, fel cêd gyfreithlon, hawl i Iwerddon i'w chais am fyw ei bywyd arbennig ei hun, ac i Gymru a'r Ysgotland yr unrhyw hawlfraint.

Gwili[1]

Cyfrol hardd a luniwyd er mwyn codi arian ar gyfer yr hogiau oedd *Gwlad Fy Nhadau: Rhodd Cymru i'w Byddin.* Âi elw'r ddau fersiwn—y naill yn Gymraeg a'r llall yn Saesneg—i Gronfa Genedlaethol y Milwyr Cymreig a gadeiriwyd gan Margaret Lloyd George. Golygwyd y detholiad hwn o lenyddiaeth Cymru drwy'r oesoedd gan John Morris-Jones, ac yn ei ragymadrodd traethai am greadigrwydd Celtaidd gan adleisio'r Fictoriad dylanwadol hwnnw, Matthew Arnold:

> Diau y sylwir mor addas i'r sefyllfa heddyw ydyw llawer o'r darnau sy'n mynegi traddodiad gwladgarol y Cymry; y rheswm yw mai'r hen frwydr yw hon eto—rhwng ysbryd y Celt ag ysbryd y Teuton. Y mae Prydain drwyddi'n fwy Celtaidd nag y tybid gynt, a heddyw'n ymladd brwydr y Celt dros ryddid a gwareiddiad yn erbyn traha milwrol ac anwariaeth y Teuton.[2]

Rhoes hyn o esboniad rwydd hynt i'r golygydd nid yn unig i gynnwys gwaith heddychwr fel T. Gwynn Jones yn y casgliad ond hefyd ddarnau llenyddol a sgrifennwyd mewn amgylchiadau hanesyddol sylfaenol wahanol. Dyna sut y cynhwyswyd detholiadau o 'Clychau Cantre'r Gwaelod', 'Stafell Cynddylan' neu 'Gweledigaeth Angau' yn y gyfrol. Gellid hefyd gynnwys Prydeinwyr ac imperialwyr fel William Watson, Syr Henry Jones, Felicia Hemans, Talhaiarn, a Cheiriog yn yr un cae â chenedlaetholwr Cymreig fel Emrys ap Iwan. 'Pwy a ŵyr', ystyriodd hwnnw, 'nad yw Duw wedi cadw'r Cymry yn genedl hyd yn hyn am fod ganddo waith neilltuol i'w wneuthur trwyddynt yn y byd.'[3] Fel y prawf y gyfrol hon yn unig, yn nhyb mwyafrif llethol Cymry sefydliadol y dydd y Rhyfel Mawr gyda'i arweinydd Arthuraidd David Lloyd George oedd y 'gwaith neilltuol' hwnnw; daeth awr fawr y Brython drachefn.

Nid pawb a ysbrydolwyd gan y fath weledigaeth. Bwrir golwg yn y bennod hon ar y moddau amrywiol y llwyddwyd i ymddihatru'n raddol oddi wrth feddylfryd llywodraethol y cyfnod, i ymryddhau o fydolwg John Morris-Jones, O. M. Edwards a Lloyd George ym marddoniaeth criw go gymysgryw o feirdd. Hynny yw, ymgais rhai beirdd a gafodd brofiad o'r Rhyfel—boed fel tadau i filwyr, fel milwyr neu forwyr eu hunain, neu fel caplaniaid—i gracio'r cadwynau a'u caethiwai wrth Gymru'r gorffennol.

Amryw Feirdd

Un a oedd yn gaeth i'r bydolwg ymerodrol oedd John Volander Jones, prydydd o Rydaman a gyflwynodd ei gyfrol hynod boblogaidd, *Caneuon Volander Jones,* i Lloyd George. Ar ôl ei chyhoeddi yn 1920 roedd mewn pedwerydd argraffiad erbyn 1921. Serch ei phoblogrwydd, Fictoraidd a robotaidd yw ei chynnwys drwyddo draw. Diddirnad yw'r cyfeiriad confensiynol at Hedd Wyn yn canu 'fel yr alarch gwyn/Cyn marw felys gerdd'[4], neu'r milwr yn marw ar faes Passchendaele gan nodi'n ddyddiadurol ''Rwyf yma'n glwyfedig a marwol fy lliw',[5] neu'r fam sydd am gael cusanu ôl troed ei harwr marw o filwr.[6] Simplistig yw 'Willie John yn ôl o'r Bedd' sy'n sôn am filwr a aeth ar goll ond a ddychwelodd adref yn y diwedd; y mae rhythmau linc-di-lonc y pennill clo a'r diweddglo delfrydol yn siarad drostynt eu hunain:

> Ond yn sydyn un diwrnod
> Fe ddaeth Willie at y drws
> Pan oedd angeu gyda'i gysgod
> Yn gorchuddio'r bwthyn tlws;
> Bu mewn carchar gyda'r Ellmyn,
> Ac o'r carchar daeth yn ol;
> Ac mae'r teulu'n gân a thelyn
> Gyda Willie yn eu côl![7]

Fel gyda thriciau'r dyn hud-a-lledrith, daw popeth yn daclus braf yn ôl i'w le.

Er bod Rees Rees yn mynnu ei bod 'Mor Anodd Dal i Ganu'[8] yng nghanol y Rhyfel, ni rwystrwyd mohono rhag llunio pedair a thrigain o gerddi'n 'ymdrin' â'r gyflafan ar gyfer *Rhosynnau Maes y Gad* (1915). Colbio'r un graig emosiynol â Volander Jones a wna yntau:

Mae llefau'r plant o Felgium draw,
  A dagrau mamau glanwedd,
Yn galw arnom yn eu braw
  I ymladd hyd y diwedd.

Mae'r cam wneir â'r genethod mwyn
  Gan dreiswyr yn eu llygredd
Yn fflamio'n llid, er cam a chwyn,
  I ymladd hyd y diwedd.[9]

Ond daw wyneb Ianws Rees Rees i'r golwg yn anfwriadol os ystyrir ei agwedd anghyson at y Rhyfel. Gall ganu yn y naill gerdd dan floeddio fel pamffletîr, 'I lawr â'r "Kaiser" câs!'[10] ar alaw 'Gwnewch Bopeth yn Gymraeg' a'i ryfelgarwch diamwys yn hiliol, gan synio fod 'dewrder Wellington' a 'sêl Llywelyn'[11] yn ysbrydoli'r milwr. Cân bropaganda noeth yw 'Bechgyn Glyn Rhondda' i'w chanu ar 'Ryfelgyrch Capten Morgan': 'Ymwrolwch! cerddwch tua'r gâd!'[12] Ond gydag i'r fath arddeliad dewi, fe gofia ychwanegu mewn cerdd ddiweddarach mai yn nhraddodiad heddychlon Ymneilltuaeth y magwyd y Cymry ac mai 'Plant Heddwch ydym ni':

Mor anodd myn'd i ryfel
  I fyd y cledd a'i fri!
Mor anodd byw i'r magnel:
  Plant heddwch ydym ni.

Mae Cymru er's canrifoedd
  Yn byw i ddysg a hedd;
Mae'n byw i Deyrnas Nefoedd,
  Ac nid i deyrnas cledd.[13]

Yn ofer y chwilir prydyddiaeth Rees Rees am gerdd a â i'r afael â'r fath ddilema ideolegol rhwng traddodiad Henry Richard, Apostol Heddwch, a thraddodiad Llywelyn Ein Llyw Olaf. Er nad ef yw'r unig bechadur yn hyn o beth o bell ffordd, yn ofer hefyd y chwilir ei delynegion arwynebol am unrhyw drwch deallusol mewn gwirionedd. Sbarion Fictoraidd yw cynnwys cyfrolau Volander Jones a Rees Rees yntau yn y bôn.

Llais un a brofasai'r Rhyfel drosto'i hun a glywir yng ngherddi Thomas Hughes Jones o gyfnod y Rhyfel Mawr ac yn wahanol i brydyddion fel Rees Rees a Volander Jones ni chynigiodd barddoniaeth y bardd o Flaenpennal, Ceredigion unrhyw esboniadau slic ar yr argyfwng rhyngwladol a oedd ohoni. Yr hyn sy'n ddiddorol am ei farddoniaeth yw ei ddefnydd dychmygus o'r traddodiad telynegol. Gwelir enghraifft o hyn yn rhifyn Haf 1915 o *Y Wawr*. Ynddo cynhwysir trosiad y bardd o Gymro o soned Rupert Brooke, 'The Soldier', a egyr â'r llinell enwog, 'If I should die . . . ', soned a anfarwolwyd erbyn diwedd Ebrill 1915 gyda marwolaeth ei hawdur. Yn bwysicach, cyhoeddwyd yn yr un rhifyn delyneg wreiddiol T. Hughes Jones. Rhagwelir ynddi ddychweliad y 'Gwanwyn llon' ar ôl y 'Gaeaf a'r tristwch trwm':

> Daw swynion y ddaear i gyd yn rhydd
> Pan ddychwel y wawrddydd dlos;
> Paham y bedyddir mwynderau'r dydd
> Gan wyllion yng ngwlith y nos?[14]

Hyd yn hyn yn y gerdd, ni chyfeiriwyd at y Rhyfel ar ei ben, dim ond defnyddio cynddelwau'r tymhorau i gyfeirio'n anuniongyrchol ato. Holi yn gynnil a wna ar ddiwedd yr ail bennill: nid yw'n ddigon naïf i ddisgwyl cael ateb. Yn yr un modd, ar ôl cyfeirio'n ymatalgar at 'alaeth y ddrycin gref', noda wrth gloi yr eironi modern nad oes modd ei ddatrys:

> Ond trist yw marw am hawl i fyw,
> A dilyn y bwystfil i gyrraedd Duw.

Roedd hi'n 1916 ar T. Hughes Jones yn ymuno â'r fyddin, ond eisoes yn 1915 gwelsai'r Rhyfel mewn termau cymhlethach o dipyn na Rupert Brooke.

Er gwaetha'r eironi a gofnododd yng ngherdd aeddfed haf 1915, cred o hyd yn ddiweddarach yn yr un flwyddyn yn yr aberth waed:

> . . . ofnaf o fyd y mae'r da dan draed
> Gyrchu y nefoedd a ngwisg heb waed.[15]

Ni all fodloni ar ddehongliadau cyhoeddus o fwriadau Duw yn y Rhyfel a myn ddod o hyd i'w esboniad ei hun:

Dywedant mai bwriad y nef yw'r drin—
  Fod Duw ar ei orsedd wen
Yn dwyn yng nghanol y rhyfel flin
  Gynllun Ei Gariad i ben.
Pes gwypwn, rhyfelwn i'w erbyn Ef
  I ngwaed ystaenio'i sedd;
Ond gwn mai dial a fyn y nef
  Ar undyn a dorro hedd.
Onid ellyll di-deimlad a chaethwas chwant
Fyddai Duw pe chwareuai fel tegan a'u blant?[16]

Gweld delw o'r Crist croeshoeliedig yn dal i sefyll yn styfnig mewn mynwent ddiarffordd—delwedd gyfarwydd iawn ar y pryd—sydd wrth wraidd 'Yr Arwydd':

Yn nistryw'r byd y gwelir croes,
  Ac yn y ddrycin noddfa glyd,
A chysur dyn yng nghanol loes,
  A goreu'r nef yng ngwaethaf byd.
A ninnau fud;—mor rhyfedd yw;
  Cynddaredd dyn yn moli Duw.[17]

Drwy gyfosod y naill realiti yn ymyl y llall, tyn ddarlun sy'n llawn deuoliaethau o'r byd a brofasai ac nid yw'n caniatáu i'w ddiwylliant Cristnogol ddofi tystiolaeth ei reswm. Ond cerddi yw'r rhain a berthyn i gyfnod y Rhyfel yn unig ac ymddengys na thrafododd T. Hughes Jones ei brofiadau yn y Rhyfel ar ffurf barddoniaeth yn ddiweddarach. Am hynny, ni chafwyd hyd 1944 ei ddehongliad mwyaf sylweddol o'r Rhyfel Mawr, sef y nofel *Amser i Ryfel.*

Un o gyn-fyfyrwyr eraill Aberystwyth a fu farw'n chwech ar hugain oed yn filwr yn Ffrainc oedd Gwilym Williams. Graddiodd mewn Cymraeg yn 1913 ac enillodd ei gadair gyntaf yn Eisteddfod Gŵyl Ddewi'r Brifysgol yn 1912 am gerdd hir, 'Gwanwyn Bywyd', dan feirniadaeth T. Gwynn Jones. Dameg gyfarwydd am fachgen bach y bwthyn yn dringo i ben ysgol addysg nes llwyddo i wneud ei farc yn y byd yw honno. Mewn rhagair i'w gyfrol o gerddi a gyhoeddwyd gan ei frodyr a'i chwiorydd er cof amdano, *Dan yr Helyg* (1917), traetha Elfed yn rhyfygus fel hyn:

> Gwelais frawddeg yn un o'i lythyrau—mai 'ardderchog wedi'r cwbl yw i un gael marw'n ieuanc dros ei wlad'—na chaf lonydd ganddi. O ba le y daeth gweledigaeth mor glir, mor gyfoethog, i un fagwyd yn un o'r ardaloedd tawelaf yng Nghymru? Cynhysgaeth awr gyfyng yw grym i weled ymhell a theimlo agosrwydd y pethau mwyaf. Y mae dyn ieuanc sy'n llefaru fel hyn yn fwy na choncwerwr, a'i farwolaeth gynnar yn sacrament.[18]

Gyda dyfyniad o waith yr emynydd hwn yr egyr yr adran am Wlad Belg yn ei bryddest, 'Gwladgarwch':

> Er mwyn eu gwlad, er mwyn gwlad eu tadau,
> Rhuthra cedyrn i ryferthwy'r cadau.[19]

Ar gorn ei haberth a'i dewrder yn wyneb yr Almaen, prifia'r wlad; try 'Belgium fach' yn 'Belgium fawr'. Rhydd bwys ar dystiolaeth filwrol fel gwarant o wladgarwch oherwydd yng Nghymru, wrth grwydro'r mynyddoedd a'r fro,

> Fe welaf a ddwg y gwladgarwr
> Ei weddi a'i aberth i'm co'.
> Can's yno mae blodau gwladgarwch
> A gobaith yn nhlysni eu gwawr,
> A'u harogl yn fêl ac yn fywyd,
> I Gymru'n ddeffroad yn awr.[20]

Yr hyn a ddengys yr enghraifft hon yw pa mor anghyfaddas ac annigonol oedd yr ymateb rhamantaidd i wrthsefyll cyrch y Rhyfel Mawr. A rhamantiaeth Gymreig newydd brofi anterth byrhoedlog ei phoblogrwydd, ni allai ymdopi â her greadigol y Rhyfel Mawr.

Fe geir cyferbyniad cyfarwydd yng ngwaith Gwilym Williams, cyferbyniad a welir hefyd yng ngwaith Hedd Wyn yn fwyaf neilltuol, rhwng ei ymateb dibrofiad i'r syniad o ryfel ar y naill law a'i ymateb real i'r Rhyfel Mawr ar y llall. Er mai bach o gyfle a gafodd mewn gwirionedd i ddatblygu'r ail olwg hon, does fawr ddim i dystio bod ei ddelfrydiaeth farddonol gynnar wedi para'n hir iawn yn Ffrainc. Oeraidd a ffeithiol, er enghraifft, yw ei feddargraff i'r milwr:

> Aeth o'i ing i fwth ango'—i wely
> Y milwr i huno;
> Heb rodres wedi'r brwydro
> Erys a chroes uwch ei ro.[21]

Ac yntau'n gorfod wynebu sefyllfa fwy diriaethol o'r hanner yn y fyddin, mae'n siwr fod mesur yr englyn unodl union wedi cynnig llestr addas i'w ing. Gweddai'r mesur clasurol, ymataliol hwn yn iawn ac â Alan Llwyd mor bell ag awgrymu 'yn bur hyderus mai'r englynion coffa hyn yw'r gwaith pwysicaf i ddeillio o'r Rhyfel Mawr'.[22]

Patrwm o gynildeb yw 'Ar Gofadail'[23] Williams Parry nad yw'n mentro mesur 'gwerth yr aberth' ond yn canoli sylw yn hytrach ar hiraeth y rhieni. Yn ogystal â chorff helaeth o englynion coffa a naddwyd ar gerrig beddau neu gofebau, ymatebodd amryw feirdd yn ddychmygus i'r cofgolofnau a godwyd ledled y wlad yn ogystal ag ymateb i seremonïau Dydd Sul y Cofio ar 11 Tachwedd bob blwyddyn. Felly hefyd ambell ymweliad â bedd perthynas na ddaeth yn ôl o'r brwydro. Cynigiai'r arwyddion a'r defodau cyhoeddus hyn ffocws i'w galar a'u dicter.

'Cofadail gofidiau' Pen-y-groes, Dyffryn Nantlle.

'Cofadail gofidiau' Pen-y-groes, Dyffryn Nantlle.

Yn 1925 fe ddadorchuddiwyd cofgolofn i'r milwyr yn Rhosllannerchrugog a lluniodd bardd enwoca'r gymuned honno, I.D. Hooson, soned ar gyfer yr achlysur. Fel un a fu ei hun yn y Lluoedd Arfog, mae'n debyg bod ei ymlyniad emosiynol wrth y bechgyn yn ei arwain i sôn yn werthfawrogol am ei gymdeithion gynt. Ond fe dry'r gwerthfawrogi'n ddwyfoli diymatal:

> Yn aberth drud cyn croesi'r olaf ffin;—
> I'r pebyll gwyn tragwyddol lle y trig
> Arwyr a dewrion fyrdd yr oesau fu,
> Y rhai a'u hwyneb at y gelyn dig
> Gwympasant er mwyn achub brodyr lu.[24]

Ar y llaw arall, amau ystrydeb y cofgolofnau a wna William Morris yn 'Mewn Angof Ni Chânt Fod?', cerdd arall a berthyn i 1925. Y milwyr eu hunain sy'n siarad:

> Yn nhymor blin y drin drom
> O draserch ein gwaed roesom.
> Buom drwy waethaf bywyd,
> Dwyn cosb o dan wae cyhyd.
>
> Eithr ba werth i'n haberth oedd
> Wedi'r anwar heldrinoedd?
> A chau ein beddau, ba waeth?
> Beddau gwael buddugoliaeth.
>
> Wedi'r boen ni wrendy'r byd,
> Mor ofer ein marw hefyd.
> Is gleifwaith fe'n hysglyfiwyd.
> Ddaear oer, mor fyddar wyd![25]

Erbyn canol y dauddegau a sglein cynnar buddugoliaeth y Rhyfel yn prysur bylu, daethai'r dicter a'r dadrith hwn fwyfwy i'r amlwg.

Magai amheuon ym meddwl Llew Tegid p'un ai a oedd marwolaeth ei fab, Gwilym Arthur, yn gwneud synnwyr ai peidio:

> O! Gwilym, wyt ti'n gweled—ein galar?
> Neu'n gwylio ein colled?
> A oedd cri holl wledydd cred
> Yn werth dy aberth, tybed?

Ac yn nes ymlaen:

Hwyliaist pan ddaeth yr alwad—yn ufudd
I ofyn dy famwlad;
Ai teilwng yw y taliad—
Hyn o le mewn estron wlad?[26]

Ond efallai mai beirniadaeth Cynan yw'r un fwyaf hallt yn ei 'Anerchiad nas clywir oddiar risiau Cofeb yr un o'n Colegau, Ddydd y Cad-oediad':

O Fro'r cysgodion gwelw y dof
Yn gennad dros eich bechgyn chwi
I weld pa fodd y cedwch gof
Yng Nghymru am ein diwedd ni.
Ond beth yw hyn ar ein sarhad?
Carreg a'r celwydd arni hi,
'MELYS YW MARW DROS EIN GWLAD.'[27]

Mae'n arwyddocaol ei bod hi'n ganol y dauddegau ar Cynan yn lleisio condemniad mor ddiamwys â hwn, rhai blynyddoedd ar ôl iddo roi'r gorau i'w gaplaniaeth a gododd rwystrau ymarferol ar ei ffordd fel bardd. Am resymau diwylliannol efallai, lleisia'r Cymro yr hyn a fynegwyd mor fuan â 1917—'The old lie'—gan Wilfred Owen yn 'Dulce et decorum est'.[28]

Mwy cymodlon yw agwedd Percy Hughes, preifat gynt o Dalwrn, Ynys Môn: gwêl fod i'r gofeb arwyddocâd gwahanol i amryfal bobl:

Arni mae'r haul yn bwrw'i belydrau,
Gan wasgar haf drwy y wlad;
Ac arni mae'r plentyn yn gweled drwy ddagrau
Enw annwyl ei dad.

Ati daw rhywrai gan wisgo rubannau,
I ddiolch am Brydain a'i nerth;
Ac ati daw'r milwr di-waith yn ei garpiau,
I holi 'a ydoedd yn werth'.[29]

Ond dyw'r fymryn beirniadaeth a gwyd ei phen yn yr ail bennill ddim yn para'n hir oherwydd, er bod yr hen filwr yn tynnu dôl, dylsai fod yn ddiolchgar am gael byw: 'Ni ddychwel y rhain yn ôl.'[30] Llai goddefgar ei farn yw O. Madog Williams, brawd i'r heddychwr Llywelyn G. Williams a goffeir gan Williams Parry ar ddechrau'r gyfrol, *Cerddi'r Ddrycin* (1937).[31] Er bod y milwr cyffredin gwerinol wedi bod yn ddigon da i frwydro a marw, nid oes fawr ddim wedi newid mewn gwirionedd—mae'r tlotyn ar y clwt a'r bonheddwr yn ei blas. Sioe arwynebol, felly, yw holl ddefod y Cofio:

Dwndwr Prif-ddinas
  Popeth ar ben,
Rhyddid dy aberth
  A'th loywach nen;
Dychwel y meistri
  I'r gwestai clyd,
A chaeant y drws
  Ar anghenion byd.[32]

Mewn parodi o 'Ora Pro Nobis', Eifion Wyn, ymbilir ar i Dduw gofio gweddw dlawd y milwr sy'n byw ar gardod a'r milwr di-waith:

Ein Tad, cofia'r milwr
  A ddaeth o'r drin,
I grwydro'r Embancment,
  A rheg ar ei fin.

Mae'r cyferbyniad hwn rhwng rhwysg y ddefod gyhoeddus a ddisgrifir yn y tri phrif bennill a thlodi amodau byw y cyn-filwr ym mhob cytgan yn cryfhau angerdd y gerdd.

Parhad o'r un ddadl sy gan O. Madog Williams yn 'Tachwedd 11eg 1933'. Wedi'r geiriau rhethregol atgofus, yr 'huodledd ysgubol bron torri'n orfoledd' wrth grybwyll marw'r milwr yn 'achos cyfiawnder,/Yn achos gwirionedd a rhyddid gwlad',[33] daw meddwdod a dathlu gyda'r nos. Tra bydd offeiriaid, bonedd a mawrion yn dathlu, bydd llawer o'r cyn-filwyr 'mewn tlotai, yn damnio gweniaith eu min'. Gweithred siabi a gwag yw'r Cofio hwn yn 'Deled dy Deyrnas' drachefn: llymach yw'r weniaith hon 'i galon gwaredwr na'r fidog ddur'.[34] Tu hwnt i sbloet cyhoeddus a rhagrith y Cofio gorchestol hwn y mae'r dioddefwyr a'r realiti a anghofiwyd yn reit sydyn:

O! tyred i'r oedfa a'r lwydwisg waedlyd
  A thyrd gyda'r wyneb barfog a brwnt;
Tyrd gyda'r fidog loyw fileinig
  A'i blaen fel ar annel at Fritz y tu hwnt;
Tyrd fel y'th welais ryw fore'n cysegru
  A gwaedlif dy galon hen 'Randir Neb',
A gwawl d'Olgotha'n gweddnewid dy wyneb
  A'r dryll wedi tewi ar y dalar wleb.[35]

Er bod ganddo ffydd bersonol yn aberth ei gymrodyr marw, mae difrawder ac anwybodaeth ei gyd-Gymry yn ei wylltio'n gacwn:

Gad imi dy dywys ar fore cad-oediad
  Hyd lwybrau anhygyrch y frwydr hell;
Gad imi dy dywys hyd lannau yr afon
  Lle clywais yr islais, diethriol, pell;
Ac yno ar gyfyl adfail hen eglwys
  Daearwyd athrylith er prynu dy hedd
Ai tybed y gelli yn iasau'r cysgodion
  Ddawnsio, fy Nghymru, ar lannerch ei fedd?[36]

Yr hyn a ddaw'n amlwg yn y cerddi hyn yw pa mor sydyn y ciliodd unrhyw frwdfrydedd ynglŷn â'r Rhyfel a'r hyn a gyflawnwyd ganddo erbyn y dauddegau. Anfodlonrwydd cymdeithasol ac anniddigrwydd gwleidyddol a leisir dro ar ôl tro a phrofai'r driniaeth o'r cyn-filwr di-waith mai siarad gwag fu pob rhyw sôn am greu Gwlad Deilwng i Arwyr. Roedd amgylchiadau diriaethol dirwasgiad y degawd hwnnw ynddynt eu hunain yn ateb sardonig i arwriaeth cyfnod y Rhyfel.

Er bod lleisio amheuon ynglŷn â gwerth aberth y milwyr a beirniadu amodau byw'r dauddegau wedi dod yn norm ymhen fawr o dro, anos yw dod o hyd i farddoniaeth sy'n mynegi ansicrwydd crefyddol. Er mor ddeifiol ei feirniadaeth yw O. Madog Williams, ceir mynegiant digon didwyll o ffydd yn ei gerddi; mae'n feirniad penboeth ar y naill law ac yn grediniwr traddodiadol ar y llall. Mae crefydd yn cynnig ystyr solat iddo o hyd yng nghanol chwalfa'r cyfnod; er gwaethaf ymarweddiad arweinwyr Anghydffurfiaeth Gymreig yn ystod y Rhyfel, deil crefydd yn rym cynhaliol sy'n ei arbed rhag nihiliaeth. Nid dadlau a wneir fod ei afael ef ar grefydd dan yr amgylchiadau yn nodweddiadol neu'n annodweddiadol, dim ond ei bod yn anodd dod o hyd i fynegiant poblogaidd o ddiffyg ffydd er ei bod yn hysbys fod credo amryw wedi ei dolcio yn sgil y Rhyfel. Un o'r eithriadau yn hyn o beth yw William Oerddwr neu William Francis Hughes, cefnder i T.H. Parry-Williams ac un a frwydrodd dramor.[37] Er bod William Oerddwr yn gwneud defnydd fel ei gefnder o eiriau llafar Arfon er grymuso'i farddoniaeth—sonia mewn un man am 'hogiau Sir Gaernarfon a Sir Fôn/Yn sgyrion yn yr wtra dan fy nhraed'[38]—yn debycach i Cynan, nid yw'n meddu ar fydolwg modernaidd o fath yn y byd. Profiadau erchyll yn y 'brwydrau hyll' ar y cyfandir sy'n peri iddo gywilyddio:

Deisyfwn cyn fy nghychwyn am y drin,
P'run bynnag a ddown 'n ôl ai peidio'n fyw,
Am dynnu f'enw i ffwrdd o lyfrau crin
Y capel bach, rhag ofn insyltio Duw.

Ar ôl dychwelyd o'r Rhyfel, cyflwynir Beibl iddo gan 'eglwys anrhydeddus yr M.C.', gweithred gwbl anghydnaws yn ei olwg ef:

Syrffedais gymaint ar eu rhodd a'i thruth
Nes oedi agor clawr fy Meibl byth.[39]

Er gwaetha'r pwysau cyhoeddus, ni all y cymeriad gwylaidd hwn, ar ôl ei brofiadau rhyfel, gysoni Cristnogaeth ddaionus ag erchylltra'r Rhyfel Mawr. Mae'n mewnoli'r feirniadaeth ac yn ei feio'i hun am nad ydyw'n ddigon da i grefydda ac yntau wedi 'insyltio Duw'. Yn bur ddadlennol, ymetyb i'w amheuon ar lefel breifat rhagor cyhoeddus. Does dim dwywaith fod y Rhyfel wedi gadael ei ôl arno—yn un peth, fe fu farw ei fam yn fuan ar ôl iddo ddychwelyd adref—ond yn y man gall grybwyll yr 'etifeddiaeth/ Fawr dragwyddol, 'r ochor draw';[40] hynny yw, gall bwyso o'r newydd ar ddehongliadau traddodiadol. Yn wahanol i'w gefnder deallusol, mae'n dysgu byw drachefn yn yr hen rigolau heb oedi'n ormodol i amau perthnasedd y rhigolau hynny drannoeth y Rhyfel. Er ymdeimlo â phersonoliaeth hynaws a diffuant yng ngwaith y ddau gefnder, mae ymateb greddfol y naill am y pegwn i ymdriniaeth ddadansoddol y llall.

Nid oedd mor hawdd i ambell fardd gwlad ymdopi â realiti'r Rhyfel. Cais Thomas Jones, Cerrigellgwm, er enghraifft, ei ddirnad drwy gadw'n glòs at ei diriogaeth amaethyddol ei hun.

Felly er nad yw 'Y Golomen' yn ymdrin â'r Rhyfel ar ei ben, disgyn i gategori 'canu rhyfel' fel rhai o gerddi bugeiliol Edward Thomas o'r un cyfnod. Dyma sut y gallai Thomas Jones 'ddeall' y digwyddiad dieithr a ddygodd ei fab oddi arno, sef drwy gysylltu'r pell a'r agos â chreadur cyfarwydd iddo. Hola o ble y daeth yr aderyn prudd ei lygaid 'a chryndod hiraeth yn dy lais?'

I ddyn gynt, oedd ar fordaith hir,
Y dygaist newydd da o dir;
Wrth afon unwaith, wedi hyn,
Tydi oedd ddelw yr Ysbryd Gwyn;
A faidd neb godi atat arf?
Ac oni wywa'r llaw a'th darf?

Golomen, mae dy fron yn friw,
A'th aden wen yn goch ei lliw;
Ac Arglwydd-ddyn yn chwerthin draw,
A dryll yn degan yn ei law;—
I edn gwan, diniwed fryd,
Mae'i dreth yn drom, a'i chwarae'n ddrud.[41]

Dychrynwyd y golomen hon am ei bywyd, un a symboleiddiai gariad achubol Cristnogol yn ogystal â thynerwch naturiol y byd. Dyma greadur yr oedd gan Thomas Jones feddwl y byd ohono a pharch tuag ato, a datblyga'n wrthrych y gall amgyffred drwyddo ystyr y Rhyfel trachwantus hwn.

Ond doedd hi ddim o reidrwydd yn hawdd i fardd a enillai fri cenedlaethol yn y man drafod y Rhyfel Mawr yn llwyddiannus a hynny er iddo gymryd rhan weithredol ynddo. Cyfeirio a wneir at I. D. Hooson a ymaelododd â'r llynges yn ystod y Rhyfel, bardd a oedd yn ei dridegau canol erbyn 1914. Ni chyhoeddodd ei gyfrol gyntaf tan 1936; wrth awgrymu fod gwerthiant *Cerddi a Baledi* yn uwch nag unrhyw gyfrol arall o farddoniaeth ar y pryd ac eithrio *Cerddi Crwys* (1920), rhydd Gwilym R. Jones ei fys yn anfwriadol ar dras telynegol Hooson y twrne.[42] Mewn dyrnaid yn unig o gerddi'r gyfrol honno y mentra fynd i'r afael â'r pwnc; yn amlwg, ni chynhyrfwyd mohono'n greadigol gan y Rhyfel gan fod yr ychydig gerddi hynny'n llawn diplomyddiaeth diangerdd y cyfreithiwr. Yn un ohonynt, 'Y Breuddwyd', fe gofia'r bardd am gyfeillion bore oes a fu'n listio ac yna'n rhyfela gydag ef. Lleddir Huw'r Felin ac yn ddiweddarach Ifan yr Efail yntau; dyw sŵn yr ymladd yn mennu dim arno yn ei gwsg:

A chofiwn weld Ifan ei hunan un hwyr
  Yn gorwedd yn llonydd ac oer;
A hogyn o'r Almaen gydgysgai ag ef
  Yn dawel dan olau y lloer.

Yn herio ei gilydd bu'r gynnau drwy'r nos,
  A'u lleisiau'n aflafar a chroch,
Ond cysgu yn drymach wnâi Ifan a'r llanc,
  Pob un ar ei glustog goch.[43]

Er bod yma duedd i grynhoi'n newyddiadurol o ffeithiol—'I Wrecsam yr aethom un bore ein tri/Lle cawsom siwt newydd gan 'Siôr'[44]—petasai Hooson wedi tewi yn ddiesboniad ar hynny mi fyddai'n gerdd ddigon effeithiol. Yn hytrach, llusgir y cyfan i dir sentimentaliaeth. Nid cynddaredd na dialedd sy'n berwi yn ei gylla, ond hiraeth didramgwydd Cymreig. Ac y mae hynny'n meddalu ergyd cerdd addawol:

A minnau mewn hiraeth yn hir wrth y tân,
  A'm meddwl ymhell dros y môr,
Mi glywais y lleisiau pereiddiaf erioed
  Yn canu tu allan i'm dôr.[45]

Breuddwydia fod y ddau Gymro a'r Almaenwr, y tri'n ddianaf, yn sefyll dan wenu o'i flaen: 'Heb ddicter na llid dan eu bron.'[46] Ychwanegiad neis-neis sy'n tynnu'r gwynt o hwyliau cerdd brotest fel hon yw'r adran olaf; yn y pen draw mae melyster telynegol Hooson yn difetha'r gerdd.

Mae'n rhaid, felly, mai cyfeirio at gynnyrch *Y Gwin a Cherddi Eraill* (1948) a wnâi J. Gwyn Griffiths: 'Yn ei gerddi rhyfel', meddai, 'dengys ei fod yn byw yn y ganrif hon, pan welwyd dyn yn llunio uffern iddo'i hun.'[47] Crybwyllwyd yr ymadrodd 'I ganol yr uffern a luniwyd gan ddyn/I'w gyd-ddyn' yn 'Y Breuddwyd' ond go brin fod y gerdd honno'n cyfleu ofnadwyaeth yr uffern honno. Y mae 'Rhyfelwyr' eto'n awgrymu mai anorfod yw'r holl ryfela: yr un fu gwaedd yr henoed—'Mae digon o d'angen di gartref'—i'r gwŷr a aeth i Gatraeth ag i'r rheini a aeth i Fflandrys:

Tra bo gwaed yn goch, a'i lif yn chwyrn—
  Yn chwyrn drwy y gwythi poeth—
    Ofer yn wir,
    Drwy yr oesoedd hir,
  Yw cyngor yr hen a'r doeth.[48]

Dyna, meddir, yw anrhydedd yr ifainc, beth bynnag eu hynt: 'I fri neu i gynnar fedd.'[49] Ond erbyn yr Ail Ryfel Byd 'uffern' wastrafflyd yn wir yw rhyfel heb na rhwysg na sblander ar ei gyfyl. Sylweddoli'r realiti gwaelodol hwnnw sy'n cyfrif bod 'Rhyfel',[50] 'Y Malu',[51] 'Y Pabi Coch',[52] ac 'Y Clychau'[53] yn gymaint grymusach cerddi na'r rhai a ysgogwyd gan y Rhyfel Mawr. Bu'n rhaid aros hyd y pedwardegau cyn blasu'r dychan yn halltu telynegion Hooson. Erbyn hynny dynesai angau at ddrws y masnachwr yn 'Rhamant'[54] a fu'n hysio'r bechgyn ifanc i'w tranc yn y Rhyfel Mawr blaenorol. Er gwaethaf hynt yr ieuenctid hynny yn 'ffosydd Ffrainc a Fflandrys/A chorsydd Passchendaele', fe feddent o leiaf ar integriti personol: roedd eu bwriadau'n ddidwyll. Ni pherthyn anrhydedd felly i henwr llwgr y gerdd.

W. J. Gruffydd

Fel ei gyfaill T. Gwynn Jones, gwrthwynebai W. J. Gruffydd yntau'r Rhyfel ag arddeliad. Serch hynny, yn Nhachwedd 1915—cyn i orfodaeth filwrol ddod i rym—penderfynodd ymrestru yn y llynges. Dywed T. J. Morgan ei fod yn 'gwrthwynebu consgripsiwn yn ffyrnig';[55] tybed, felly, nad y lleiaf o ddau ddrwg ganddo oedd medru ymuno â'r Lluoedd Arfog ar ei delerau ei hun yn hytrach nag aros a chael ei orfodi. Fel hyn yr esboniodd ei safbwynt mewn llythyr:

> Yr wyf yn myned ddydd Llun i ysgubo am mines i Southampton. Y mae'r Coleg ar gau, y mae arnaf ofn, ac ar ol y rhyfel y mae arnaf eisieu codi fy llef rhag digwydd rhyfel eto, ac wedi hir feddwl yr wyf yn credu y byddaf yn gryfach i wneuthur hynny ar ol rhedeg i ychydig berigl yn hon. Yr wyf wedi dewis gwaith nad all neb wadu ei berigl a gwaith hefyd sydd yn *non-combatant.* Y mae fy syniadau ar y rhyfel melltigedig hwn yr un ag erioed, ac yn gryfach.[56]

Mae'r ohebiaeth a fu rhwng y ddau gyfaill ar y pryd yn hynod ddadlennol: mynegir barn am grefydd a heddychiaeth a theflir goleuni ar gerddi Gruffydd o gyfnod y Rhyfel—a Gwynn Jones yntau o ran hynny—ac ar y bersonoliaeth gyhoeddus a fyddai'n dod yn fwyfwy cyfarwydd yn y man.

Tra apeliai Catholigiaeth at Gwynn Jones yn ystod y Rhyfel, Crynwriaeth a ddenai fryd W. J. Gruffydd:

> Yr wyf finnau wedi ymuno bron iawn a'r Cyfeillion (Y Crynwyr) nid oherwydd eu golygiadau ar ryfel ond am fy mod wedi darganfod

W. J. Gruffydd.

(Trwy garedigrwydd Coleg Prifysgol Gogledd Cymru)

> er mawr syndod imi nad oes ganddynt gredo ond y Goleu Oddi mewn, ac oherwydd eu bod hwy yn anad neb wedi dal y lamp i losgi'n loyw.[57]

A hithau'n Fedi 1915, hoffai Gruffydd yn fawr petai'r ddau'n medru treulio wythnos o wyliau yr haf canlynol ar Fynydd Hiraethog; ni wireddwyd mo'i ddymuniad ond fe ysbrydolwyd Gwynn Jones yn y man i ganu'n hiraethus fel hyn a'i gyfaill erbyn hynny yn y llynges:

> A rodiwn-ni eto fyth Hiraethog y grug a'r eithin,
> A gerddwn-ni yn y niwl, pan fo gorddu yno nos?[58]

Cyfeiria Gruffydd hefyd at lythyr ei wraig yn rhifyn y mis hwnnw o *The Welsh Outlook*:[59] roedd hi wrthi'n ceisio ffurfio cangen Gymreig o Gynghrair Rhyngwladol y Merched dros Heddwch a Rhyddid, mudiad heriol y cofnodwyd ei hanes gan Anne Wiltsher yn *Most Dangerous Women* (1985).

Erbyn mis Chwefror 1916 roedd Gruffydd yn gapten ar ei long ei hun ac wedi ei leoli nid nepell o Gaeredin:

> . . . yr wyf mewn lle (diolch i Dduw) nad oes raid imi wrando ar ffyliaid yn siarad am y rhyfel. Yng Nghaerdydd, wrth wrando arnynt bob dydd, mi fethais a rhoi dant i atal tafod unwaith neu ddwy, a phe buaswn wedi aros yno, yr wyf yn hollol sicr y buaswn wedi colli fy lle yn y coleg. Mewn sobrwydd a gwirionedd, heb air yn ormod, y mae'r gwaith yma yn llai *humiliating* na bod yn gaethwas i syniadau siopwyr a thaeogion yng Nghaerdydd.[60]

Wrth iddo gydnabod yn yr un llythyr ei fod wedi sylweddoli o'r diwedd 'mai *illusion* yw gweriniaeth a gwerin, ond *illusion* annwyl imi er hynny', daw gwreiddyn un arall o gerddi rhyfel Gwynn Jones i'r golwg:

> Yr wyf fel y carwr hwnnw yn methu ymfaddeu â chelain hardd ei gariad—er ei bod hi weithiau yn drewi! Pah! Onid yw'r gelain a garasom gymaint ein dau yn llygru'r nefoedd â'i drygsawr! *Quosque, o Domine?*[61]

Yn rhifyn y gwanwyn hwnnw o'r *Wawr,* gwelodd 'Quosque, Domine!', cerdd eironig Gwynn Jones, olau dydd am y tro cyntaf.

Thema gyson yn y llythyrau hyn yw'r ymuniaethu rhwng y ddau fardd: yn Awst 1916, er enghraifft, a'r Lifftenant Gruffydd yn sgrifennu o Gulfor Suez, cofia fod Gwynn Jones wedi treulio'r gaeaf, rhwng 1905 a 1906, yn yr Aifft. Fe'i caiff hi'n anodd o hyd ffarwelio â'i ddelfryd o Gymru:

> Hiraethu yr ydwyf fi am Gymru fel y gwelais i hi—hen Gymru wledig ddiniwed a diwair wirion yn y blynyddoedd pell cyn y rhyfel—ond ddaw hynny byth yn ol i chwi na minnau, ac y *mae* yn annodd i alltud ddygymod â chredu fod y baradwys wedi ei cholli am byth.[62]

Yn gyndyn iawn, cydnebydd fod y freuddwyd ramantaidd wedi'i chwalu a daw arwyr gwerin gwlad fel Lloyd George a John Morris-Jones dan ei lach ar gorn eu rhan yn y Rhyfel. Ond ni fyn Gruffydd ori ar ei siom yn unig, a cheir ganddo ambell frawddeg broffwydol ddigon:

> Yr wyf yn mynd i sgrifennu a siarad yn ddidaw ar ol y rhyfel—yn mynd i ddywedyd wrth fy nghydgaethion pa bethau a welais yn eithafoedd gwlad gwae ac anobaith.[63]

Cadarnheir yr un addewid yn y llythyr olaf un sydd ar gadw rhwng y ddau: ac yntau erbyn hynny wedi ei leoli o'r newydd yn yr Alban, anfonodd Gruffydd at Gwynn Jones ganol Mai 1918 yn gofyn iddo gefnogi ei gais am Gadair Gelteg Caerdydd: 'Os caf y gadair hon, mi agoraf fy ngheg wedyn yn bur llydan ac nid hawdd fydd fy nhewi'.[64]

Er bod Gruffydd yn mynnu droeon yn ei lythyrau fod yn well ganddo fod yn y llynges nag yng nghwmni'r 'gwallgofiaid' a'r 'ffyliaid' gartref, go brin fod y gwaith wrth ei fodd: 'gwaith llethol, pob cymal ar dyn, a phob cynneddf yn effro';[65] 'y mae'r bywyd yma mor undonog ac annifyr'.[66] Eto i gyd, pwysleisia o hyd ac o hyd mai yr un yw ei egwyddorion yn y bôn: 'ni bu raid imi wneuthur dim y buasai gywilydd arnoch chwi ei wneuthur';[67] ac wrth anfon ei gyfarchion at blant ei gyfaill, 'esboniwch wrth Luned ac Arthur a Llywelyn nad ydyw eu hewythr Gruffudd yn lladd pobl, ac nad yw'n hoffi pobl sy'n gwneuthur hynny'.[68] Yn wir, mae pob arwydd fod ei ddirnadaeth grefyddol wedi ei dwysáu yn ystod y Rhyfel: 'Daw dydd o brysur bwyso Ar grefydd cyn bo hir:

Ceir gweld gan bwy mae'r sylwedd, A phwy sy'n heb y gwir';[69] 'Onid yw'n rhyfedd fel y mae dywediadau'r Arglwydd i'w deall yn awr am y tro cyntaf (i mi o'r hyn lleiaf)?'[70] Yn sicr, mae ei brofiadau ar y pryd yn taflu peth goleuni ar daerineb ei ddadlau dros egwyddorion ymneilltuol yn y blynyddoedd dilynol.

Hiraeth a dadrithiad, tantro a bygwth—mae'r cyfan i'w clywed yn llythyrau rhyfel y ffigur dylanwadol a ddeuai yn 1922 yn sylfaenydd ac yn olygydd *Y Llenor.* Mewn llythyr a anfonodd ddechrau 1917 at y cyfaill a'r cyd-fardd, Silyn Roberts, a oedd yn olygydd cynorthwyol *The Welsh Outlook* ar y pryd, addawodd fel hyn: 'Pe cawn gyfle i ddod yn ôl, y mae gennyf gân neu ddwy ar eu hanner'.[71] Ni fu Gruffydd erioed yn fardd cynhyrchiol iawn; yn ôl tystiolaeth sylwadau megis 'Môr y Canoldir, 1917' neu 'Ar Fôr Iwerydd, Hydref, 1917' wrth droed rhai ohonynt, saith yn unig o gerddi *Ynys yr Hud a Cherddi Eraill* (1923) y gellir eu priodoli i'w gyfnod a'i brofiad yn y Rhyfel. Er na ellir mo'u cyfri ymhlith cerddi pwysica'r Rhyfel, siaradant gyfrolau am agwedd meddwl Gruffydd bryd hynny. O'u darllen, does dim syndod deall mai 1920 yw'r dyddiad cyhoeddi ar waelod cerdd edliwgar fel 'Y Pharisead'.

Ar yr henoed y mae'r bai yn blwmp ac yn blaen yn '1914-1918: Yr Ieuainc wrth yr Hen' am annog yr ifainc i fynd i'r gad. Dyma'r ymosodiad mwyaf asidig ar y tadau gan un o'r beirdd Cymraeg a fu yn y Rhyfel; does dim cais ynddi i ddal y ddesgl yn wastad fel Cynan yn 'Mab y Bwthyn'. Y mae holl lid dialgar Gruffydd yn berwi yn y cymeriadau cartŵn agoriadol:

Am fod eich c'lonnau chwi yn oer,
  A'ch cas yn llosgi'n ysol fflam,
A'ch dannedd yn ewynnu poer,
  A'ch enaid wedi tyfu'n gam;

Am nad oes yn eich bywyd gwael
  Un gobaith yn tywynnu dydd,
Am nad oes dim tosturi hael
  Na chariad gennych na dim ffydd;

Am droi ohonoch eiriau Duw
  Yn udo croch am fwy o waed,
Am faeddu ffrwd y dyfroedd byw,
  Am droi Ei fainc yn lle i'ch traed.[72]

Y mae'r cyhuddiadau'n sobreiddiol, yr ymwybod â rhagoriaeth foesol mor sicr ag yn *Gweledigaethau'r Bardd Cwsg,* a'r cymeriadau mor grotésg â rhai o greadigaethau Gerald Scarfe. Does dim dwywaith nad yw'r diffinyddion o flaen eu gwell: 'Benadur gwlad, cynghorwr plwy',/Arglwydd yr aur, a thorrwr glo.' Yr un math o gyfalafwr arwynebol ei gyneddfau deallusol ond dichellgar ei fwriadau masnachol a felltithiwyd gan Gruffydd yn ei ysgrif, 'Y Diweddar Lemuel Parry, Ysw., Y.H., O.B.E.'.[73]

Mynegodd John Gwilym Jones ei farn yn ddiamwys ynglŷn â '1914-1918':

> Mae'n ddealladwy hollol fod un fel ef, wedi gwastraffu blynyddoedd yn y llynges, yn chwerw a siomedig ac wedi'i ddadrithio o aml ddelfryd a gobaith, ond fe amddifadodd ei chwerwedd a'i siom a'i ddadrithio ef o'i gydbwysedd hefyd. Pa synnwyr sydd mewn collfarnu'r hen yn gyfan gwbl a chlodfori'r ifanc? A hynny mewn dim byd ond tafodi rhethregol a bwrw llysnafedd geiriol?[74]

Y farn gyffredinol am Siegfried Sassoon yntau yw ei fod o bryd i'w gilydd wedi colli golwg ar wrthrychedd yng nghanol ei ddychan ceryddgar didactig. Gwêl D. J. Enright, er enghraifft, fod sgôp ei farddoniaeth yn fwy cyfyng nag eiddo Wilfred Owen:

> Cyfansoddwyd barddoniaeth fwyaf diddorol Sassoon â'r hyn a elwir yn 'emosiynau negyddol'—arswyd, dicter, ffieidd-dod—a'r tu allan i'r maes hwnnw tuedda i fod yn sentimental mewn ffordd gonfensiynol... Yng ngwaith Owen mae 'emosiynau cadarnhaol' cariad, trugaredd, edmygedd, llawenydd, yn bresennol yn ogystal, ac mae eu cydfodolaeth yn cryfhau'r farddoniaeth.[75]

Ond mi fyddwn i'n eilio amddiffyniad Tecwyn Lloyd o '1914-1918' o gofio am amgylchiadau cwbl neilltuol ei llunio ar ddydd y Cadoediad yn 1918. O ystyried y gollyngdod seicolegol a ddynodai'r digwyddiad hwnnw, doedd hi ond yn naturiol i filwr fynegi rhai o deimladau chwerwaf ac amrwd-ysgubol ei gyd-filwyr. Ac fel y sylwodd George Orwell:

> Erbyn 1918 roedd pawb dan ddeugain mewn tymer ddrwg gyda'r bobl hŷn na hwy, a thyfodd yr ymdeimlad o wrthfilitariaeth a ddilynodd y brwydro'n naturiol yn wrthryfel cyffredinol yn erbyn uniongrededd ac awdurdod. Fe gafwyd, bryd hynny, ymhlith yr ifainc, gwlt rhyfedd o atgasedd tuag at 'hen ddynion'.[76]

Wele'r mynegiant Cymreiciaf o'r cwlt hwnnw. Awyrgylch eithafol rhagor gwrthrychol oedd ohoni. Cynigiai'r gerdd gatharsis i Gruffydd a thywalltodd iddi'r holl fustl a fu'n cronni ynddo cyhyd.

Cymherir cerdd Gruffydd yn anffafriol â 'The Parable of the Old Men and the Young', Wilfred Owen, gan John Gwilym Jones: 'yn lle glafoerio rhethregol, ceir oerni syml â rhyw urddas trist iddo.'[77] Ond yn ail hanner ei gerdd mae tymer Gruffydd yn gostegu a chanfyddir yno'r 'urddas trist' hwnnw. Ac mae tynerwch yr ail adran honno'n egluro gwylltineb rhan agoriadol y gerdd. Milwyr a laddwyd sy'n llefaru, bechgyn a amddifadwyd o'r peth byw hwnnw y rhoes Gruffydd y fath bwyslais arno ar hyd ei yrfa. 'Bydd imi anfarwoldeb tra boch byw' yw clo 'Thomas Morgan yr Ironmonger'.[78] Ac meddai yn ei ysgrif ar Thomas Hardy:

> Yn ei holl weithiau, un trychineb yn unig a geir, un golled. Y trychineb hwnnw yw Angau am fod Angau yn rhoddi pen ar yr hyn sydd yn ddiddorol, yn garadwy, yn ddealladwy, sef Bywyd. Y mae'n wir y gall bywyd fod mor angerddol nes myned yn ddolurus, ond y mae'n anfeidrol bwysig i'w fyw ac i ddywedyd amdano.[79]

Dyna'r union beth, Bywyd, a ddibrisiwyd i'r fath raddau yn y Rhyfel ac yr amddifadwyd y bechgyn meirwon ohono; dyna gnewyllyn cyhuddiadau'r gerdd.

Pa syndod chwaith fod cyhuddiadau'r milwyr hyn wedi eu mynegi mewn modd mor elyniaethus o hallt? Gorfodwyd hwy i wisgo'r masg milwrol gwrywaidd hwn gan ddileu pob llarieidd-dra o'u cyfansoddiad. Sentimentau moethus na ellid mo'u fforddio oedd teimladau meddal yn y pwll uffern hwnnw: byw—pa mor reddfol-gyntefig bynnag fo'r cyflwr hwnnw—oedd y nod. Llygrwyd eu diniweidrwydd a llurguniwyd eu hymddiriedaeth yn eu tadau:

> Am ichwi wneuthur hyn i gyd,
>   'Rym ni, fu'n aberth er eich mwyn
> Fel gyr o anifeiliaid mud,
>   Dan feichiau oedd ry drwm i'w dwyn . . .
>
> Ni ydyw'r ieuainc distadl ffôl
>   Yrasoch chwi wrth weiddi gwaed.[80]

Hanner cysur, hanner 'gwên' sydd yna yn y pennill clo o'r herwydd pan yw'n llawenhau:

Wrth gofio nad awn byth fel chwi,
  Wrth gofio nad awn byth yn hen.[81]

Yng nghanol y sbeit mae yna dristwch affwysol: does yma ddim sôn am yr heresi honno sy'n britho cynifer o gerddi rhyfel eraill, ei bod yn fraint ogoneddus cael marw'n ifanc. Yn ei soned, 'Y Cwpan', er enghraifft, dyrchefir y bardd-filwr marw yn arwr gan Wyn Williams:

Rhowch i mi gân yr ieuanc fardd a roes
  Yr einioes ddrud dros ryddid a thros wlad,
Cans blinais ar gysêt a mawl di-loes
  Caniadau beirdd a fu,—gwlatgarwch rhad
Y sawl ni wybu wae y creulyd faes,
  A dychrynfeydd y ffos, ac ofn y pridd . . .[82]

Fel croesholiad Crist, bu profiad y cyfryw filwr yn un pureiddiol:

. . . . daeth hedd
  A chân o'r llwch, daeth gwin o gyni'r llaid,
A'r gân yw'r cwpan godaf at fy min
A sacramentaidd flas sydd ar y gwin.

Er bod Wyn Williams yn cychwyn drwy herio sidetrwydd a chyfforddusrwydd yr hen do, y mae'n cloi drwy ildio i ragdybiaethau'r to hwnnw gan fendithio marwolaeth y bardd ifanc ag ystyr sanctaidd. Doedd dehongliad Gruffydd ddim mor ystrydebol na chysurus. Atalwyd bywydau'r ieuenctid yn ei gerdd ef ac ni chaent fynd yn hen am na chaniatawyd iddynt fyw. Beth bynnag fo'i ansawdd, stad o fyw yw henaint hefyd; er bod Gruffydd yn gwneud ati i wawdio'r byw hwnnw y mae yn fwy na dim yn ei edliw iddynt ac yn cenfigennu wrthynt o'i herwydd. Wedi'r cyfan, fe amddifadwyd nifer o'i gymrodyr o'r bywyd hirhoedlog hwn.

Yn ail hanner y gerdd y llithra'r masg milwrol i ffwrdd wrth gofio breuddwydion afradus bore oes:

Ni oedd gariadon hyd y ffyrdd
  Yn nistaw hwyr yr hydref lleddf;
Nyni oedd biau'r gwanwyn gwyrdd,
  Ac eiddom ni bob glendid greddf,

Pob breuddwyd teg a phurdeb bryd,
  Pob gobaith, pob haelioni hir,
Pob rhyw ddyheu am lanach byd,
  Pob tyfiant cain, pob golau clir.

Dyma feddargraff Gruffydd i genhedlaeth goll ei gyfoedion; a chofier nad datganiadau 'adolesent piwus a phigog' mohonynt[83] oherwydd roedd Gruffydd yn ddyn tri deg saith oed yn 1918. Hwn hefyd yw epitaff Gruffydd i'w ddiniweidrwydd coll ei hunan. Mae ei chwerwder poeth yn rhagflaenu'n ddramatig lawer o'r llenyddiaeth a sgrifennwyd gan gyn-filwyr yn ystod y dauddegau, degawd a fedyddiwyd gan A. C. Ward yn 'Ddegawd o Anobaith'.[84]

> Enillodd geiriau urddasol Laurence Binyon—'they shall not grow old as we who are left grow old' ystyr eironig yng ngenau llefarwyr a oedd yn ddigon bodlon tyfu'n hen a magu bloneg, ac na holwyd erioed mo'r meirwon ganddynt a oeddent wedi dewis marw'n ifanc er mwyn osgoi henaint. Wrth i amser fynd rhagddo, deuthum i ddrwglicio fwyfwy ddathliadau Dydd y Cadoediad. Dymunwn iddynt roi'r gorau i'r holl ddefodau ffurfiol, er mwyn caniatáu i'r rheini yr oedd rhyw ystyr personol iddynt ynddo gyflawni'r weithred o goffáu.[85]

Geiriau E. L. Woodward a wirfoddolodd i ymuno â'r fyddin yn 1914.

Dau o ddelweddau mawr y canu rhamantaidd oedd yr Hydref a'r Gwanwyn, ac un a dorheulai'n fodlon yn yr Haf Bach Mihangel barddol a oedd yn cyd-fynd â datblygiadau gwleidyddol a chymdeithasol Cymru ar ddechrau'r ganrif oedd Gruffydd. Tân ar ei groen fu'r sylweddoliad mai llond eu crwyn ond celwydd i gyd fu'r gobeithion cynnar. Gyda'r storm a ddynodai ddiwedd yr haf hwnnw daeth yr holl hynt cynyddgar am Loywach Nen ar amrantiad i ben. Bu ei genhedlaeth yn hyf ar fywyd, yn ddiorwel ei huchelgais. Ni fyddai'r un rhyfel byth eto: roedd gwareiddiad yn rhy gall i beth anifeilaidd felly.

Nyni yw'r rhai fendithiodd Duw
  A'r dewrder mawr heb gyfri'r gost;
Ni oedd yn canu am gael byw,
  A byw a bywyd oedd ein bost.

Ohonom nid oes un yn awr;
  Aeth bidog drwy y galon lân,
Mae'r ffosydd dros y dewrder mawr,
  Mae'r bwled wedi tewi'r gân.

Claddwyd rhamantiaeth ffantasïol yn y ffosydd: 'Mae'r bwled wedi tewi'r gân.' Y mae gobaith cenhedlaeth—'y dewrder mawr'—wedi'i gladdu fel na feiddiai neb gredu mewn argoelion mor hawdd eto. Y mae'r pennill uchod yn drosiad mor gyfoethog am yr hyn a ddigwyddodd yng Nghymru yn sgil brwydrau'r Somme a Passchendaele â phennill olaf 'Rhyfel', Hedd Wyn.

Yn rhifyn Haf 1941 o'r *Llenor,* yng nghanol ail ryfel byd, ceir gan Gruffydd ysgrif hynod ddadlennol, un y mae'n werth oedi gyda hi. 'Blwyddyn Fawr' yw ei theitl a sôn a wna am un flwyddyn dyngedfennol yn ei hanes. Wrth nesu at ei destun cyfeiria at sicrwydd ffydd a gweledigaeth y Cymry ganrif ynghynt. Blwyddyn eu tröedigaeth fyddai'r flwyddyn fawr yn eu hachos hwy'n ddi-feth:

> Byddaf yn aml yn eiddigeddu wrth feddwl am yr hen bobl hyn. Beth bynnag am eu tlodi, pa mor anwybodus bynnag oeddynt, pa mor helbulus bynnag oedd eu gyrfa drwy'r anialwch, yr oedd copa un mynydd yn eu hynt, un flwyddyn fawr a oedd yn sefyll allan, i'w gweled yn amlwg ynghanol holl droeon yr yrfa ar ôl hynny.[86]

'Nid oes dim fel hyn yn digwydd inni heddiw' meddai, gan ychwanegu'n eiddigeddus, 'o leiaf, nid oes dim fel hyn wedi digwydd i mi'.[87] Yr hyn a barodd ddryllio'r sicrwydd gweledigaeth hwnnw'n llwyr oedd y Rhyfel Mawr:

> Nid oes neb eto, yr wyf yn meddwl, wedi llawn sylweddoli'r effaith gatastrophig a gafodd y Rhyfel ar y bywyd Cymreig, pan symudwyd miloedd o feibion Cymru o ganol tawelwch a sicrwydd hyder yr hen heddwch Cymreig i ganol dadwrdd ac anwadalrwydd ac ansicrwydd bywyd o ryfela mewn gwledydd tramor, mewn achos nad oeddem yn ei ddeall nac yn credu rhyw lawer ynddo.[88]

Blwyddyn bwysig arall yn ei hanes oedd 1919, blwyddyn ar ôl llunio '1914-1918', pan orfodwyd y dychweledigion i ailasesu popeth yn eu bywydau o'r newydd mewn goleuni sylfaenol wahanol.

Ond mynd yn ôl a wna Gruffydd i 'haf gwyrthiol', yr 'haf hirfelyn hwnnw'[89] yn 1899 pan ddaeth i gyfarfyddiad cyntaf â 'rhyw fod lledrithiol a oedd yn dylifo telynegion o fath newydd allan o'i awen ei hun'.[90] Robert Roberts, neu'n hytrach, Silyn, oedd 'y bod rhamantus' hwnnw[91] a ffrwyth eu cyfeillgarwch oedd *Telynegion* y flwyddyn ganlynol:

> Gyda Men yng ngwlad barddoniaeth
>   Noson leuad oleu dlos;
> Rhodio'n wylaidd ym mharadwys
>   Serch y nos. . .[92]

Eiddo dau wedi meddwi ar farddoniaeth—'yng ngwlad barddoniaeth'—yw cynnyrch 1900. Edrydd Gruffydd hanes y ddau'n hwylio'n syth ar ôl iddynt gyfarfod mewn cwch o bier Bangor:

> Wel, aethom allan ein dau mewn cwch i forio ar Fenai, a phe bai rhywun yn gwrando ar y lleisiau a oedd yn nofio i'r lan tua'r Sili Wen a'r Garth y noson dawel honno, buasent yn clywed dau lais hynod o Gymreig yn dylifo allan yn acenion Eryri linellau a chwpledau sonedau cyfain o waith Keats a Shelley a Wordsworth . . . Ar ôl gorffen gyda beirdd mawr Lloegr, troesom at feirdd mawr Cymru, sef Silyn Roberts a W.J. Gruffydd, a diwedd ein cynhadledd ar y môr oedd adrodd ein gwaith ein hunain i'n gilydd, a rhyfeddu at y wyrth a oedd wedi dyfod â dau o feirdd mor nodedig i gyfarfod â'i gilydd mewn un cwch bychan.[93]

Yn ystod yr haf hwnnw 'yng Ngwlad yr Hud' ymwelai Silyn bron yn ddyddiol â Gruffydd ym Methel a lluniai gerddi bob nos. Bu'r cyfeillgarwch rhyngddynt mor danbaid ag un delfrydgar aristocrataidd Charles Ryder a Sebastian Flyte yn *Brideshead Revisited* (1945), ac er bod mwynhad y rheini'n fwy materol-loddestgar na deallusol-greadigol, yr un nwyf ieuenctid a gynhyrfai'r naill a'r llall. Yn yr un cyflwr hiraethus yr edrychir yn ôl ar yr hyn a fu—y delfrydau a bylodd drwy gyfaddawd. Y pryd hynny, roedd popeth yn bosib:

> Pob breuddwyd teg a phurdeb bryd,
>   Pob gobaith, pob haelioni hir,
> Pob rhyw ddyheu am lanach byd,
>   Pob tyfiant cain, pob golau clir.[94]

'Ie, haf gwyrthiol oedd haf 1899 imi.'[95]

Canu addfwyn a thadol sydd yn 'Y Fendith' a Gruffydd yn gobeithio gweld y byd wedi ei fendithio â'r un ysbryd heddychlon ag yn ei blant:

'Rwy'n crefu dros galonnau'r
  Cenhedloedd sy dan glwy'
Am gyfran fach o'r heddwch
  A roddaist iddynt hwy.[96]

Cerdd fach ddigon diniwed ydyw ac o gymharu, mae naws fwy argyfyngus o'r hanner i 'Litani'. Yn y gerdd hon, clywir Gruffydd yn ymbil ar Dduw, fel yr erfyniodd T. Gwynn Jones ar y Forwyn Fair yn 'Mater Dolorosa',[97] i beidio ag anghofio amdano:

Rhag gwrando ar dwyllodrus air
  Hen ddynion wedi oeri'u gwaed,
    D'erlidwyr Di,
    Crist gwared ni.
Er mwyn hiraethus ofid Mair,
Er mwyn dy ddwylo Di a'th draed
    O gwrando ni.[98]

Polemig chwyrn oedd '1914-1918'; adleisir yr un brotest fan hyn, dim ond fod hon yn dynerach cerdd o'r hanner.

Peidia'r brafado allanol yn gyfan gwbl yn 'Ofn', y soned y dywedodd Tecwyn Lloyd amdani ei bod yn 'crynhoi teimlad Gruffydd ei hun orau ynghylch y rhyfel ac yn esbonio paham na sgrifennodd ef (ac eraill o'r un genhedlaeth mae'n debyg), fwy amdano'.[99] 'Ar ôl dychwelyd o'r Llynges' yw'r nodyn rhwng cromfachau o dan y teitl ac y mae'r rhyddhad o droedio llawr y ddaear i'w deimlo ynddi:

Heddiw, mi ddeuthum innau'n ôl i dir,
  Gan roi ffarwél i drom hwsmonaeth braw,
A gweld hen wladfa Ofn, drwy'r glesni clir,
  Mewn diogelwch pell yn cilio draw.

Eto i gyd, dyw Buddugoliaeth na Heddwch yn ddim byd ond haniaethau diystyr iddo; fe'i clwyfwyd yn barhaol a does dim gwella ar ei fôr-ddoluriau seicolegol:

I ddyfnaf enaid f'enaid rhywbeth aeth
Sy'n lleisio ofnau'r môr ar drymllyd draeth.

Yn y fersiwn cyntaf o'r gerdd a argraffwyd rhoddwyd mwy o bwyslais byth ar y 'rhywbeth' hwnnw drwy'i briflythrennu fel yn achos 'Rhywun' a 'Rhywbeth' dirgelaidd 'Gwladys Rhys'. 'I'm related to their flesh by fright' meddai'r Awstraliad Peter Porter am ei hynafiaid a fu'n brwydro ar y Somme ac yn Fflandrys,[100] a'r gwir amdani yw fod yr ymwybod ag ofn wedi suddo fel plwm i grombil Gruffydd yntau ac y byddai'n amodi natur ei holl fywyd:

> Nid amhriodol chwaith fuasai dewis y flwyddyn 1919 pan ddaethom yn ôl o'r rhyfel a gweled bod yn rhaid inni fwrw ail olwg dros bopeth a wnaethom erioed ac ail-blanio bron popeth yn ein bywyd yn ein perthynas â'n cyd-ddyn, ie, hyd yn oed ein syniad o lywodraeth y bydysawd.[101]

Er bod Gruffydd, yn ôl y ddelwedd boblogaidd ohono beth bynnag, wedi llithro'n ddiweddarach i rigol yr henwr syber parchus, yr *enfant terrible* a galliodd yn sefydliadol, mi fyddai'r ymwybod hwnnw ynddo'n barhaol.

Dyfnallt

Bardd rhyfel y bu cryn anghydweld ynglŷn â'i safle yw'r Parch. John Dyfnallt Owen, gweinidog capel yr Annibynwyr, Heol Awst, Caerfyrddin, o 1910 hyd 1947 ac enillydd Coron yr Eisteddfod Genedlaethol yn 1907.[102] 'Dyfnallt a Chynan oedd beirdd amlycaf y Rhyfel Byd Cyntaf',[103] yn ôl Bobi Jones, gan arddel dehongliad traddodiadol o fardd rhyfel fel un a fu yn y Rhyfel ei hun rhagor un a gyfansoddodd gerddi amdano yn unig. Barn ei gofiannydd am ei gerddi rhyfel yw fod y 'canu'n fwy gafaelgar pan fo'r athronyddu'n gynilach'.[104] Cesglir fod gan Alun Llywelyn-Williams, un a ganodd yn bur helaeth am ei brofiadau fel milwr yn yr Ail Ryfel Byd, feddwl go uchel o Dyfnallt: 'mae ambell un o'r cerddi yn ymgais eithaf llwyddiannus i beri i'r iaith Gymraeg fynegi'n gyflawn a gonest rai profiadau dynol na bu fawr alw arni i'w hystyried o'r blaen.'[105] Ar y llaw arall, deil Alan Llwyd fod yn 'rhaid cydnabod na bu Dyfnallt mor onest-ymchwilgar â Chynan wrth iddo drafod a dadansoddi ei ffydd'.[106]

Myfyrion a Chaneuon Maes y Tân yn 1917 oedd y gyfrol gyflawn gyntaf o lenyddiaeth greadigol Gymraeg i ddeillio'n uniongyrchol o'r Rhyfel. Mewn cwta gant o dudalennau a dwy ar hugain o gerddi a darnau o ryddiaith, cofnodir ymateb Dyfnallt i'r tri mis a dreuliodd yng ngogledd Ffrainc yn ystod haf 1916 fel caplan gyda'r Y.M.C.A.:

> Ysgrifennwyd y Myfyrion hyn dydd yn ei ddydd cyn noswylio. Nid oedd hamdden i gywiro, na dethol, na chaboli ar air ac ymadrodd. Dieithr iawn yw'r lleferydd a ddaw at yr ysbryd mewn myfyr ddwys fan honno liw nos.[107]

Ond er gwaetha'r sylw ymddiheurol hwn ar ddechrau'r gyfrol, yr hyn sy'n taro dyn yw natur ymwybodol lenyddol y sgrifennu yn hytrach na'i flerwch. Onid arddull Morgan Llwyd—llenor y cyfeirir ato yn y myfyrion—yw'r patrwm ar gyfer darn bwriadus ei adeiledd fel hwn?[108]

> Hyll yw bywyd: hagr enbyd yw'r ffeithiau celyd: creulon yw rhwyg y rhyfel a gwallgof yw pob elfen, y sydd ganddi ddefnydd dinistr.[109]

Barddonol iawn ei naws yw'r rhyddiaith ar dro. Ceir ynddi gwpledi cytbwys sy'n odli—'Llyfn a llonydd y Merddwr, heb dân ar wyneb y dwr'[110]—ynghyd â chyffyrddiadau cynganeddol—'Awel dawel y De . . .'[111] Nid ymddengys chwaith fod y Rhyfel wedi peri i Dyfnallt amau perthnasedd ei idiom rhamantaidd treuliedig:

> Ti biau oriau tangnef y nos, O Gwsg Anfeidrol! Ti bïau oriau dyledswydd a gwaith, O ddydd hir! Ti bïau'r galon, O Serch anfarwol. . . Wedi'r oed gyda serch neithiwr, daeth y cyffyrddiad ysgafn pell i'r amrant, a hunais gan ddisgwyl y wennol gyda'r wawr. Pam lai? Onid oedd serch wedi glanhau'r ffurfafen?[112]

Does dim yn llythrennol nac yn uniongyrchol ynglŷn â'r eirfa hon, ac oni bai am yr enwau lleoedd sy'n britho'r gyfrol—Fouquières, Essares, La Bassee Canal, Gosnay—buasai'n ddigon hawdd anghofio o dro i dro am leoliad ac amgylchiadau'r cyfansoddi.

Gwir y dywedodd Alun Llywelyn-Williams na chafodd Dyfnallt 'ei baratoi mewn unrhyw fodd ar gyfer byd a bywyd y fyddin'.[113] Sylwebydd yw Dyfnallt, ac y mae'n rhy barod o'r hanner i greu damhegion a thynnu casgliadau ar sail yr hyn a wêl:

> 'Diolch i chwi,' meddai'r milwr ar ei wely angeu wrth y lleianes a weinyddai arno. Ebe hithau, 'Digon hawdd dweyd a yw yn

ymwybodol ai peidio, oblegid y mae pob un sy'n ymwybodol yn troi ei wyneb at ein Gwaredwr.' Ni oleuwyd wynebau llawer am nad ydynt yn ymwybodol ohono.[114]

Bryd arall, edrydd ei brofiad ei hun yn cynnal oedfa i'r milwyr:

> Y fath fedr, y fath wrhydri, y fath ewyllys i aberth! Dyna'r ymateb i her math ar feddwl a fynnai fod yn ben yn Iwrob. Ni welwyd y fath ewyllys yn Iwrob er dydd y Croesgadau.[115]

Tuedda Dyfnallt i droi'r cyfan i'w felin grefyddol ei hun:

> Mae ysbryd y Croesgad yn y tir. . . Nid ymffrostia Ffrainc heddyw yn ei diwyg a'i haddurn, ei modrwyau, ei breichledau, a'i phaent, ond yn y cledd gyda'i lafn tân, ac yn y bidog nad yw cochni'r machlud byth yn cilio oddiarno. Yng ngorfoledd ei phoen a'i phang daw trem y wyryf anfarwol i'w hwyneb.[116]

Fe deimlir fod y bardd-bregethwr hwn wedi dewis dod draw'n fwriadol i Ffrainc er mwyn cael gweld 'yr Armagedon hon'[117] drosto'i hun. Ond fe aeth â'i syniadau a'i ragfarnau pendant ynglŷn â'r Rhyfel efo fo ac y mae wrthi'n chwilio am dystiolaeth i gadarnhau'r syniadau a'r rhagfarnau hynny. Yr hyn sy'n ddiddorol yn ei hanes yw pwyso a mesur i ba raddau y caniata i'w ragfarnau gael eu herio ac i'w ddarlun o'r Rhyfel gael ei altro.

O bryd i'w gilydd wrth i'w gyfnod byr o dri mis dramor fynd rhagddo, mae profiadau diriaethol Dyfnallt o ryfel yn herio'i syniadau haniaethol amdano:

> Ai gwir y sôn am gwymp llawer mab yn ei foes a'i feddwl? Ië, ebe'r sylwedydd craff. Rhega plant yr Ysgol Sul heb feddwl dim; yfir gan lanciau na ddaeth y gwarth hyd eu llwybr o'r blaen. Yr arwr yw gŵr a ystyrid ddwy flynedd yn ol yn dwyllwr a thriciwr heb ei fath.[118]

Serch hynny, y mae'n ymatal rhag rhoi dim o'r bai ar yr eglwysi a'u harweiniad am y dirywiad moesol hwn: disgyblaeth Gristnogol yw'r Rhyfel ac erys yr angen i drechu pechod fel erioed. Ar y naill law, o'r herwydd, gall drafod annormalrwydd a dieithrwch eu cyfwng:

> Yma nid oes ddelw rheswm ar ddim. Yr ydym yn actio, yn meddwl, yn byw, ym marw yn gwbl annaturiol. Sonir am wrhydri hwn ac

> arall, ac y mae delw gwyrth ar yr oll. Ofer ceisio esbonio. Ni thâl cymhwyso un math o ganon a thraddodiad at fywyd fel hwn.[119]

Ar y llaw arall, er bod dynion yn gweithredu ac yn aberthu, ni wêl dystiolaeth fod yr Ysbryd Glân wedi eu meddiannu:

> Pa hyd y portha'r llanc wanc y butain sydd yn tynnu i'w thŷ? Nid â chyfryw fuchedd y meistrolodd y Piwritaniaid elyn yr oes. A leferir yn y gwersyll heddyw mal y llefarasai Morgan Llwyd pe gwelsai ddrwg heb wrid cywilydd ar ei wyneb! Dyma'r modd y gwanychir nerth ein pobl. O, Yspryd Glân, rhaid wrthyt ti i buro y neb a fo yn barod i aberthu. Ceir yma fesur o Galfaria heb y Pentecost.[120]

Tystia'r dehongliad diniwed hwn o'r Rhyfel Mawr i'r 'naïfder anghydffurfiol Cymreig'[121] y cyfeiriodd Alun Llywelyn-Williams ato yng ngwaith Dyfnallt.

Dim ond hyn a hyn o'r ffordd yr oedd Dyfnallt yn fodlon ei mentro. Fe'i lleolwyd yn y llinell ôl yn Béthune ar lan camlas La Basée, i'r gogledd o ardal y Somme lle y cynhaliwyd un o frwydrau mwyaf cïaidd yr holl Ryfel rhwng Gorffennaf a Thachwedd 1916; ar 9 Gorffennaf y sgrifennodd Dyfnallt yn ei ddyddiadur rhyfel gyntaf a 23 Awst am y tro olaf. Eto i gyd, ysbeidiol a chyffredinol iawn yw ei gyfeiriadau at Frwydr y Somme, brwydr drobwyntol a chwalodd yn derfynol unrhyw syniadau dyrchafol ynglŷn â'r Rhyfel ym meddyliau amryw byd o bobl. 'Dyma wr heb fod llawn canol oed newydd ddychwelyd o uffern y Somme',[122] dywedir yn addawol ar 16 Gorffennaf ond yna, yn lle ymhelaethu ar y profiad penodol, cyfeirir at ei brofiad mewn ieithwedd Feiblaidd gyfeiriadol ac anuniongyrchol. 'Y neb a fynno ganu uffern Iwrob rhaid iddo yntau gerdded trwy'r llosgfeydd',[123] ac efallai mai'r agosaf a ddaeth Dyfnallt at 'gerdded trwy'r llosgfeydd' oedd yn ei gerddi rhyfel.

Safbwynt confensiynol caplan a fynegir mewn amryw o'r cerddi rhyfel: cred mai ei le ef yw 'plygu'n wylaidd nes delo'r/Fendith yn angerdd y tân'.[124] Ei ddyletswydd yw gwasanaethu yn yr antur fawr ryngwladol:

> Bwrw dy hun ar y dôn
>   A ylch dros y byd, ebe ffawd,
> Mae ysfa yr oesoedd yn hon,
> Mal newyn nwyd yn y fron;

O mynni dy ran o ing,—
O freuddwyd yr oes, a'i gwing,
   Rho heibio'th gynefin rawd.[125]

Uniaethir aberth y milwr gydag aberth Crist yn 'Mi Wn am Fedd'. O gymharu, safbwynt confensiynol bardd rhamantaidd a glywir yn 'Serch ym mysg yr Adfeilion' a 'Disgwyl', telyneg serch adleisiol ddigon:

Gostega wynt, a'th hwyrol gri,
Rhag cipio o honot gyda thi
Y llef a ddêl a'r mêl i mi.[126]

Ond o leiaf y mae presenoldeb bygythiol y Rhyfel yn dwysáu ac yn cyffroi'r ymateb telynegol arferol yn 'Cyffes y Milwr':

Galw yr wyf y nef a'r ddaear oll
   Yn dyst yn erbyn cas a gwae yr awr,
A'u galw'n dyst mai enaid blin ar goll
   Fuaswn, pe heb rym dy gariad mawr.[127]

Ac yn 'Y Ddawns', lle darlunir yn gynnil bach ddau gariad yn dawnsio yng nghanol anhrefn y Rhyfel, tyf serch yn symbol gwareiddiol cyfoethog:

1

Mae'r cwpwl ar lawnt y plas
   Yn dirwyn i gainc y delyn,
Dan storm y pelenni cras
   A chwâl ar y rhandir melyn.

2

Dirwyn mae'r ddau yn y tês;
   Aed daear a nef yn chwalfa:
Yn llesmair y Marseillaise,
   Dirwyn mae'r ddau i'r ddalfa.

3

Mae'r cwpwl ar lawnt y plas
   Yn ddygn-dyn eu gafeilion;
A Serch gyda llygad glas
   Yn wên ar ludw'r adfeilion.[128]

Mae rhywbeth swreal bron yn y ddelwedd hon o ddau'n dawnsio'n benderfynol er gwaetha'r dinistr materol o'u cwmpas. Beth bynnag fydd eu hynt, mae ysbryd eu serch yn anorchfygol.

Eto i gyd, daw'n amlwg o ddarllen rhwng llinellau ei gerddi fod ffydd Dyfnallt wedi'i herio yn ystod y Rhyfel. Dyna dystiolaeth amlwg 'Peidiwch, a Gwybyddwch', sef cerdd olaf ond un y gyfrol:

> Maddeu imi, Dad yr hedd,
> Golli golwg ar Dy wedd,
> Wrth Dy geisio nos a dydd
> Heb dangnefedd sicr ffydd.[129]

Ni wêl ddim da mewn anobeithio yn ôl tystiolaeth 'Beth Gwell Wyt Ti o Wylo?':

> Beth gwell wyt ti o wylo
> A thynnu lawr y llen?
> Beth gwell o blethu dwylo,
> A dweyd, 'Mae'r byd ar ben.'[130]

A does ganddo fawr o amynedd gydag amheuaeth grefyddol yn ôl tystiolaeth 'Y Dydd Tywyll':

> O Dduw, a guddiaist Ti Dy wedd
> Oddiwrthym, awr y farn a'r bedd?
> Ymgadw, ffydd, rhag holi mwy,
> A diolch am na chefaist glwy'.[131]

Drwg y ffasiwn agwedd bositif a'r pwyslais parhaus ar synnwyr cyffredin yw ei fod yn esgor yn y pen draw ar ganu arwynebol ac anghymhleth.

Enynnir ein chwilfrydedd gan y sefyllfa ddiddorol ym mhennill cyntaf 'Ymgeledd':

> 'Archollwyd fi'n flin,' ebe llais o'r ffos,
> A daw y dymestl wrth ing y cwyn?
> A beidia'r gyflafan yng nghenlli'r nos?
> A oes ar y maes i gydymddwyn?'[132]

Ond yn hytrach nag oedi i archwilio meddyliau unig y claf a thrwy hynny ddatblygu'r sefyllfa a'i chymhlethu, rhuthrir i gloi'r gerdd gyda'r ail bennill cadarnhaol ei neges:

I rwymo archoll mae rhywun wrth law,
  Mae clust yn y cread i wrando cri;
Ni waeth ai o ffawd ai o arfaeth y daw,
  Mae cymrawd lle byddo ond dau neu dri.[133]

Symleiddir profiad dwys yn ddeunydd dameg.

Egyr 'Awr Arswyd' hefyd yn ddramatig o drawiadol drwy ddarlunio milwr wedi cyrraedd y pen:

Nid af yn ol:
  'Rwy'n dweyd nid af yn ol.
Pa waeth gen i am wg a rheg gwr mawr,
Neu fwled bore yfory gyda'r wawr:
  Nid wyf yn llwfr nag yn rhyfygus ffol.[134]

Prin iawn fu canu mor ddynol â hwn o enau'r milwr ei hun, fel petai, yn Gymraeg. Wrth ddarllen y trydydd pennill, daw disgrifiadau graffig a ffrantig Wilfred Owen i'r cof o gerdd a luniwyd ar ôl cyhoeddi *Myfyrion a Chaneuon Maes y Tân*:

O dan y nwy:
  O Dduw, o dan y nwy
Y cês y gip ar wyneb glasddu 'mrawd,
A'r gwaed yn rhuddio'i faluriedig gnawd:
  Nid fi yw'r gwr aiff dros y clawdd byth mwy.[135]

Gas! Gas! Quick boys! . . .
  . . . .
If in some smothering dreams you too could pace
Behind the wagon that we flung him in,
And watch the white eyes writhing in his face,
His hanging face, like a devil's sick of sin . . .[136]

Ond unwaith eto, nid yw Dyfnallt yn dewis aros gyda'r olygfa heriol hon. Yn ail adran y gerdd, fe anogir y milwr penderfynol i weddïo:

Ac yn y fan,
  Heb wingo yn y fan;
A'i ddwylo 'mhleth ar bwys yr allor blaen,
A llun y Groes yn borffor-fflam o'i flaen,
  Gweddiodd, yna'n ddewrfryd cododd lan,

4

A ffodd y nos:
  Do, ciliodd gwg y nos
Oddiar ei ael, a safodd yn ei hyd:
Do, safodd fel pe bae yn ben y byd;
  Cyfarchodd, gwenodd, a throes tua'r ffos.[137]

Fel yn 'Ymgeledd', y man cychwyn yw sefyllfa negyddol ond real; eithr ni feiddia'r caplan ori'n ormodol ar sefyllfa felly a'i goblygiadau ac fe fyn gloi ar nodyn dyrchafol a'r amheuwr yn ymwroli wedi gweld y Goleuni.

Pob parch i Dyfnallt, fe seiliwyd y gerdd hon ar 'ddigwyddiad yn Ystafell Dawel Pabell y Y.M.C.A. yn B-----e. Ffrainc',[138] sef Béthune debycaf. Fodd bynnag, rhoes y digwyddiad a dehongliad Dyfnallt ohono gyfle iddo gadarnhau ei gredo'i hun ynghylch y Rhyfel fel crwsâd Cristnogol. Does dim ymwybyddiaeth seicolegol o fath yn y byd yn y gerdd o gyflwr meddwl rhacs y milwr. Unwaith eto, defnyddir y digwyddiad yn gynnud i ragfarnau crefyddol y bardd ei hun. Gellid ei chyferbynnu â 'Lamentations', Siegfried Sassoon, cerdd arall a seiliwyd ar ddigwyddiad go-iawn ond yn Rouen y tro hwn:

I found him in the guard-room at the Base.
From the blind darkness I had heard his crying
And blundered in. With puzzled, patient face
A sergeant watched him; it was no good trying
To stop it; for he howled and beat his chest.
And, all because his brother had gone west,
Raved at the bleeding war; his rampant grief
Moaned, shouted, sobbed, and choked, while he was kneeling
Half-naked on the floor. In my belief
Such men have lost all patriotic feeling.[139]

Does yma ddim ymgais amrwd i gyfeirio meddwl y darllenydd. Yn wir, ni wyddys yn iawn sut i ymateb i'r frawddeg glo, er bod dyn yn casglu mai eironi gwrthwyneb sydd ynddi o wybod am safbwynt dadrithiedig Sassoon tuag at y Rhyfel. Mae yma gymhlethdod persbectif yn sgil golwg y milwr, y sarjant, a'r adroddwr ar yr un digwyddiad yn ogystal â lleihad yn y llinell, 'And, all because his brother had gone west'. Buasai 'Awr Arswyd' wedi bod yn fwy llwyddiannus o'r hanner petai Dyfnallt wedi gadael llonydd iddi ar ddiwedd yr adran gyntaf gan gyflwyno inni, fel Sassoon, brofiad cryno a blêr heb gymryd arno ei gaboli na'i ddehongli'n ormodol.

Dim ond mewn un gerdd, 'Y Tir Di-Berchennog', y llwydda Dyfnallt i ymatal rhag ymyrryd yn y darlun a dynnir ganddo. Darlun llawn awgrymusedd o dirlun diffaith yw hwnnw ac ynddo fe godir llu o gwestiynau y caniateir i'r darllenydd ei hun ymateb iddynt ar ei ben ei hun gan na fentra'r bardd eu hateb drosto. Dyma'r trydydd pennill sy'n cloi'r gerdd ymatalgar hon:

> Symudodd rhywun fan draw?
>   Drychiolaeth, neu elyn, p'un?
> Mae gwaeddi yn nheyrnas Braw,
>   Pob diafol sydd ar ddihun
> Pwy biau y diffaith dir?
>   Neb ond y marw oer,
> A gwsg yn ei freuddwyd hir
>   Am ryfel dan haul a lloer.[140]

O'r diwedd yn y gerdd hon, mae stans foesol Dyfnallt yn gwegian ac anghofia ei fod yn gaplan ac fe gytunwn ag Alun Llywelyn-Williams ei bod 'at ei gilydd. . . yn meddiannu'r tir dieithr a brawychus hwnnw i'r iaith Gymraeg yn bur effeithiol'.[141] Gwaetha'r modd, eithriad ydyw ac am hynny fe'i cawn yn anodd iawn cyd-weld â'r un beirniad mai Dyfnallt 'yn anad neb o'i gyfoeswyr a ddaeth agosaf at draethu profiad uniongyrchol y milwr cyffredin o Gymro ar faes y frwydr'.[142] I'r gwrthwyneb, ymdeimlir â'r bwlch rhwng safle ymylol Dyfnallt a phrofiad beunyddiol y milwr, bwlch y llwyddodd Cynan i'w bontio yn llawer mwy llwyddiannus nag ef yn ei farddoniaeth. Cyfeiria T. Hughes Jones at y math hwn o fwlch:

> '... Mae'n hawdd iawn gneud pregeth bob dydd Sul, ond a fu caplan yn siarad â thi erioed?'
>
> 'Dwy ddim yn cofio.'
>
> ''Dwy inne ddim yn cofio chwaith. Pe cawn i fy ffordd fe'u rhown i nhw i gyd yn y *ranks* i ymladd, ag fe wnawn yr un fath â phregethwyr sy'n cymell bechgyn i'r fyddin.'[143]

Ni cheir gan Dyfnallt ddim o'r *camaraderie* greddfol rhwng milwyr; yr hyn a geir yn hytrach yw argraff o weinidog yn dal swydd academaidd yn y bydysawd seciwlar oedd ohoni ac yn crwydro hwnt ac yma gan chwilio am ddeunydd ar gyfer ei bregethau. Anodd iawn yw gwybod yn y pen draw profiad pwy yn union a draethir ganddo: ar y naill law, ymwrthyd rhag arllwys ei galon ei hun a gwisga'i fyfyrion â thrwch o gyfeiriadaeth a delweddaeth Feiblaidd sy'n dieithrio'u harwyddocâd; ar y llaw arall, dadleuol ac arwynebol yw ei ddehongliadau o brofiadau'r milwyr y daw ar eu traws yn ystod ei gaplaniaeth dri mis. Yn ychwanegol, mae'r ffaith ei fod mor fuan â 1922 yn coleddu'r farn nodweddiadol Sioraidd, mai 'peth dros dymor yw stori aflan y rhyfel. . . Goreu oll po gynted y byddo i awen Cymru esgymuno'r atgof amdani',[144] yn codi amheuon ynglŷn â holl barodrwydd a gallu Dyfnallt i ddirnad y Rhyfel Byd Cyntaf a'i oblygiadau.

Cynan

Protestiwr a droes yn dalp o barchusrwydd oedd Cynan. Roedd yn un o blith dau gant o fyfyrywr diwinyddol Cymreig a ymunodd ag uned ambiwlans y R.A.M.C. yn Ionawr 1916 ac y cofnodwyd eu hanes gan R. R. Williams yn *Breuddwyd Cymro Mewn Dillad Benthyg* (1964). Un o amodau ffurfio'r uned oedd na fyddai'n ofynnol i'r aelodau godi arfau o gwbl, ffactor canolog er datrys dilema sawl Cymro ymneilltuol a oedd rhwng dau feddwl a ddylai ymuno â'r fyddin ai peidio: 'Da y cofiaf am oslef bendant Brynsiencyn wrth bwysleisio hynny mewn araith huawdl nos yr ymrestru yn Rhyl.'[145] Yn groes i'w disgwyliadau, gwasgarwyd y Cymry ar hyd ac ar led Macedonia ac yn aelod o'r 86ed Ambiwlans Maes ar lan afon Strwma y cafwyd Cynan. Buan y torrwyd amodau ymrestru'r cwmni a'u gorfodi i ymarfogi. Mynegodd Cynan ei ddadrithiad mewn llithiau diweddarach:

> Fe ddywedir wrthym weithiau am eu haberth; ond rhydd imi gyfaddef na welais i ddim byd eto ym Mhrydain ar ôl 1918 yn werth y filfed ran o'r aberth a gynrychiolir gan y beddau hyn; a phrysur baratoi am y rhyfel nesaf y mae'r gwleidyddwyr a siaradai mor huawdl rhwng 1914 a 1918 am 'y rhyfel i ddiweddu rhyfel'.[136]

Yn ddiweddarach, ar ôl ei ordeinio'n weinidog yn Salonica yn 1917,[147] penodwyd Cynan yn gaplan yn ysbyty'r *base* ac yna'n y ffosydd gyda chatrawd yr 11eg Caerwrangon yng ngogledd Ffrainc. Wrth grybwyll hyn yn ei ragarweiniad i gyfrol R.R. Williams, cyfeiria'n hwyliog at y cinio Gŵyl Ddewi siabi a gawsant yn 1917. Ond y tu ôl i'r masg digri hwnnw cuddiai'r doluriau; fel y nododd yn 'Buddugoliaeth', 'erys y graith o fewn fy nghalon i'.[148]

Eisoes, yn Eisteddfod y Myfyrwyr ym Mangor yn 1915, enillodd Cynan gadair am ei bryddest, 'Rhyfel', nad yw'n annhebyg i 'Pro Patria!' T. Gwynn Jones, a gyhoeddwyd ddwy flynedd ynghynt. Trawsblannwyd llinell glo'r bryddest, 'Ai breuddwyd fu'r cyfan i gyd', yn niwedd 'L'Envoi' yn *Telyn y Nos* yn ddiweddarach. Yn hyn o beth mae lle i gytuno gyda Bedwyr Lewis Jones pan ddywed:

> Nid yn Macedonia, ond ym Mangor dan ddylanwad barddoniaeth Saesneg ac agwedd wrth-filitaraidd ei gyd-filwyr diwinyddol, y darganfu Cynan ei briod lais. Dyfnhau'r hyn a oedd eisoes yno a wnaeth ei brofiadau yn Salonica ac yn Ffrainc rhwng 1916 a 1918.[149]

Mae darllen 'Rhyfel', o'r herwydd, yn brofiad cymysg: a ddylid rhyfeddu bod agwedd mor anarwrol a gwrthwynebus i ryfel yn cael mynegiant, ynteu synnu na lwyddwyd—o ran arddull, meddylfryd ac ymdriniaeth—i fynd gamau breision ymhellach ar ôl bod yng nghanol y drin go-iawn?

Darlun cïaidd a gwrtharwrol o ryfel a dynnir gan yr hen filwr sy'n adrodd ei brofiad:

> Rhwygo a rhegi, a thyngu, a maeddu, a meddwi'n hir
> Echdoe; ond heddyw pob enaid yn gennad dros iawn ei dir.[150]

Fel yn achos prif gymeriad 'Mab y Bwthyn', daw 'cwymp' yn hanes yr hen filwr yntau pan gyll ei frawd, Ieuan, yng nghanol y cwffio:

> Maddeued fy ngwlad, ond mi lefais, ''I beth y bu'r golled hon?
>
> I beth y bu'r cariad a'r gofal cu?
> Atebed terfysgwyr y byd!
> Mae bachgen o filwr yn huno, a'r gwaed
>   Yn rhew ar wefusau sydd fud.[151]

Surwyd y fuddugoliaeth o ystyried y golled hon a sŵn un wedi'i ddadrithio a'i ddiflasu sydd yn niweddglo'r gerdd:

> Wel, dyna'm stori, fechgyn; a chlywsoch ei gwell lawer pryd;
> Darllenwch eich llyfrau hanes a gwelwch y cwbl i gyd,

Rhai o aelodau Cwmni Cymreig yr R.A.M.C. yn y gwersyll hyfforddi yn Sheffield yn 1916; David Ellis sy'n sefyll ar ben y rhes gefn ar y chwith, Cynan sydd yn y canol a Lewis Valentine o'i flaen ar ei eistedd.

(Trwy garedigrwydd Meirion Roberts, Hen Golwyn)

Dim ond brwydro, saethu, a rhuthro, a cholli llawer cant;
A theyrnas yn trechu ei gelyn drwy dywallt gwaed ei phlant.
Bu llawer rhyfel o'i blaen hi, ni wn na fydd byth ar ei hôl
Un terfysg, er mwyned yr heddwch sydd heddyw o fryn a dôl.
Darllenwch 'Buddugoliaeth a gafwyd', ond dyna i gyd:
Ni welwch y lloer a gusana'r gwefusau oerion mud.[152]

Dyma gynsail felly i ymagwedd ddiweddarach Cynan ar y cyfandir: digwyddiad anorfod i'w dderbyn yn ôl y drefn ydyw'r Rhyfel. Nid ymddengys chwaith bod fawr o bwrpas iddo brotestio'n erbyn y sefyllfa. Tawel, dioddefus a stoicaidd yw'r oslef lywodraethol.

Nid 'Mab y Bwthyn' oedd llwyddiant eisteddfodol cyntaf Cynan felly, ac fe wnaeth ei farc o'r newydd yn Eisteddfod Genedlaethol 1920 yn y Barri pan enillodd y gystadleuaeth am 'gyfrol lenyddol . . . mewn barddoniaeth neu ryddiaith', sef y casgliad a gyhoeddwyd gan noddwyr y gystadleuaeth yn 1921, *Telyn y Nos*. Er mai caplan oedd Dyfnallt yntau, y mae cywair Cynan yn fwy amrywiol a hereticaidd. Dyma'r casgliad helaethaf o ganu'r Rhyfel Mawr yn Gymraeg gan un a fu ynddo. Sylwyd eisoes wrth drafod 'Mab y Bwthyn' fod y ffurf faledol a ddewiswyd yn llyffetheirio'r gerdd. Ac eto, fel y sylwodd Alun Llywelyn-Williams, er bod canu Cynan ar adegau'n tueddu at arwynebolrwydd a melodrama, dyma'r union nodweddion a enillodd iddo'r teitl, Bardd y Bobl:

> . . . prin fod neb arall o'r beirdd eisteddfodol a fu'n gyfoeswyr ag ef yn ei ddyddiau cynnar wedi dal eu gafael gystal â Chynan ar eu cynulleidfa. . . Mae'n sicr fod mwy o gerddi Cynan ar dafod leferydd gan y lliaws heddiw nag a gedwir hyd yn oed o greadigaethau'r beirdd a astudir yn barchus yn y Colegau.[153]

O ran idiom a meddylfryd, dichon mai ef a lwyddodd orau i roi llais i deimladau hogiau cyffredin gwladaidd a heneiddiodd dros nos yn ffosydd y cyfandir, sy'n gamp eithriadol o ystyried y rhwystrau ar ei ffordd fel caplan. Gosodwyd ef, yn anorfod, ar wahân i'r milwr cyffredin ac edrychid ar y caplan yn aml gyda dirmyg. Ond roedd amgylchiadau newydd y Rhyfel yn gorfodi beirdd i ystyried o'r newydd addasrwydd ffurf ac ieithwedd:

> Yn anorfod, mae rhyfel modern yn annilysu ffurfiau barddol sydd eisoes yn bodoli ac fe'i mynegir o'r herwydd drwy gyfrwng ffurf syfrdanol o newydd. . . neu'n llai syfrdanol drwy ailwampio hen ffurf. Er bod yn rhaid osgoi maglau rhethreg wag a realaeth fwystfilaidd, mae'r modd grotésg a chïaidd y dwyseir profiad ar y ffrynt yn mynnu bod yr iaith hithau'n cael ei dwysáu mewn rhyw fodd neu'i gilydd.[154]

Ceir yn *Telyn y Nos* ymdrech lew i gyflawni rhai o'r amcanion hyn ac mewn cerdd ddiweddarach fwy gwrthrychol, fel 'Y Tannau Coll', y bryddest *nad* enillodd ail Goron i Gynan, llwydda i gael gwared â rhai o ddyfeisiadau mwyaf Fictoraidd 'Mab y Bwthyn'.

Gellir cyfeirio at o leiaf ddau raniad yng ngherddi *Telyn y Nos*: yn gyntaf, myfyrdodau personol telynegol yn drwm gan hiraeth am geraint a'r cefndir gwledig; yn ail, darnau estynedig rhethregol eu dull lle defnyddir cynfas ehangach. Gwreiddir y naill mewn profiadau penodol ond tir benthyg, mwy ymwybodol lenyddol yw

Cynan yn Macedonia.
(Trwy garedigrwydd Coleg Prifysgol Gogledd Cymru)

cynefin y llall; adlewyrchir y naill gan 'Anfon y Nico i Lan Dwr', 'Malaria', 'Cambrai, 1918', tra adlewyrchir y llall gan 'Corn Gwlad, 1914', 'Y Muriau Dur' a 'Miraglau'r Môr'.

Mewn llythyr a anfonodd at Megan, y gyfnither y cyfeiria ati yn y gerdd, y cynhwyswyd 'Anfon y Nico', er mai '[b]ronfraith swynol' a fwriadwyd yn wreiddiol.[155] Yr oedd y ffurfiau llafar Môn mor newydd nes peri i olygydd *The Welsh Outlook* daflu'r gerdd i'r bin sbwriel pan dderbyniodd hi oddi wrth dad Cynan:[156] âi geiriau cartrefol a dirodres fel 'odiath; trad; awal; gna; glysach; fonta' yn groes i'r wyddor brydyddol a hyrwyddwyd gan John Morris-Jones. 'Gwlad y galon' meddir am Gymru, ac iaith y galon sy gan Cynan. Hynny yw, apeliai'r idiom at y glust werinol a roes bwys ar sentimentaliaeth. O'r herwydd, mae'r gerdd yn llawn delfrydu: mynd 'o fro y clwy a'r clefyd/I ardaloedd hedd a chân' neu'r gyfres gyfochrog yn yr ail bennill:

> Lle mae'r haf yn aros hira,
> Lle ma'r awal iach mor ffri,
> Lle ma'r môr a'r nefoedd lasa,
> Gwlad y galon—dyna hi.[157]

Ansoddeiriau cyfforddus, hawdd ymateb iddynt sydd yma: 'negas bach; Cymru lân; Fenai dlos.' Diriaethwyd y profiad drwy enwi cyfres o leoedd wrth eu prif enwau: 'Brynsiencyn; y Twr; Llyn Traffwll; Glan Dwr.' Ceir elfen anhepgorol y stori serch: er mai perthynas cefnder a chyfnither oedd rhwng Cynan a Megan, dichon y tybiai'r darllenydd cyffredin mai dau gariad wedi'u gwahanu oeddent. Llwythwyd emosiwn yn danwydd i gwpled clo'r pedwerydd pennill:

> Cân nes teimla hitha'r hirath
> Sydd yn llosgi 'nghalon i.

A daw'r delyneg i ben ar yr un nodyn meddal teimladus, ond hyderus ei ymateb. Cynigiai'r delyneg gysur teimladol mewn iaith ddiystrydeb, newydd i farddoniaeth.

'Ni ellid disgwyl newid ffrwydrol yng nghrefydd a llenyddiaeth Cymru nes bod ysgol o feirdd yn codi heb fod yn bregethwyr',[158] ys dywedodd T. J. Morgan wrth drafod llenyddiaeth dechrau'r ganrif hon. Byddai Cynan yn ddiweddarach fel crair o oes wahanol yn ymgorfforiad o'r bardd-bregethwr. Ond ar y pryd cyfrannodd at ailddiffinio'r syniad o fardd a barddoniaeth. Ariselwyd deunydd crai llenydda: daeth yn nes at y profiad diriaethol o fywyd. Lluniwyd 'Anfon y Nico' mewn dŷgowt ac roedd amgylchiadau allanol y creu yn bownd o effeithio ar ffurf ac ieithwedd y deunydd. Cynhwyswyd 'Anfon y Nico', fel y nodwyd gynnau, mewn llythyr ac y mae'n rhan ac yn barhad o'r llith. Nid yn unig y manteisiwyd yn ddelweddol ar gonfensiwn y llythyr gyda'r nico yn llatai, ond elwodd barddoniaeth Cynan ar ddull pytiog, ffeithiol a di-lol y llythyr. Dyma sampl o lythyr a anfonodd y Preifat Evan Hughes at ei rieni:

> O.N. Cofiwch fi at Hannah bach. Sut mae y tatws yn dod ymlaen? A oes blodau yn yr ardd? Ni ddaw y Germans byth atynt.[159]

Diwedda'r llythyr hwn ar ffurf cerdd ond does dim gwahanfur mewn gwirionedd rhwng y naill *genre* a'r llall. Yr un math o fanylion normal ac ystyrlon sy'n hydreiddio 'Anfon y Nico' gan warantu dilysrwydd iddi. Ymestynnid ymhellach diriogaeth realaeth gyda chyfeiriadau domestig o'r fath.

Ceir hiraeth tebyg yn 'Malaria' hefyd ond bod dull y cyflwyno'n fwy cyfrwys. Fel y stori garu yn 'Mab y Bwthyn', siwgr-lwmp yw'r hiraeth hwn sy'n melysu ergyd y gerdd a'i nodwedd fwyaf gwreiddiol yw gonestrwydd ei rhan gyntaf a'r bardd yn dioddef o falaria:

> (Rhegais y gwybed yn ddi les).
>
> O! Duw faddeuo'r geiriau blin
> A'r gwatwor ffôl sydd ar fy min.
>
> Wrth drosi ar fy ngwely'n awr
> Beth waeth gen i am Brydain Fawr?
> Beth waeth gen i pwy gaiff Alsace,
> Neu pwy reola'r moroedd glas?
> Beth waeth gen i am Gymru chwaith?
> ('D oes neb yn gweld fy ngruddiau llaith.)[160]

Rhydd ei salwch esgus iddo forio'n hunanol mewn hunandosturi a mynegi sentimentau a berthyn i fyd gwahanol i sloganau ufudd

'Corn Gwlad, 1914'[161] a'r hyder yn lluoedd cadarn Prydain yn 'Y Muriau Dur'.[162] Diffoddir y llais cyhoeddus dros dro a chaniateir iddo arllwys ei gasineb:

> Mae Gogledd Cymru'n goeg a balch,
> Tu fewn yn lo, tu faes yn galch.
> Ac nid oes barch i bethau'r Ne'
> Gan neb o'r bron o wŷr y De;
> Ym Merthyr ac yn Aber Nant
> Mae llw tafarndai'n iaith y plant[163]

Ond yn nodweddiadol, dargyfeirir ei brotest ar hyd lôn gefn fwy diogel; yno ceir 'llwyni cnau' ac 'adar bach' a 'mefus gwyllt yn fwyd'. Brathodd Cynan ei dafod mewn da bryd cyn iddo fynd dros ben llestri'n lân.

Un arwydd o bwyll Cynan yw'r soned 'Cambrai, 1918'. Cyfeirir yn y gerdd gyferbyn â hi, 'Y Bedd Di Enw', yn ddiriaethol blaen at groes a 'luniodd rhyw ddwylo carbwl gyda phren/O hen focs bwli'[164] a cheir yr un plaendra ymadrodd yn 'Cambrai'. Newyddiadurol o swta yw'r disgrifio agoriadol:

> Rhwbel, a llaid, ac ambell 'sgerbwd tŷ
>   A'r gwynt yn ochain dan ei ais, a'r glaw
>   Yn amdo drosto. Gan y gwarth a'r braw
> Mudanrwydd trwy bob heol. Man a fu
> Gartref i rywrai'n ddim ond pydew du.[165]

Y mae'r darllenydd yn gorfod ymdrechu i roi darnau'r disgrifiad wrth ei gilydd: does dim afradu geiriau'n gnawdol ac fe naddwyd yr arddull hyd yr asgwrn. Ond ar ôl agorawd mor awgrymog yn ei gynildeb noeth, y mae'r ail baragraff yn gollwng y gath o'r cwd drwy gyfeirio'n golygon at groes o fewn eglwys a ddifrodwyd gerllaw:

> Ac uwch Ei ben mae rhwyg drwy'r trawstiau bras
> A thrwy y rhwyg rhyw ddarn o nefoedd las.

Does gan Cynan ddim digon o ymddiriedaeth i adael i'w ddarllenydd dynnu ei gasgliad ei hun ar ddiwedd y gerdd; ar y funud olaf, y mae fel petai'n colli'i nerf lenyddol. Mae'n mynnu ymyrryd drwy fframio'r olygfa mewn cyd-destun Cristnogol. Hynny yw, mae crybwyll y darn hwnnw o 'nefoedd las'—rhagor 'awyr las' fwy niwtral—yn awgrymu achubiaeth mewn cerdd a fyddai'n batrwm o noethni dirfodol fel arall. Tyfai ofergoel ymhlith y milwyr fod nifer o groesau mewn eglwysi a ddymchwelwyd yn aros ar i fyny oherwydd barn Duw; yn y pen draw, soned gymodlon sy'n porthi'r grefydd ofergoelus honno ydyw 'Cambrai 1918'.

Dyma ddod wyneb-yn-wyneb drachfen â phicil un a ddaliwyd rhwng dwy oes. Ac eto, yr oedd y byd hwn i bob pwrpas—yn ei anhrefn a'i ddideimladrwydd a'i raib—wedi'i amddifadu o Dduw. Plymiwyd dyn yn ddiganllaw i ganol unigrwydd na welwyd mo'i debyg o'r blaen. Am hynny, gwanychir sawl cerdd drwy ddofi'i heffaith pan wthir Duw bach achubol i'r adwy. Dyna'r hanes yn 'Y Môr Enaid': fe â'r dirgelwch i'r gwellt a cheisir awgrymu profiad cyfriniol o weld '[Rh]ywbeth fel wyneb Duw' ar y môr. Yn hyn o beth, roedd W. J. Gruffydd yn fwy sensitif ei gyffyrddiad, ac er ei fod yntau'n llithro i gors sentimentaliaeth ar dro, byddai'n anodd canfod llinell mor unllygeidiog â diweddglo 'Ac wele doethion a ddaethant o'r dwyrain' ymhlith ei gerddi ef:

> Esboniad Duw ar fywyd yw y sêr a'r plentyn bach.[166]

Dyw'r llinell yn 'esbonio' dim am y ffosydd bawlyd a'r elyniaeth rhwng dynion a'r hysteria jingoaidd.

Mewn cerddi llai uchelgeisiol eu bwriadau lle nad amcenir at linellau clo stroclyd, mae credo Cynan yn fwy derbyniol. Gellir ei amgryffed ar ei dir personol ei hun yn 'Hwiangerddi' gyda'i ddeisyfiadau syml a'i oslef weddigar:

> Arglwydd, gad im bellach gysgu,
>   Trosi bum am oriau du:
> Y mae f'enaid yn terfysgu
>   A ffrwydriadau ar bob tu.
>
> O! na ddeuai chwa i'm suo,
>   Chwa o'r mynydd distaw pell,
> Chwa o'r moroedd glas di ruo
>   Ddwg i gof y dyddiau gwell.[167]

Y mae'r gerdd yn enghraifft lwyddiannus o gyfuno realaeth cyfwng Cynan dramor ar y pryd gyda rhamantiaeth gymederol ei atgofion am Ben Llŷn. Dyma gerdd gytbwys y cedwir y ddesgl yn wastad ynddi rhwng hagrwch a harddwch. Yn wahanol i ramantiaeth hunanfoddhaus amryw o'i gyfoeswyr, mae'r rhamantiaeth fan hyn yn gwbl ddichonadwy, ystyrlon. Yn y gerdd ddynol 'O! Iesu Calfaria' y mae'n onest ei amheuon. Llefara ar sail ei brofiad ei hun ac nid areithio gerbron torf:

> A erys yr ôl wnaeth yr hoelion dur?
>
> O! Iesu Calfaria, Waredwr y Groes,
> A weli Di'r difrod a wnaed ar yr oes?
> A glywi Di gri clwyfedigion y glyn?
> Neu ai uwch ydyw cân dy angylion gwyn?[168]

Ni chais gynnal morâl y bechgyn yn gaplanaidd gyhoeddus ond wynebu ei benbleth ysbrydol ei hun yn hytrach.

Archwilir pyliau Cynan o ddiffyg ffydd yn helaethach yn 'Pabell y Cyfarfod':

> Methais weled Duw yn Fflandrys,
>   Methais wedyn ar y Somme,
> Yr oedd niwloedd oer amheuaeth
>   Wedi llethu 'nghalon drom;
> Yr oedd y ffrwydriadau hynny
>   Oedd yn siglo'r byd i'w wraidd
> Yn dirgrynnu ffydd fy enaid
>   Hyd ei gwreiddau hithau braidd.[169]

Bu am fisoedd heb weddïo yn y ffosydd ac ni ddaeth o hyd i Dduw yn eglwysi Paris chwaith. Gwelai allanolion crand y gred, ond doedd ganddo ddim 'enaid' i'w bywiocáu:

> Os nad ydyw'r darlun gennych
>   Ofer dangos imi'r ffrâm.[170]

Ond gyda iddo ddychwelyd i'w gynefin ym Môn ac ymweld â'i 'gapel bach diaddurn', gwêl yno 'wyneb Iôn!' Cofnoda'r gerdd orfoledd ei dröedigaeth. Ac eto, y mae fel petai'r bardd wedi drysu rhwng ei ddiolchgarwch am gael ei ryddhau o'r Rhyfel a dychweliad ei ffydd. Daw'r cyfan yn ôl yn otomatig o hawdd. Uniaethir Duwdod gyda chefn gwlad amaethydddol, syml a threfnus ei gyddestun cymdeithasol. Ond methodd Cynan â pherthnasoli'n argyhoeddiadol ei Dduw i fywyd dinesig Llundain neu ffosydd

Ffrainc: disgrifiwyd y ddeufan yn rhagweladwy ganddo ar y cyfan, fel y gwnâi J. D. Miller drachefn yn *Bethel* (1965) yn y man, fel tiriogaethau dieflig llawn temtasiynau er profi gwerth y Cristion. Ni fedrodd chwaith roi'i fys ar Bechod gartref yng Nghymru. Ehangach ei hapêl yw 'L'Envoi', sy gyferbyn â 'Pabell y Cyfarfod': llwyddir yn ei llinell glo gwestiyngar i ymwrthod â'r demtasiwn i symleiddio arwyddocâd yr amgylchiad:

A fyddwch chwi'n gofyn, hogia',
  Ai hunllef fu'r cwbwl i gyd?[171]

Does dim cais fan hyn i ddatrys y paradocsau gan fod y profiad yn rhy ddyrys iddo fentro gwneud hynny.

Yn 'Miraglau'r Môr' a 'Buddugoliaeth' mentrir y tu allan i ffiniau cyfyngedig y delyneg swynol fer gan ymestyn yr ymchwil dros o leiaf ddeg tudalen. Man cychwyn y ddwy gerdd yw swydd Cynan fel caplan. Sylwebydd ydyw yn 'Miraglau'r Môr':

Ni thaniais i 'run ergyd,
  Ni thynnais i 'run cledd,
Ond gwn pa beth yw disgwyl
  I bob un ton droi yn fedd.[1672]

Disgrifiad trawiadol o'r milwyr meirw yw 'gwag ydyw lle eu llygaid,/A dulas yw eu gwedd'.[173] Ond rhagarweiniad yw'r penillion mewn mydr ac odl i adran o ganu rhydd lle personolir 'ysbryd rhyfel'. Brawd i Satan Milton yw'r ysbryd hwn gyda'i ddatganiadau hollalluog ac absoliwt sy'n denu edmygedd ac yn ennyn hyder:

"Wele! Trwy Ewrop heddyw nid oes frenin na duw ond myfi.
Plyg pob teyrn o fy mlaen.
Bu rheswm yn llywodraethu; bu'r groes; ond heddyw . . .
Arlwyais fy mord ger y Somme."[174]

Fel yn uffern Milton, dyw cyflwr y lle'n altro dim:

Ni bydd nos yno; ac ni bydd dydd yno;
Ond hunant drwy'r cyfnos di-fachlud-haul, di-wawr,
Hunant a'u hemrynt yn drwm gan fwg eu breuddwydion.

Cais ddenu'r lluoedd drwy eu temtio â deniadau Ynys Afallon a Thir Na n'Og ac mae'i apêl yn gryf at y 'chwi a ddiflasodd ar fywyd'.[175]

Cymharol effeithiol yw'r adran yma: y mae ofnadwyaeth Lucifer Milton wedi'i ddofi'n eithriadol o'i gywasgu i ryw dri thudalen. Fel mewn achosion blaenorol a nodwyd, symleiddiwyd y darlun hyd at ystrydebedd. Defnyddir *vers libre* gyda hyd y llinellau'n amrywio'n eratig i gyfleu caos dieflig, ond buan y sylweddolir annigonolrwydd y patrwm o benillion odledig pan ddychwelir at y cynllun gwreiddiol ar ôl disgrifio ysbryd rhyfel. Methir yn lân â chyfleu dyfnder ofn Cynan yn y ddisgynneb o bennill a ganlyn lle mae'r dweud yn rhy gartrefol:

> Wrth wrando ar ei eiriau
> Crynwn o'm traed i'm pen.
> (Fe guddiai ei adenydd
> Ogoniant sêr y nen.)[176]

Er bod pethau mawr yn cael eu dweud, erys y cwbl yn gysurus o saff o fewn ffiniau cyfarwydd:

> Nid oeddem oll ond arfau
> Yn nwylo creulon Ffawd. . .
>
> A thra'r wyt ti yn canu
> 'Fy Nhad sydd wrth y llyw,'
> Dwed ing cyfandir heddyw
> Mai'r diafol hwn sydd dduw.
>
> 'Rho wybod i'r eglwysi
> Broffesant enw Crist
> Nad ydyw teyrnas nefoedd
> Ond breuddwyd prydferth trist.'[177]

Ond o leiaf yn y diweddglo ni ddisgyn i'r fagl barod o orddiffinio'r profiad yn bedestraidd.

Y mae 'Buddugoliaeth' hefyd yn agor a chloi gydag unigrwydd Cynan fel caplan a'r distryw o'i gwmpas yn gwaedu ei ffydd. O ran diffyg moesoli ac o ran paradocsau diddatrys, y mae'n yr un cae â 'L'Envoi' ond bod y cynfas yn lletach. Milwr ar fin cael ei saethu oherwydd llwfrdra sy'n siarad gyda'r *padre* ar y cychwyn—seiliwyd y gerdd ar ddiwgyddiad go-iawn. Ydi, mae rhethreg darn olaf ei anerchiad yn rhoi straen ar y gerdd ac yn amodi'n arw ar ddyfarniad Dafydd Owen, 'Nid oes mewn llenyddiaeth Gymraeg gyhuddiad mwy dychrynllyd yn erbyn rhyfel'.[178] Ond y mae ymateb bychanus Derec Llwyd Morgan—'Druan â llenyddiaeth Gymraeg'—[179] hefyd yn tynnu oddi wrth ei champ. Fe ellid derbyn y cwestiynu cynyddol tua chanol y gerdd fel arwydd o hysteria'r condemniedig wrth i'w ddiwedd agosáu:

A welsant y breuddwyd am Gymru—cymoedd a glynoedd glas,
A'r deffro ynghanol distryw o safn y magnelau cras?
A welasant wallgofrwydd y clwyfog a gwymp ym merw'r drin?
A welsant grychau casineb yn rhewi'n ddu ar ei fin?[180]

Gellir dirnad hefyd awydd cryf Cynan, fel yn 'Mab y Bwthyn', i siocio'i gynulleidfa—does dim amwysedd fan hyn. Ond y mae'r elfen foeswersol mor glywadwy ag yn 'Gweriniaeth a Rhyfel', T. E. Nicholas.

Mwy arwyddocaol yw adran olaf 'Buddugoliaeth' lle gadewir i'r ystyr oferu o'r naill linell i'r llall gan darfu ar reoleidd-dra mydr llinellog neu gwpledog:

Heno claddasom ef yn un o gannoedd
Yng ngro pellennig Ffrainc. Ei theg winllannoedd
A wylia drosto. Ni ddaw twrf y gynnau
I dorri ar ei drwmgwsg, nac ennynnau
Yr awel ato; ond fe dyf briallu
O'i gylch i ddweyd fod serch yn drech na gallu.[181]

Adleisir fan hyn sylw enwog Hedd Wyn mewn llythyr at ei dad a gyfeiriai at flodau a dyfai mewn hen siel: 'Dyna ichwi brawf fod tlysni yn gryfach na rhyfel onid e, a bod prydferthwch i oroesi dig.'[182] Er bod cysondeb sillafau ac odlau'n dal y cyfan ynghyd, dyw strwythur ymlacedig y gerdd ddim yn tynnu sylw ato'i hun. Am unwaith does yma ddim gormod o ymyrraeth o du'r awdur: ceir rhythmau sgwrs ystyriol a thawel gyda'r farddoniaeth yn y trueni. Eironig yw teitl y gerdd oherwydd ar 'nos y fuddugoliaeth, nos yr hedd', wrth sefyllian uwchben ei fedd, metha Cynan weld synnwyr yn y weithred. Er bod tuedd i bregethu eto tua'r diwedd—

Ai digon it eu buddugoliaeth hwy?
Neu a enilli fuddugoliaeth fwy?[183]

—daw'r gerdd i ben ar nodyn lleddf. Na, nid yw Cynan yma chwaith yn gallu llwyr anghofio am farddonoldeb y sefyllfa na'i safle gyhoeddus; cofiwn o hyd mai caplan sy'n llefaru. Eto i gyd, daw'n nes ati fan hyn nag yn y rhan fwyaf o'r canu wrth iddo lacio'i afael a dinoethi ei deimladau'n fentrus.

Gwelodd *Caniadau Cynan* olau dydd yn 1927, a chynhwyswyd yn y gyfrol 'Y Tannau Coll', pryddest aflwyddiannus Eisteddfod Genedlaethol Rhydaman, 1922. Fe egyr 'Y Tannau Coll' dan ddwyn cerdd ddwys William Blake am Lundain i gof:

> I wander thro' each charter'd street
> Near where the charter'd Thames does flow,
> And mark in every face I meet
> Marks of weakness, marks of woe.[184]

Yr un mor flinedig yw pictiwr Cynan sy'n agor a chloi'r bryddest gan ddarparu ffrâm i'w hanesyn:

> Trwy ganol Llundain llif Yr Afon hen
> A welodd gymaint o helyntion byd.
> Er gweled llawer gwae a llawer gwên,
> Yr un yw cân Yr Afon hen o hyd.[185]

Dros ganrif a chwarter ar ôl cyhoeddi 'London' Blake, yr un yw hanes y ddinas. Does gan Dduw ddim rheolaeth ar ddrygioni'r lle: colli dagrau a wna 'Mab Duw/Uwch dinas oer'.[186] Fel ym Mharis Parry-Williams saith mlynedd ynghynt a Llundain Eliot yn *The Waste Land* yr un flwyddyn, does fawr o ddaioni yn y ddinas hon: collwyd Ffydd, Gobaith a Chariad wrth i'r afon nadreddu o Rydychen fugeiliol i Lundain ddiwydiannol. Wele wrthdrawiad modernaidd clasurol a barodd i Lowri Dafydd honni bod 'Cynan yn hollol fodern ei naws yn y gân hon'.[187] Er mai mewn ysbyty yno y mendiwyd ef, yn afon Tafwys y boddwyd Myfanwy ei gariad ar ôl iddo chwilio amdani yn 'neuaddau'r ddawns a'r gwin'. Ond golygfa barod prydyddiaeth Fictoraidd boblogaidd yw hon, sydd eto'n arwyddo tin-droi Cynan rhwng dau fyd. Protest yw'r bryddest yn erbyn y cyneddfau gwrywaidd rhyfelgar a fagai anffyddiaeth a chri o blaid y greddfau benywaidd heddychlon a gadwai at y llwybr union. Y mae marwolaeth Myfanwy, y gwawdiwyd ei ffydd seml, yn ddial ar yr adroddwr am ei gyfeiliorni rhyfygus. Unwaith eto, fel yn achos 'Mab y Bwthyn', cynhwyswyd y cyfan o fewn fframwaith dameg, er bod y diweddglo'n llai gwneuthuredig yn yr achos hwn.

Adran fwyaf arwyddocaol 'Y Tannau Coll' yw'r ail un a'r adroddwr yn wael yn ei wely yn ystod cyrch ar yr ysbyty:

Ergyd, a ffrwydriad, ac ergyd ddofn
A chri, a chwerthin, a gweiddi, ac ofn,
Ac ergyd drachefn, a llwon oer;
A Llundain fel breuddwyd dan olau'r lloer.[188]

Ym mhen draw'r gwely, yn ufudd a gwylaidd, saif ei gariad, sy'n ei nyrsio. Mae honno'n gweddïo ar Dduw:

Gwae fi! fe gladdesid fy ffydd yn Ffrainc
Ac ysu fy nghrefydd, wreiddyn a chainc.

Ac meddwn, "Un fach! nid dyn ydyw Duw;
Nid ateb dy weddi. Nis deall. Nis clyw.
Gwêl sut y mae'r Arglwydd yn caru'r byd!
Mae Duw yn fyddar. Mae Duw yn fud.
Mae Duw heb galon. Mae Duw yn ddall.
Ac onide, y mae'n waeth na'r Fall
Os rhoes y fath ddynion i fyw'n y fath fyd
Ac yntau'n gweled ein tynged i gyd.[189]

Bron na chlywir adlais mewn ambell ddarn o'r un anffyddiaeth heriol ag a nodweddai gerddi Parry-Williams tua'r un cyfnod:

Gwell gennyf heno fod yn ddyn
Nag yn dduw a greodd i'w fympwy ei hun
Holl feibion dynion, a'u rhoddi mewn byd
Tu hwnt i'w allu i'w lywio i gyd.[190]

Ond buan yr edifarhâ y bardd am ynganu'r ffasiwn heresïau ac yn lle mynd â'r weledigaeth i'w phen draw rhesymegol, gwêl fai arno ef ei hun am feiddio mynegi'r fath syniadau. O weld penbleth ei gariad, dywed:

O Grist na bai modd tynnu geiriau yn ôl!
Canys had gofidiau yw geiriau ffôl.
Cladd dy amheuon yn ddwfn yn dy fron;
Mae digon o'r rheini drwy'r ddaear gron.
Ac onid oes gennyt sicrwydd, bydd fud.
Am sicrwydd, sicrwydd y crefa'r byd.[191]

Mae'r ddwy linell olaf yn dadlennu llawer am Cynan a'r modd yr ystyriai ei gyfrifoldeb fel bardd. Er mynegi ei amheuaeth, ar ddiwedd y dydd myn 'achubiaeth' drwy gasglu'r defaid colledig i'r gorlan. Y mae'n gwbl groes i Paul ryfygus, prif gymeriad ifanc Lawrence yn *Sons and Lovers* (1913), sy'n blingo syniadaeth grefyddol Miriam, ei gariad, yn ddidostur yn ei ymchwil am ystyr. Am gael hwfro'r holl densiynau yn lân y mae Cynan.

Pan ddaw hi'n fater o ddewis yng ngherddi Cynan, dewis peidio â holi gormod rhag ofn iddo droi'r drol a wna. Ni fyn wynebu argyfwng ansicrwydd ar ei ben a'i drafod yn greadigol. Sioraidd ddihangol yw swmp ei ganu diweddarach, ac ni fyddai byth eto'n mentro wynebu argyfwng cymdeithasol mor ddigyfaddawd ac eofn. Ni phrifiodd ei awen ar ôl ysgytiad cychwynnol ei ganu rhyfel; ni lwyddodd i wneud yn fawr o'i boblogrwydd a chludo ei gynulleidfa gydag ef i fydoedd newydd o brofiad. Hynny yw, bardd cysurus, cabol ac awdur cerddi canadwy fu Cynan yn fuan iawn wedyn, 'prydydd ifanc gwrthryfelgar', chwedl Bedwyr Lewis Jones, 'a barchusodd yn llawer rhy gynnar fel bardd'.[192] Y gwir amdani yw fod Cynan wedi ceisio bod yn Fardd Cenedlaethol Poblogaidd mewn cyfnod o drawsnewid diwylliannol pan oedd y llenor Cymraeg yn cilio hyd ymylon ei gymdeithas i safle mwy academaidd; mynnodd chwarae i'r galeri. Yn ei bersonoliaeth roedd ei rin yn ôl Derec Llwyd Morgan:

> Yn ei berson, yn hytrach nag yn ei waith llenyddol, yr oedd ei wir fawredd. Yn ei frwdfrydedd corffog, yn ei enaid *impresario,* yn ei ymdrechion di-ben-draw dros yr Eisteddfod.[193]

Cynhwysir ef, yn gywir, gan Harri Gwynn yn yr un gorlan â Ceiriog, Eifion Wyn ac I. D. Hooson. Yn wir, disgrifiodd Cynan ei hun y tro cyntaf iddo ddarllen *Telynegion Maes a Môr* (1906) 'fel un wedi ei gyfareddu gan ei darluniau a'i miwsig a'i thynerwch'.[194] Ond nodir yn ychwanegol fod Cynan 'yn sicrach ei law na hwy ar yr ochr gymdeithasol i'w waith barddonol'.[195] Fe wnaeth amgenach defnydd o'r traddodiad telynegol: yn rhai o'i gerddi rhyfel mwyaf llwyddiannus mae modd dirnad ei ramantiaeth fel mynegiant dethol o ddyhead dynol rhagor na mynegiant goraddurnedig o brofiad chwyddedig; ceir ganddo ramantiaeth realaidd,[196] Sioriaeth ar ei gorau. Yn ôl enghraifft y telynegwyr mwy rhamantlyd a ddylanwadodd ar Cynan, lle'r bardd oedd dweud rhywbeth yn swynol, hyderus, bendant: roedd mewn safle o barch ac awdurdod. Yn bendifaddau, anwylai Cynan y swyddogaeth honno er bod peryg iddi ymddangos yn anachronistig yn ystod y dauddegau pan oedd gweledìad y llenor difri yn ymbellhau —am y tro o leiaf—oddi wrth y torfol a'r disgwyliadwy. Byddai'n hawdd rhoi bys ar olion cymedroldeb a chyfaddawd yn llawer iawn o gerddi Cynan. Ond tybed a welodd ef ei hun unrhyw anghysondeb neu gymhlethdod rhwng bodloni gofynion cyhoeddus a'i integriti artistig personol?

R. Williams Parry

Er ei fedyddio yn 1910 yn Fardd yr Haf, doedd cynnyrch Williams Parry yn ystod y Rhyfel Mawr ddim yn cyd-fynd yn gyfforddus â'r ffasiwn lysenw. Os gellir dadlau fod gofynion ei swydd fel caplan wedi rhoi maglau ar greadigrwydd Cynan, yna gellid dadlau hefyd fod peth tyndra rhwng y disgwyliadau cyhoeddus a roed ar Williams Parry a'i ddyheadau ef ei hun fel artist. Darluniodd Bobi Jones yr hyn a welai ef fel cyfyng-gyngor y bardd:

> Dyn a chanddo broblem oedd Robert Williams Parry. Ond nid gwybod beth oedd ei uchelgais mewn bywyd oedd y broblem honno. Er pan oedd ef yn llanc plorynnog roedd yn gwbl argyhoeddedig ar y pen hwnnw. Yn wir, yr oedd hogiau clên yr ystafell biliards a gwerin ffraeth y dosbarthiadau nos oll yn unfryd gytûn beth roedden nhw am iddo ef fod ar ôl ymadael â llencyndod. Nid nod ei fywyd oedd ei broblem. 'Roedd ef (a'r Cymry eraill ar bob llaw) yn hollol bendant am iddo ef fod yn deisen a thalp mawr o hufen arni a cheiriosen goch bert ar ei phen.[197]

Yn sicr, roedd peryglon i'r artist ynghlwm wrth y math hwn o boblogrwydd a'r cyhoeddusrwydd a goleddwyd yn eiddgar gan Cynan.

Roedd hi'n ddiwedd 1916 ar Williams Parry yn ymuno â'r fyddin a hynny, nid o sêl filitaraidd ond dan orfodaeth; ceir cofnod dadlennol am y cyfnod a dreuliodd rhwng Ebrill 1917 a Mehefin 1918 yng ngwersyll Mornhill, Caer-wynt gan gyd-filwr iddo ar y pryd, Huw Hughes.[198] Ymddengys iddo geisio ymuno â'r fyddin cyn hynny, ond yn sicr, diffyg brwdfrydedd a gyfleir tuag at y fyddin yn y pytiau a ganlyn o'i nodiadau rhyfel:

Tach. 1915—Fy nghynnig fy hun i'r Fyddin. Cael fy ngwrthod oherwydd fy ngolwg. Dim dicach eto, bid siwr.

Tach. 1916—Cael fy nerbyn fel A1 gan y fyddin: ei safon wedi gostwng. Methiant truenus fel milwr, a'm gyrru o Berkhamsted i Winchester at fy mhobl fy hun—hogiau Môn ac Arfon. Cartref oddi cartref yno.

Mehefin 1918—Cael fy symud i Billericay i amddiffyn Llundain rhag y Zeppelins.

Rhagfyr 1918. Dychwelyd adref.[199]

Y mae'r nodiadau hyn yn bras gofnodi ei ddwy flynedd yn y fyddin heb sôn am ei wrtharwriaeth— '. . . ei safon wedi gostwng. Methiant truenus fel milwr'—yn ogystal â'i ryddhad o gael ymuno â 'fy mhobl fy hun'. Serch hynny, fe esgorodd y diffyg brwdfrydedd, yr anhapusrwydd a'r diflastod a brofasai Williams Parry yn y fyddin ar gorff sylweddol o ganu:

> Eto i gyd, yn baradocsaidd, yr oedd yr unigrwydd a brofai mor boenus yn llesol i'r bardd. Fe'i gorfodwyd i archwilio'i feddyliau'i hun. Yr oedd wedi sgrifennu cymharol ychydig am saith mlynedd. Yn ystod gaeaf 1917-18 cynhyrchodd tua dwsin o sonedau Shakespearaidd. Bellach, fel y digwyddodd ugain mlynedd ynghynt, llifai awen Williams Parry gryfaf pan oedd ei hunan-gwestiynu a'i ymwybod ag unigrwydd ddwysaf.[200]

Mae'r ffaith ei fod wedi llunio corff mor gofiadwy a gorffenedig o gerddi, a hynny er nad aeth dramor o gwbl, yn ei ddyrchafu i reng flaenaf beirdd y Rhyfel Mawr.

Mae hanes Williams Parry yn ymrestru yn y fyddin mor ddigrif-ddwys â hanes Ifan Gruffydd, *Gŵr o Baradwys* (1963), y milwr gwladaidd o Fôn. Daeth y bardd at ei gyfaill, Major Edgar Jones, i'w faracs ryw fore yn Hydref 1916 a hynny mewn cynnwrf mawr. Cawsai lythyr oddi wrth y Swyddog Recriwtio yn ei alw i'r fyddin ac yn ei gyhuddo o fod yn ddihangwr. Yr hyn a ddigwyddasai oedd bod llythyr yn ei alw i'r fyddin wedi'i bostio i'w hen gyfeiriad yn y Barri a bod gwraig y tŷ heb ei bostio ymlaen i'w gartref newydd yng Nghaerdydd. Cafodd Edgar Jones air gyda'r swyddog i esbonio'r sefyllfa iddo a chytunodd Williams Parry yr âi i'w swyddfa fore trannoeth. Eithr yn y cyfamser, styfnigodd y bardd ac ni chadwodd yr oed. Ar hyn aeth cyfaill arall iddo, Silyn, a weithiai yng Nghofrestrfa'r Brifysgol yng Nghaerdydd, i'w weld:

> Aeth i lety Bob a dyna lle 'roedd wrth y tân yn edrych yn ddigalon ac wedi 'pwdu'. Na, doedd o ddim am fynd at y Swyddog, rhaid iddynt ddod i'w 'mofyn.[201]

Cytunodd i fynd o'r diwedd ar ôl i'w gyfaill ddwyn perswâd arno, ond wedi cyrraedd y swyddfa bu'n ffrae ofnadwy rhwng y swyddog a'r darpar filwr anystywallt. '''Mae'r dyn yn amhosibl i'w drin''', meddai, '''d'allai wneud dim ond ei anfon i'r 3rd Welch.''' Ar ôl hir ddadlau, llwyddodd Silyn i roi taw ar ei gyfaill ac fe'i hanfonwyd i'r O.T.C.

Nid dyna'r unig enghraifft o anghymwyster Williams Parry i'r *regime* filwrol. Ym Mawrth 1917 sgrifennodd lythyr at ei gyfaill a chyn-olygydd *The Welsh Outlook,* Thomas Jones, a benodwyd yn Ddirprwy Ysgrifennydd y Cabinet gan Lloyd George, yn gofyn iddo gael gair gyda'r Prifweinidog er mwyn ceisio'i symud o'r Ysgol Inffantri i'r Ysgol Artileri Frenhinol (Royal Gun Artillery Cadet School). Fe'i henwebwyd am gomisiwn gydag R.G.A. Sir Gaernarfon gan Arglwydd Raglaw'r sir, ond ar ôl perfformiad enbyd o wael yn y prawf fe'i galwyd gerbron y Capten. Bygythiwyd ei anfon yn ddiymdroi i'r llinell ffrynt oni bai ei fod yn gwneud yn well y tro nesaf. Er gweithio'n 'jolly hard' am dair wythnos at y prawf 'the intricacies of Infantry Drill make me quite silly, and I fear I am a perfect mug at it'. Gwyddai y gweddai gwaith gyda'r magnelwyr yn well iddo:

> Capt. Chard's opinion of me is, I believe, that I lack the necessary 'bounce' which should belong to an officer of Infantry units. He thinks I am slow, and have not enough self-confidence, which is perfectly justifiable on his part, for I *am* rather shy and self-conscious when ordering men about, in spite of the fact that every testimonial I have had from Heads of Schools make a point of mentioning that I am a very sound disciplinarian.
>
> In conclusion, I do not blame anyone, not even myself, and least of all Capt. Chard. He has every right to think that I am slow-witted and lack initiative. It is the irony of fate: I cannot, like Chaucer, be a soldier and a poet.[202]

Credai'n ogystal mai annheg fyddai ei anfon i gatrawd linell ac yntau wedi byhafio cystal, oherwydd roedd yn gas ganddo'r syniad o orfod cymdeithasu gyda 'ruffians' ar ôl mwynhau cwmni mor glên am dri neu bedwar mis. Ymbiliai o'r herwydd am swydd y gallai'i chyflawni.

Yn ogystal â'r pictiwr o anaddaster Williams Parry i'r bywyd milwrol, ymffurfia darlun eglur o'i bersonoliaeth farddol rhwng y cyfeiriad at Chaucer, ei awydd am gwmni gwaraidd a geiriau Edgar Jones pan geisiodd berswadio'r Swyddog Recriwtio i'w drin yn ystyriol: 'Ceisiais leddfu ei deimladau gan ddisgrifio Wms. Parry yr hyn yn wir a oedd—dyn anghyffredin, un o feirdd goreu Cymru nad oedd i'w drin fel dyn arall.'[203] Brithir *The Welsh Outlook, Y Goleuad* a'r *Western Mail* rhwng 1917 a 1918 gan sonedau ac englynion rhyfel Gunner R. Williams Parry. Ar yr wyneb o leiaf, cyflawnai'r bardd ddwy swyddogaeth wahanol gyda'r ddau fesur cyferbyniol. Coffawr cyhoeddus ydoedd yn yr englynion yn rhoi geiriau priodol i golled ceraint a chymunedau; yn ei eiriau anfarwol ei hun, roedd yn 'dwys goffáu/Y rhwyg o golli'r hogiau'. Ei le ef oedd mynegi cydymdeimlad gan gofio cadw pellter gweddus. Ond yn y sonedau, roedd rhwydd hynt iddo fynegi ymateb mwy greddfol y milwr cyffredin i'w fyw diurddas. Buasid wedi meddwl o leiaf mai o fewn confensiynau pur gaeth yr englyn coffa yr oedd leiaf o gyfle iddo ddweud ei ddweud ac mai gyda mesur y soned y câi fwyaf o gyfle i ddadlennu ei bersonoliaeth. Yn ddamcaniaethol, yr englyn a wahoddai'r crefftwr: y soned a wahoddai'r artist.

Fodd bynnag, llwyddodd Williams Parry i ddyrchafu'r englyn coffa i dir artistig uchel. Hyd yn oed mewn englynion annadleuol sy'n cyflwyno'r dehongliad swyddogol o'r golled, mae'r dweud yn gofiadwy:

> Rhoes ei nerth a'i brydferthwch tros ei wlad,
> Tros aelwydydd heddwch:
> Gyfoedion oll, gofidiwch!
> Lluniaidd lanc sy'n llonydd lwch.[204]

Anaml y mae Williams Parry yn llaesu dwylo ac yn ailadrodd y syniad ym mhaladr yr englyn hwn: 'Dros ei wlad y rhoes ei lw'[205] yw un o'r ychydig linellau sy'n ei adleisio. Yma, mae cyfatebiaeth gynganeddol llinell ola'r englyn yn llwyddo i serio'r cyferbyniad rhwng harddwch bywyd ifanc a llonyddwch llethol angau ar feddwl y darllenydd. Er gwaetha'r delfryd cyhoeddus y cyfeirir ato yn

R. Williams Parry.
(Trwy garedigrwydd Coleg Prifysgol Gogledd Cymru)

hanner cynta'r englyn, does dim yn ddathliadol ynglŷn â chywair yr esgyll sy'n atgoffa dyn am y pris real a dalwyd er mwyn gwireddu'r ffasiwn ddelfryd.

Yr englynion coffa yn anad unrhyw rai eraill o eiddo Williams Parry a ddodwyd ar gof a chadw yw'r rheini i Hedd Wyn. Hawdd iawn yw diystyru eu hartistri a hwythau wedi hen nythu mor swat â 'Melin Trefin' a 'Cwm Pennant' ym mrigau'r cof. Arlunydd sydd wrth ei waith yn yr englyn hwn yn dethol ei liwiau'n ofalus:

Tyner yw'r lleuad heno tros fawnog
Trawsfynydd yn dringo:
Tithau'n drist a than dy ro
Ger y Ffos ddu'n gorffwyso.[206]

Yn gwbl ddiymdrech, dwg y cyfeiriad at 'leuad' bennill Hedd Wyn—'Dim ond lleuad borffor/Ar fin y mynydd llwm . . .'—[207] i gof. Trawiadol hefyd yw'r cyferbyniad rhwng berf symudol i ddisgrifio'r lleuad a'r ferf statig i ddisgrifio cyflwr Hedd Wyn. Yn nodweddiadol o'r englynion coffa hyn ar eu hyd, mae'r cyfeiriad at y Rhyfel ei hun—'y Ffos ddu'—yn ymgroesi rhag melodrama, yn dawel ond yn ddigonol.

Nodwedd arall ar yr englyn uchod yw'r cyfeirio penodol at Drawsfynydd ynddo. Llwydda Williams Parry i roi elfen o gynhesrwydd personol mewn englyn a naddwyd ar ugeiniau o gofebau ledled Cymru yn sgil ei ddefnydd o'r gair 'hogiau' yn 'Ar Gofadail'; ni chyfeirir at 'filwyr' o gwbl yn yr englyn hwn ond daw'r gair gwerinol 'hogiau' â hwy adref i'w priod le. Yr un modd gyda'i ddefnydd o enwau priod: 'Y Tom gwylaidd, twymgalon';[208] 'Tyner fu Robert Einion';[209] 'I Borth y Gest';[210] 'y Barri';[211] 'y Garn'.[212] Yr hyn a wna Williams Parry drwy ddwyn yr enwau priod penodol hyn i mewn i'r englynion coffa clasurol yw ail-leoli'r gwŷr hyn yn eu cynefin a rhoi eu dynoliaeth yn ôl iddynt. 'Ei wlad ni chadd ei ludw',[213] ond o leiaf fe all ef eu hanrhydeddu, yn ddi-rwysg, fel bodau a fu gynt yn perthyn i rywle ac yn cyfri gan rywrai. Yr un fath â Cynan yn 'Anfon y Nico' a 'Hwiangerddi', dichon y gellir priodoli'r fath enwi i ddylanwad A. E. Housman ar Williams Parry. Roedd mynd mawr iawn ar *A Shropshire Lad* (1896) yn ystod y Rhyfel Byd Cyntaf.[214] Fynychaf, bachgen fferm a milwr yw'r ddau a gyferchir yng ngherddi'r casgliad hwnnw a'r ddau sydd hefyd yn eu hadrodd. Arwydd arall o ddylanwad yr agnostig Housman yw'r diffyg cyfeiriadau ysbrydol cysurlon yn yr englynion; gwir y dywedodd R. Gerallt Jones mai 'peth eironig a chomic i feddwl amdano yw'r ffaith bod marwnadau cymdeithasol ardal mor Gristionogol ei llais [â Gwynedd] yn gwbl anghristionogol eu naws'.[215]

Wrth drafod englynion coffa Williams Parry sylwodd Emrys Parry mai'r nodweddion a bwysleisir drwodd a thro ganddo yw anhunanoldeb, addfwynder, anwyldeb, lledneisrwydd a gwyleidd-dra:

> Gwerthoedd 'benywaidd' mewn ffordd yw'r rhain, gwerthoedd rhyfedd ar un olwg i'w canmol mewn milwyr. . . Yr un rhagoriaethau a fawrygir yn yr englynion coffa i wragedd.[216]

Petai beirniad a drwythwyd mewn llenyddiaeth rhyfel Saesneg yn mynd i'r afael â'r cyfeiriadau mynych hyn a chan wybod hefyd am barch Williams Parry at Housman, dichon y câi achos i'w galw'n homoerotig. Yn *The Great War and Modern Memory* (1975), daeth Paul Fussell i'r casgliad mai 'cyfraniad mwyaf Housman i'r rhyfel oedd y gair llanc ['lad'], y rhoes ei gerddi'r ystyr "a beautiful brave doomed lad" iddo.'[217] I raddau helaeth dibynna'r cynodiadau hyn ar gefndir diwylliannol gwahanol y beirdd. Gwreiddyn llawer o'r homoerotiaeth a'r wrywgydiaeth hon oedd yr ysgolion bonedd y cyfranogodd dau lenor rhyfel amlwg, Sassoon a Graves, o'u diwylliant. Dod â'r milwyr adref i'w bröydd yng Nghymru a wnâi enwau priod yr englynion; pwysleisio anghymwyster yr hogiau, boed ddysgedig neu werinol, i fywyd milwrol a wnâi'r cyfeiriadau annwyl hyn atynt. Achubir eu gwarineb o enau cyntefigrwydd. Ni pherthynai rhyfel i'w profiad a thrwy bwysleisio eu rhinweddau anfilwrol dangosir yr hyn a gollwyd am byth i'w cymunedau a'u gwlad. Dyw deall mai Williams Parry a dalodd ernes Lewis Valentine pan safodd yn etholiad cyffredinol 1929 yn Arfon yn fawr o syndod o ddarllen y cerddi hyn: tyf y cenedlaetholdeb yn reddfol ohonynt.

Os creffir, felly, fe ellir gweld personoliaeth unigol y bardd yn llechu rhwng llinellau clasurol yr englynion coffa. Ond yn y sonedau rhyfel y cafodd y cyfle gorau i archwilio ei ymateb i'r Rhyfel ac i fynegi ei feddwl yn fwyaf diamwys oherwydd nad oedd yn cyflawni swyddogaeth gyhoeddus amlwg wrth eu cyfansoddi. Eto i gyd, nid ymddengys ei fod wedi manteisio'n llwyr ar y rhyddid creadigol hwn a siomedig ddigon yw'r sonedau o'u cymharu â'r englynion rhyfel.

Pedair soned Shakespearaidd reolaidd a sgrifennodd Williams Parry yn benodol am ei brofiad yn y fyddin, sef 'Y Cantin Gwlyb', 'Plygain', 'Y Ddrafft' a 'Gwyliadwraeth y Nos'. Mae 'Y Cantin Gwlyb' yn atgoffa dyn o ddarlun llawn syrffed Cynan o'r *estaminet* yn 'Mab y Bwthyn'—'Yr un hen westy, yr un ystôf':

> Trwy'r mwrllwch cynnes gweli fyrddau hir
> A phoblog feinciau'n gwegian ar bob llaw;
> O chlywi orfoledd yfwyr uwch eu bir
> Fel llanw môr tymhestlog. . .[218]

Eisoes yn 1917 mae profiad real y bardd ei hun yn taflu cysgod o amheuaeth dros bleserau hunanfaldodus 'Yr Haf'. Pleser gwneud, pleser amodol a ddarlunir fan hyn a'r cyfan a wna'r bardd yw sefyll yn ôl a sylwebu'n ffeithiol am yr olygfa ofer a wêl. Saif yn niwtral o'r naill ochr yn y tair soned arall hefyd. Yn wir, nododd yr awdur ei hun am 'Plygain' fod y 'soned hon yn gronicl manwl a chywir o blygain neilltuol yn Essex'.[219] Yn ddiau, mae manylder y disgrifio'n argyhoeddi: mae'r cyfeiriad yn 'Gwyliadwriaeth y Nos' at y 'lluoedd llonydd'[220] ynghwsg gefn nos yn cyfleu unffurfiaeth a defodaeth y bywyd milwrol. Ond dim ond yn 'Y Ddrafft' y mae personoliaeth yr awdur ei hun yn cael ei hamlygu:

> O gam i gam,
> Y gwych a'r gwachul o bob lliw a phryd,
> Rhagddynt y cerddant. Heb na phle na pham
> I'w hapwyntiedig hynt y try pob gwedd,—
> I Ffrainc, i'r Aifft, i Ganaan, i hir hedd.[221]

Er ei bod yn annhebyg y gyrrid ef dramor oherwydd ei olwg wael, tystia cyd-filwr iddo yng Nghaer-wynt fod y ddefod o ddrafftio'r milwyr dramor yn codi arswyd ar Williams Parry:

> Gwelais ef fwy nag unwaith yn edrych yn ddifrifol wrth weld yr hogiau'n tyrru o gwmpas y bwrdd du i weld a oedd eu henwau ar restr y ddrafft.[222]

Cyfeiria'r un cyfaill at ei soned fel 'darlun perffaith' o'r ddrafft. Fodd bynnag, dim ond yn y soned hon y synhwyrir yn ogystal ei bersonoliaeth ei hun; cyfleir tynghediaeth ac anocheledd bywyd y milwr ynghyd â therfynoldeb posib ei hynt.

Yn y sonedau hyn, darlunio bywyd nad oes ganddo fawr o reolaeth drosto a wna Williams Parry. Ar y cyfan, saif yn weddus ar wahân i'r darlun a dynnir: nid yw'n mentro trafod ei brofiad na'i ymateb ef ei hun. Yn rhyfedd iawn, mae natur fwy personol i'w englynion coffa nag i'r sonedau amhersonol hyn; dyna'i ddicter tawel yn 'Hedd Wyn', er enghraifft: 'Garw a gwael fu gyrru o'i gell un addfwyn', llinell sy'n lleisio'i brofiad ef ei hun bid siwr. Pan fyddai Sassoon, dyweder, o'i gymharu wedi dal ar y cyfle i ddiawlio'r awdurdodau unwaith yn rhagor, pellter parchus sy'n nodweddu profiad y bardd Cymraeg—ni all ymollwng.

Mae'r sonedau rhyfel hyn yn effeithlon-grefftus; ond anodd osgoi'r casgliad eu bod nhw hefyd yn annigonol-dawedog. Ni feddant ar ddim o agosatrwydd a chymeriad yr englynion, er gwaetha'u thema leddf. O ran y farddoniaeth, byddai'n dda petai Williams Parry wedi gallu bwrw heibio'i hunanreolaeth ynddynt; byddai'n dda wrth ddôs o oddrychedd. Un o'r sonedau a berthyn i'r cyfnod hwn ond nad oes a wnelo'i destun â'r Rhyfel yn uniongyrchol yw 'Adref', soned sydd er hynny'n awgrymu fod Williams Parry yn profi metamorffosis artistig ar y pryd. Prawf pellach ei fod yn cefnu ar yr etifeddiaeth ramantaidd yw awdl bryfoclyd 'Yr Hwyaden' yn 1919.[223] Ac yntau heb gonfensiynau'r englyn coffa yn ganllaw, ni wyddai yn ei sonedau rhyfel sut yn union i drafod ei ryddid artistig. Eithr un peth oedd sylweddoli anaddaster rhamantiaeth; peth arall oedd darganfod ei rôl ddiwygiedig fel bardd. Fe'i daliwyd yntau rhwng dau fyd:

> Yn sonedau 1917-18 nid yw wedi ymryddhau o ddylanwad barddoniaeth Saesneg y bedwaredd ganrif ar bymtheg... Mae'r arddull yn rhy lenyddol i'n hysgytio.[224]

O ran ei sonedau, felly, byddai'n 1936 ar y bardd hwn yn llefaru'n eiriasboeth â'r llais cyhoeddus a amlygwyd yn englynion 1917 wedi aeddfedu'n hyder penderfynol. Bryd hynny, gallai ganu o'r diwedd ag arddeliad ac awdurdod a chanddo hyder ynglŷn â'i rôl, digon o hyder i herio cyfyngderau traddodiadol mesur y soned. Canu'n dosturiol, wrthwynebus, ddifrwdfrydedd, ddiargyhoeddiad hyd yn oed a wnaeth rhwng 1914 a 1918—nid brwydr Cymru mo hon. Pan losgwyd yr Ysgol Fomio ar y llaw arall, datblygodd petruster sonedau 1914-1918, y 'mwngial myngus'[225] a glywodd John Rowlands yn ei farddoniaeth, o'r diwedd yn safiad cyhoeddus pendant.

Hedd Wyn

Y peryg a gyfyd yn achos Hedd Wyn yw fod chwedl ei farw annhymig yn bygwth cuddio'r dyn, ac yn bwysicach fyth, y bardd. Llwyddodd cofiant cynhwysfawr Alan Llwyd, *Gwae Fi Fy Myw* (1991), i achub y bardd o grafangau'r myth. Go brin fod angen ailadrodd yr un manylion, ond byddai'n briodol amlinellu prif nodweddion yr hanes.

Rupert Brooke y Cymry—dyna'r ddelwedd boblogaidd a goleddir o Hedd Wyn: bardd ifanc addawol a laddwyd[226] dan ddwrn dur yr Almaen, symbol cyfoethog o holl wastraff rhyfela a fyddai'n cydio fel gelen yn y seici cenedlaethol. Ond y mae'r gwahaniaethau rhwng y ddau yn fawr. 'Nid chwarae criced ydyw rhyfel'[227] medd Lewis Valentine, ond i lanc penfelyn fel Brooke roedd arlliw gêm fawr anturus i'r cyfan. Mab ydoedd i athro-tŷ yn Rugby; aeth i Goleg y Brenin, Caergrawnt. Wrth drafod y cysylltiad rhwng yr ysgolion bonedd a'r Rhyfel Mawr, dywed Brian Masters:

> . . . ar gorn eu darlleniad unllygeidiog o destunau clasurol creodd ysgolion bonedd y camsyniad fod marwolaeth filwrol yn sydyn, yn ddewr ac yn lân . . . tra-dyrchafwyd bachgendod i'r fath raddau hyd nes yr ymddangosai fel prif ddiben byw, a marwolaeth gynnar oedd y ffordd orau i osgoi llygredigaeth bywyd oedolyn . . . taenodd yr ysgolion y syniad diffrwyth ar led mai chwaraeon oedd y paratoad gorau ar gyfer rhyfel, y Gêm Orau un, drwy beri dryswch rhwng dewrder corfforol a dewrder moesol.[228]

Dyma grynhoad o ethos yr ysgolion bonedd, crynhoad sy'n cyfleu'n ogystal y byd o wahaniaeth rhwng y diwylliant hwn a chefndir Hedd Wyn.

Er bod gofyn amodi sylwadau difriol Bobi Jones am y beirdd Sioraidd yn eu crynswth yng ngoleuni ailasesiad diweddar Manon Wyn Roberts ohonynt,[229] mae'r hyn a ddywed am y criw cymysgryw hwn y cyhoeddwyd pum cyfrol o'u cerddi rhwng 1912 a 1922 dan olygyddiaeth Edward Marsh, yn cynnig allwedd i feddylfryd a diwylliant Brooke:

> . . . adar, blodau, defaid a chriced oedd eu pethau; yr oeddent yn barlyraidd-wledig . . . rhwyddineb sentimental a phoblogaidd a theimladaeth denau oedd eu hysgogiad yn aml; ac yr oedd eu meddwl yn wleidyddol-anarwyddocaol ac yn dreuliedig.[230]

Dwyseir yr agraff o wahaniaeth cefndir o wybod fod Brooke yn gyfaill i Herbert Asquith, mab y Prifweinidog a bardd a gyfrannodd i *Georgian Poetry 1916-1917,* ei fod yn llythyru gyda chwaer hwnnw, Violet Asquith, yn ystod y Rhyfel ac yn ymweld yn gyson â 10 Stryd Downing. Nodweddir ei lythyrau o Ffrainc gan ddisgrifiadau o fywyd y Rhyfel fel sbort a hwyl: 'Byddai'n hwyl pe'm hanfonid i dref lle rwyt ti';[231] 'Mae bywyd milwrol, o ran hyfforddiant, yn reit "feddal", i swyddogion; ddim hanner mor anodd ag y bu'r rhan fwyaf o'm bywyd: bodolaeth ddioddefadwy i unrhyw un a all ddioddef, dyweder, fywyd coleg.'[232] Ac yntau wedi ymadael â'r ysgol yn ei arddegau cynnar, ni wyddai Hedd Wyn ddim byd am 'ingoedd' bywyd coleg. Gellid bod yn siwr hefyd fod cryn wahaniaeth rhwng y bywyd hwnnw a bywyd coleg Cynan neu Lewis Valentine.

Cyndyn i fynd i'r Rhyfel oedd Hedd Wyn: dan amodau'r Ddeddf Gorfodaeth Filwrol a basiwyd yn derfynol yn 1916 yr ymunodd yn y pen draw. Brithir *Y Rhedegydd,* papur wythnosol ardal y Blaenau a Thrawsfynydd, â cherddi ganddo i gyfeillion a chydnabod a aeth i'r frwydr, ac er mwyn arbed ei frawd rhag gorfod ymrestru y penderfynodd ymuno â hwy yn y diwedd.[233] Cwta fis a dreuliodd dramor yn aelod o 15fed Bataliwn y Ffiwsilwyr Cymreig Brenhinol cyn cael ei ladd ar ôl oddeutu awr yn unig o frwydro yn ei gyrch cyntaf yng Nghefn Pilkem, nid nepell o Ypres yn Fflandrys.[234] Fodd bynnag, mae'r cyferbyniad a welir yn ei lythyrau—o'u cymharu â rhai Brooke—yn arwydd teg o ddwy weledigaeth sylfaenol wahanol:

> . . . y peth tlysaf a welais i hyd yn hyn oedd corff hen *shell* wedi ei droi i dyfu blodau. Yr oedd coeden fach werdd yn cuddio rhan uchaf yr hen *shell,* a naw neu ddeg o flodau bychain i'w gweld rhwng ei dail yn edrych mor ddibryder ag erioed. Dyna ichwi brawf fod tlysni yn gryfach na rhyfel onid e, a bod prydferthwch i oroesi dig; ond blodau prudd fydd blodau Ffrainc yn y dyfodol, a gwynt trist fydd yn chwythu tros eu herwau, achos bydd lliw gwaed yn un, a sŵn gofid yn y llall.[235]

Sylweddolir fod yma hydeimledd go wahanol a rhyw brudd-der trasig nad ymdeimlir ag ef o gwbl yn llythyrau hwyliog Brooke; o'i blaid, rhaid cofio fod Brooke wedi'i ladd yn 1915, cyn i'r brwdfrydedd cychwynnol tuag at y Rhyfel suro. Mynegir yr un natur leddf gan dad Hedd Wyn mewn llythyr at Silyn yn sôn am awdl 'Yr Arwr':

> Y peth sydd yn fy synu i fwyaf yw ei fod wedi cynhyrchu gystal Awdl, ar Fyddin ai gwinedd yn ei war ar hyd y ramser, Fe gafodd rhyddhad yn y diwedd cyn iddo fyned drosodd i Frainc am bedwar diwrnod, mi nath 250 ohoni; a hyn sydd yn arw genyf ei fod ar ochr y ffordd yn Frainc yn trio ei gorffen yr oedd wedi penderfynu ei gorffen.[236]

Ni allai'r tad guddio'i ddicter at y fyddin yn ei gyfeiriad ati uchod; dyn a deimlodd y golled ac a sylweddolodd yr oferedd a sgrifennai. Ar y llaw arall, tybed nad oedd y delfryd arwrol yn y pen draw yn ystyrloni'r aberth yng ngolwg rhieni Brooke.

Stŷnt bropaganda leiaf didrafferth Lloyd George oedd seremoni'r Gadair Ddu yn Eisteddfod Genedlaethol Penbedw, Medi 1917. Daeth y sioe hon i'r adwy yng Nghymru ar adeg derfysglyd ddigon. Roedd y straen yn amlwg yn dechrau dweud ar y gymdeithas. Ar y cyfandir, ym Medi 1917 ar drothwy ymosodiad Passchendaele, gwrthryfelodd can mil o filwyr Prydeinig yn erbyn y ddisgyblaeth Fictoraidd o lem yng ngwersyll hyfforddi Etaples, hanes y ceisiodd yr awdurdodau milwrol ei gadw'n ddistaw ond a ddrameiddiwyd yng nghyfres deledu'r B.B.C., *The Monocled Mutineer,* yn 1986.[237] Gartref, yn yr un flwyddyn, comisiynwyd adroddiad i anniddigrwydd diwydiannol y cyfnod; yng Nghymru crybwyllwyd yr anfodlonrwydd a deimlid ymhlith trigolion meysydd glo y de am fod carfan fechan o'r gymuned, y *profiteers* neu'r budrelwyr, yn ecsbloetio'r Rhyfel er eu budd eu hunain. Roedd rhai o lowyr mwyaf milwriaethus de Cymru yn heddychwyr ac roeddynt ymhlith yr enwau cyntaf i'w galw i'r fyddin pan dociwyd rhywfaint ar faint y gweithlu er cyflenwi cwota pob glofa o recriwtiaid. Beirniadwyd y rheolwyr gan y comisiynwyr am eu hagwedd ddialgar tuag at aelodau'r Frawdoliaeth Dros Wrthod Ymrestru, yr N.C.F. a weinyddwyd fwy na heb gan y Blaid Lafur Annibynnol, agwedd a elyniaethodd lawer o'r gweithwyr; cyfeiriwyd hefyd at 'gyflwr hynod nerfus y boblogaeth'.[238] Doedd

1917, a dweud y lleiaf, ddim yn flwyddyn dda i'r awdurdodau. A'r *status quo* yn dechrau gwegian, roedd hi'n dda wrth ddefod dorfol fel y Gadair Ddu i leddfu'r Cymry, eu hatgoffa o fryntni a philistiaeth y Caiser, ac i lwytho'r coelcerthi jingoiaidd â thanwydd emosiynol heb ei ail.

Gellid taeru fod drama'r cadeirio ym Mhenbedw wedi ei rhagdrefnu'n ofalus: Lloyd George, Cymro enwocaf ei ddydd, Prifweinidog Prydain Fawr a gwaredwr y byd gwareiddiedig, yn rhoi anerchiad o lwyfan Prifwyl y Werin ar y cenhedloedd bychain; awdl 'Fleur de Lis' i'r 'Arwr' a oedd mor briodol ei theitl; y *crescendo*; y cyffro; ac yna'r siom. Darluniwyd yr olygfa gan D. Tecwyn Evans a gyfrannai i'r *Brython*:

> Digwyddem sefyll yn ymyl Dr John Williams, Brynsiencyn, Syr Henry Jones a'r Athro John Morris-Jones, a wylent ill tri fel plant. Daethai tragwyddoldeb i'r Eisteddfod. Yr oedd yno gannoedd â rhai annwyl iddynt wedi colli eu hanwyliaid; parai hyn oll fod y teimladau'n ddwysach a dyfnach, ac yr oedd yr olwg ar y dorf o'r llwyfan yn galon rwygol. Yr oedd yr holl ddigwyddiad mor gysegredig fel y mae ofn arnaf ysgrifennu chwaneg amdano.[239]

Yn wir, dengys Alan Llwyd fel y defnyddiwyd seremoni'r Gadair yn 1917 gan aelodau'r sefydliad Cymreig i'w dibenion eu hunain a'u bod eisoes yn gwybod yn iawn am amgylchiadau marw Hedd Wyn: 'Yr oedd swyddogion yr Eisteddfod ac aelodau mwyaf blaenllaw'r Orsedd wedi penderfynu ymlaen llaw mai "Eisteddfod y Gadair Ddu" y gelwid Eisteddfod 1917.'[240]

Cydiodd myth Hedd Wyn dros nos ym meddyliau ei gyd-wladwyr. Gwerthodd y mil o gopïau o argraffiad cyntaf *Cerddi'r Bugail* o fewn rhyw wythnos i'w gyhoeddi a chafwyd ail argraffiad erbyn Medi 1918; buan y gwerthwyd dros bedair mil o gopïau. Gresynai W. J. Gruffydd, o gofio mai golwg ddi-nod oedd ar Hedd Wyn, at gerflun L. S. Merrifield o'r bardd a ddadorchuddiwyd yn Nhrawsfynydd yn 1923, am ei fod yn ei ddelfrydu'n ormodol: 'Yn sicr nid trwy awgrymu rhyw Rupert Brooke gwledig yr oedd gwneuthur chwarae teg â Hedd Wyn.'[241] Yn nodweddiadol annibynnol, gwrthododd Gruffydd ildio i'r llif poblogaidd a ddyrchafai Hedd Wyn yn anfeirniadol i'r entrychion:

> Yr oeddwn yn sgwrsio ychydig amser yn ôl â dyn canol oed a oedd yn siarad am brydyddiaeth Hedd Wyn mewn termau eithafol, a

> chofiais toc mai'r dyn canol oed hwn oedd un o'r prif waetgwn a yrrodd Hedd Wyn a rhai tebyg iddo i'w bedd; efallai fod yma esboniad ar boblogrwydd Hedd Wyn ymhlith Phariseaid ei oes, ac yntau mewn popeth mor wahanol iddynt.[242]

Gellir dirnad felly paham na fopiodd Gruffydd ar goedd ar ganu Hedd Wyn gyda gweddill y dorf; yn 1931, fe hepgorodd 'Rhyfel' o'i *Flodeugerdd Gymraeg* ddylanwadol 'oherwydd cyffredinedd ei meddwl, a'r cliciadau'r geiriau ''dethol'' peiriannol sydd ynddi'.[243] Yr un modd gyda T. Gwynn Jones a gywirodd broflenni *Cerddi'r Bugail*: roedd hi'n beryg i 'amgylchiadau ei ddiwedd godi disgwyliad rhy uchel' ac nid oedd o blaid rhoi'r teitl 'Y Rhyfel' ar adran o'r gyfrol 'canys nid oes odid ddim a'i cyfiawnha yn natur y cerddi, a salw yw ceisio plesio'r cigyddion diawl tros fedd un o'u hebyrth'.[244] Ond er gwaethaf ymdrechion egwyddorol W. J. Gruffydd a T. Gwynn Jones i rwystro barddoniaeth a choffadwriaeth Hedd Wyn rhag cael eu defnyddio gan y 'cigyddion' a'r 'Phariseaid', chwedl hwythau, buan y magodd enw'r bardd drwch o gysylltiadau mytholegol.

Awgrymodd Alan Llwyd a Gwynn ap Gwilym ill dau fod awdl 'Yr Arwr' yn portreadu dioddefaint milwyr Cymru yn y Rhyfel Mawr:

> . . . credaf fod Hedd Wyn yn bwriadu inni weld yn awdl 'Yr Arwr' bortread o ferthyrdod milwyr Cymraeg y Rhyfel Mawr.[245]

Ym marn J. Iorwerth Williams arwyddai'r awdl 'ddechreuad cyfnod newydd yn ei ddatblygiad fel bardd, cyfnod o wisgo'i feddyliau mewn gwisg fwy celfydd nag o'r blaen hyd yn oed'.[246] Ond ar ryw olwg roedd y ffaith na ellid cadeirio Hedd Wyn am ei awdl yn gwneud rhyw lun o synnwyr: nid dynodi 'cyfnod newydd yn ei ddatblygiad' a wnâi'r 'Arwr' ond yn hytrach benllanw'i weledigaeth ramantaidd. Dilyn cwlt yr arwr rhamantaidd a wna gan ddehongli'r 'rhamantaidd' ar ei fwyaf haniaethol brydferth. Ond dilynodd hefyd ffasiwn y canu eisteddfodol gan dramwyo'r un llwybr cyfarwydd ag 'Ymadawiad Arthur' a'r 'Haf' â'r ffordd yn llawn rhianedd pur eu moes a delfrydol eu hamcanion:

> I'm gwlad fwyn ddiallwynin
> Ni ddaw trais na chwerwedd trin.
> Canys ysbrydion cynnydd
> Elwir i oed fy nheml rydd;

Hedd Wyn.
(Trwy garedigrwydd Coleg Prifysgol Gogledd Cymru)

Yno tanllyd ysbryd wyf
A thad pob campwaith ydwyf;
A chyrch llongau'n dyrfáu fil
O dranc y duoer encil
I borth llawen dadeni
Ar amnaid fy enaid i.[247]

Canu yn unol â chonfensiwn cystadleuol derbyniol a wnâi yn 'Yr Arwr'; er mai dyma'i gerdd fwyaf uchelgeisiol o ddigon y mae'n cyd-fynd ynddi â fformiwla profedig a oedd yn rhwym o dycio.

O gofio iddo ymuno â'r fyddin mor ddifrwdfrydedd, faint o gyswllt gwirioneddol sy rhwng ei brofiad o Ryfel 1914-1918 a'r delweddau barddol yng nghefn ei feddwl pan luniodd 'Yr Arwr'?

> Y mae'n sicr fod dechrau'r Rhyfel ym 1914 wedi tanio'i ddychymyg, ac wedi ei alluogi i feithrin llawer ar ei syniadau ynglŷn â'r gwynfyd a ddaw drwy ddioddefaint, ac ynglŷn â'r Arwr Prometheaidd.[248]

Dyma ffrwyth ei ddychymyg ar y naill a ffrwyth ei brofiad ar y llall. Rhyddieithol rhagor barddonol yw ei feddyliau am y gwersyll milwrol yn Litherland ger Lerpwl. Clywir eisoes nodau siniciaeth:

> Gwan ddifrifol yw'r cyflog yma, ac ystyried ein bod yn *agents* dros 'Gyfiawnder' a phethau mawr tebyg.[249]

Y mae'r drafodaeth aruchel ar arwriaeth yn eironig erbyn meddwl ac yntau ar y pryd wedi dechrau synhwyro nad oedd fawr o le i arwriaeth bersonol yn y chwalfa fecanyddol hon. Onid amgylchiadau cwblhau'r awdl sy'n ei chysylltu'n bennaf â'r bywyd milwrol? Adroddir hanes cyfansoddi'r awdl yn fanwl gan William Morris[250] ac Alan Llwyd;[251] lluniwyd ei hanner cyn iddo ymuno â'r fyddin ddechrau Chwefror 1917 a chwblhau'r rhan fwyaf ohoni pan ryddhawyd ef o'r fyddin i weithio ar y tir yn Yr Ysgwrn am saith wythnos. Fe'i cabolwyd a'i chwblhau yn Ffrainc ac oddi yno y'i hanfonwyd. Sicrhaodd yr amgylchiadau hynny a'r syniad o artistri'n blodeuo yn nannedd philistiaeth y frwydr arwriaeth barod i'w hawdur. A doedd hi'n fawr o dro cyn i'r arwriaeth honno esgor ar chwedloniaeth.

Mewn cerdd fwy diymhongar o lawer na'i awdl hirfaith i'r 'Arwr' y llwyddodd Hedd Wyn i roi ar gof a chadw dymer a theimlad dyddiau'r drin. Yn y gerdd dri phennill, 'Rhyfel', llwydda i fynd heibio i ystrydebau jingoaidd y wasg ac i gynnig ei sylwebaeth unigryw ei hun ar faterion y dydd. O gymharu, golwg un na fu mewn rhyfel ar fywyd y milwr a gafwyd yn y gerdd hir 'Gwladgarwch':

> Eto mae galwad gwladgarwch i'r trinoedd
> Fel yn y dyddiau a fu;
> Mae'n alwad yn enw Prydain a'r nerthoedd,
> Mae'n alwad yn enw Arglwydd y Lluoedd,
> O'i loew uchelder fry.[252]

Fel y sylwodd Gwyn Thomas, yr hyn a gafwyd yn 'Gwladgarwch' oedd:

> . . . rhyfel 1914-18 heb brofiad y ffosydd, neu'r ddelfryd gyffredinol oedd y tu ôl i'r 'gwladgarwch' a gododd yn sgîl y rhyfel hwnnw a'r gobeithion am y dyddiau gwell oedd i ddod, y gwynfyd oedd wrth law. Mae'r cyfan wedi'i fynegi mewn dull rhamantaidd.[253]

Ac y mae'r alwad ddwyfol i ryfel yn enw Prydain ar ddiwedd 'Gwladgarwch' hefyd i'w briodoli, yn ôl J. Iorwerth Williams, i 'alwadau eisteddfodol ar ddechrau'r Rhyfel'.[254] Pren o'r un cyff yw'r cerddi o'i eiddo sy'n britho tudalennau'r *Rhedegydd* wythnosol. Yma, ymagwedda fel bardd bro drwy gofnodi genedigaethau, marwolaethau, priodasau, ynghyd â llu o ddigwyddiadau eraill ym mro ei febyd. Y mae'i syniadaeth felly'n anorfod blwyfol a chydymffurfiol a gweithreda yn unol â rhagdybiau dealledig fel bardd cyhoeddus megis Cynan a Williams Parry hwythau yn eu tro.

Mewn penillion coffa i 'Corporal Robert Hughes gynt o Fronwynion, Trawsfynydd', llefarodd Hedd Wyn fel hyn:

> Bu fyw ac addfwynder a chariad
> Yn llanw'i galon ddifrad,
> Bu farw a serch yn ei lygaid
> Ar allor byddin ei wlad.
>
> Bu farw ar byd yn ei drafferth,
> Yng nghanol y rhyfel mawr;
> Bu farw mor ifanc a phrydferth
> A chwmwl yn nwylo'r wawr.[255]

Yr un ymresymu ystrydebol—marwolaeth arwrol ledrithiol, gwerth aberth gwrol y diniwed a diawledigrwydd y gelyn—sy'n nodweddu cerddi ei gyfoedion. Dyma bennill Owen Jones i Breifat O.T. Thomas Jones a anafwyd yn Ffrainc:

> Yn wrol yr ymleddaist
> Dros iawnder Cymru wen,
> Bydd nôd y gelyn arnat
> Yn goron ar dy ben.[256]

Dibynnai o hyd ar ragdybiau Fictoraidd; agorwyd mo'i lygaid eto i'w hamau a cheisio dehongliad amgen.

Metha Hedd Wyn ag ymddihatru oddi wrth syniadaeth dymhorol o'r fath hyd yn oed yn yr englyn enwog a ganlyn:

> Ei aberth nid el heibio, a'i wyneb
> Anwyl nid a'n ango';
> Er i'r Almaen ystaenio
> Ei dwrn dur yn ei waed o.[257]

Difethir cerdd delynegol dyner er cof am Breifat Griffith Llewelyn Morris, a laddwyd yn dair ar hugain oed yn Ffrainc, gan deimladau ceryddgar y bardd:

> Y llynedd mi welais
> Gryffudd Llewelyn,
> Ei lygaid yn lasliw
> A'i wallt yn felyn.
>
> Yn ei olwg lednais
> A'i dremiad tawel,
> 'Roedd nodau ei deulu
> A goleu'r capel.
>
> Ond heddyw mae'i deulu
> O tan 'y cymyl'
> Ac yntau yn huno
> Yn sŵn y megnyl.
>
> Caethiwa di Arglwydd,
> Ddwylo y gelyn,
> Darawodd un anwyl,
> Fel Griffith Llewelyn.[258]

Duw dialgar unochrog ydyw a pholareiddiwyd meddyliau'r bardd yn elfennol. Yn 'Rhyfel', ceir gweledia d crefyddol lletach o'r hanner gan fod y profiad uniongyrchol o ryfel wedi diosg pob ffalasi farddonol o'i feddwl nes gadael dim byd ond esgyrn y gwir.

Denodd 'Rhyfel' ymateb beirniadol cymysg. Dyma Manon Wyn Roberts, er enghraifft:

> 'Hen wlad y telynorion' oedd Cymru i Hedd Wyn—yr oedd y symbol, er mor syml ydoedd, yn crynhoi holl draddodiadau a diwylliant Cymru yn ei farn ef. . . . mynegiant cynnar o bryder sy'n nodweddiadol Neo-Sioraidd, ond cynnyrch y bedwaredd ganrif ar bymtheg oedd Hedd Wyn. Ni allai weld tu hwnt i feddylfryd ei oes, anffyddiaeth oedd achos y rhyfel, yr oedd 'Duw ar drai ar orwel pell'.[259]

Amodol hefyd yw dyfarniad Alun Llywelyn-Williams:

> . . . y mae'n rhaid sylwi ar yr un pryd, er gwaetha'r ing a deimlwn yn ei gerddi, fod y brydyddiaeth yn od o haniaethol. Mae'n ymddangos rywsut mai'r syniad o gyfodi'r cledd a lladd brawd sy'n ysgogi'r bardd, nid profiad cignoeth dyn a ddioddefodd yn y cnawd erchylltra annynol y tywallt gwaed yn Ffrainc. Ffroeni'r angau a'i arswyd o bell y mae hyd yn oed y llinellau grymus sy'n clywed 'gwaedd y bechgyn lond y gwynt' ac yn sawru eu 'gwaed yn gymysg efo'r glaw'.[260]

Yn sicr, gellid rhoi coel ar sylwadau o'r fath. Tirlun cyfan wedi ei dynnu gan bwyll o bell gyda lens ongl lydan sydd yma yn hytrach na ffotograff agos, sydyn a dadlennol. Does dim dwywaith fod 'Rhyfel' yn cofnodi newid byd, ond medda hefyd ar wrthrychedd clasurol sy'n dofi'r awgrym fod y bardd ar y pryd yn 'sŵn yr ymladd'. Ydi, mae'r gweld yn newydd ond mae'r gwrthrychedd clasurol hwnnw yn awgrymu fod Hedd Wyn yn ei chael hi'n anodd o hyd i gefnu ar farddoneg Morris-Jones fel na all ganiatáu o'r herwydd i'r gweld newydd hwnnw chwyldroi natur y dweud.

O'i chymharu â rhai o gerddi ei gyfoeswyr, nid yw 'Rhyfel' yn trafod profiad unigol ag uniongyrchedd graffig. Dyma enghraifft o'r dweud croyw a'r mynegi diamwys a nodweddai Siegfried Sassoon yn 'They' a luniwyd yn Hydref 1916:

"We're none of us the same!" the boys reply.
"For George lost both his legs; and Bill's stone blind;
Poor Jim's shot through the lungs and like to die;
And Bert's gone syphilitic . . ."[261]

Nid oes yn 'Rhyfel' ddim o ddicter Wilfred Owen yn 'Anthem for Doomed Youth' wrth iddo gofnodi gwastraff y Rhyfel:

What passing-bells for these who die as cattle?
  Only the monstrous anger of the guns.
  Only the stuttering rifles' rapid rattle
Can patter out their hasty orisons.[262]

Mae holl naws y dyfyniadau hyn yn ysgytiol newydd, yn garreg filltir yn hanes realaeth mewn barddoniaeth, yn tynnu lluniau penodol o ryfel modern.

Ar y llaw arall, y tebygrwydd yw mai yn Litherland y sgrifennwyd 'Rhyfel' hyd yn oed, yn wahanol i gerddi'r ddau Sais a seiliwyd ar brofiad personol o frwydro real.[263] Efallai'n wir mai yn ehangder symbolaidd ei delweddaeth y mae grym y gerdd yn y pen draw yn hytrach nag ym manylder penodol y dweud. Yn amlwg ddigon, arhosodd ei geiriau yng nghof llwythol y Cymry a go brin y benthyciwyd mor drwm o'r un gerdd ryfel arall ar gyfer teitlau cyfrolau diweddarach yn ymwneud â'r Rhyfel: *Ar Orwel Pell* (1965); *Sŵn yr Ymladd* (1987); *Gwaedd y Bechgyn*; *Gwae Fi Fy Myw*; ac mor fuan â 1921, dyfynnodd Cynan ail gwpled ei hail bennill ar ddechrau 'Mab y Bwthyn'.

Fel y bryddest honno, doedd dim byd dieithriol ynglŷn â 'Rhyfel': llwyddodd i gofnodi'r newid byd mewn termau dealladwy ac esboniadol. Yn wir, aeth Gwyn Thomas mor bell â'i disgrifio fel 'un o'r cerddi modern cynharaf yn Gymraeg'[264] ac awgrymodd mai'r hyn a welir ym marddoniaeth Hedd Wyn yw 'hen ffordd o deimlo yn darfod a ffordd newydd yn dod i fodolaeth. Y ffordd newydd sydd yn y gerdd "Rhyfel"'.[265] A'r hyn a wnaeth er mwyn dangos y trawsnewidiad hwn oedd dethol symbolau a gyfystyrid yn otomatig â'i Gymru ef—symbolau nodweddiadol o'r Gymru Fictoraidd—a dangos mor amherthnasol oeddynt yn sgil yr hyn a ddigwyddodd yn y ffosydd. Teifl y Jeremeia sy'n llefaru yn 'Rhyfel' ddŵr oer ar ragdybiau hyderus ei ganu blaenorol ef ei hun.

Un o hoff symbolau ei Gymru gynt oedd y bwthyn gwledig gwyngalchog ond ni fyddai hwnnw fyth eto'r un fath gan fod effeithiau'r Rhyfel yn cripian hyd at ei ddrysau. Symbol arall a gyfystyrid â Chymru oedd y delyn: fe'i ceir yn nheitlau dwy gyfrol o farddoniaeth y bu mynd mawr arnyn nhw ar y pryd, blodeugerdd Annie Ffoulkes, *Telyn y Dydd,* a chyfrol Cynan, *Telyn y Nos.* Sonia Cynan yn ei ragair i'w gyfrol ef am y delyn fel arwydd o greadigrwydd:

> Trwy'r hirnos faith fy nhelyn fu'n gyfrwng i mi ymlid ymaith yr ysbrydion drwg; hi a'm cadwodd rhag torri 'nghalon yn llwyr yn Salonica ac yn Ffrainc.[266]

Ac yn ei astudiaeth yntau o draddodiadau Cymreig y ddeunawfed a'r bedwaredd ganrif ar bymtheg, dywed Prys Morgan:

> Defnyddid y delyn, yn benodol y delyn deires, yn aml fel symbol o Gymru... Defnyddid telynau ar faneri ac mewn llyfrau, ar sgroliau a medalau, yn fynych gyda dywediadau Cymraeg priodol fel 'Cymru yw gwlad y delyn', 'mae iaith yr enaid ar ei thannau' ac yn y blaen.[267]

Nid yw defnydd Hedd Wyn o symbol y delyn yn gwbl wreiddiol: cyhoeddwyd mewn colofn gyfochrog â cherdd ganddo ef yn *Y Rhedegydd* gerdd goffa gan Glyn Myfyr i Willie Evans a laddwyd yng Ngwlad Belg:

> Ei delyn sydd yn grogedig
> Ar helyg y glyn yn awr,
> Ond byw wna ei wên garedig
> Hyd foreu y deffro mawr.[268]

A thrwy drafod symbol o'r fath, roedd Hedd Wyn hefyd yn cyfrwys ddethol delwedd Feiblaidd i dynnu sylw at fethdaliad y gwareiddiad Cristnogol hwn. Daw'r ddelwedd honno o Salm 137 sy'n trafod cyfnod y gaethglud i Fabilon:

> Wrth afonydd Babilon, yno yr eisteddasom, ac wylasom, pan feddyliasom am Seion.
> Ar yr helyg o'u mewn y crogasom ein telynau.

Canys yno y gofynnodd y rhai a'n caethiwasent i ni gân; a'r rhai a'n hanrheithiasai, lawenydd, gan ddywedyd: Cenwch i ni rai o ganiadau Seion.
Pa fodd y canwn gerdd yr ARGLWYDD mewn gwlad ddieithr?[269]

A Hedd Wyn yntau oddi cartref, cynrychiolid tristwch ei alltudiaeth anesmwyth yntau gan ddelwedd y telynau mud: yr oedd y byd hwn yn ddi-Dduw ac yn aflawen. Ond yr hyn sy'n ei godi uwchlaw ffiniau'r bardd gwlad, yn ei ddyrchafu'n fardd mwy annibynnol ei fryd, yw'r ffaith nad ydyw'n fodlon gwarantu'n gysurlon fel Glyn Myfyr y bydd gwenau'r bechgyn yn fyw 'hyd foreu y deffro mawr'.

Ni all Hedd Wyn esbonio mewn modd mor hyderus a phendant bellach fel y gwnaethai gynt yn ei gerddi bro; nid yw mor barod i gynnig ateb yn hyderus, gyhoeddus. Er ei fod hefyd yn barddoni trwy gyfrwng ieithwedd a delweddaeth Feiblaidd, serch hynny ni all gynnig gwaredigaeth Gristnogol. Fel y digwyddai'n gynyddol yng ngherddi Parry-Williams yn y man, crëir tyndra ffrwythlon rhwng yr ansicrwydd ysbrydol a fynegir ar y naill law a'r ieithwedd adleisiol a ddefnyddir i fynegi'r ansicrwydd hwnnw ar y llall. Sianelwyd ei holl anobaith yn sgil y difrod a'r diffyg synnwyr a welai o'i gwmpas i'w ddwy linell glo noethlymun:

A gwaedd y bechgyn lond y gwynt,
A'u gwaed yn gymysg efo'r glaw.[270]

Y mae'r geiriau mor ddidostur â pheth o ganu rhyfelgar y Cynfeirdd. Ond o leiaf yn eu hachos hwy roedd rhagdybiau'r delfryd arwrol yn cynnig ffrâm ystyrlon i'r gyflafan; roedd pwrpas i'r lladd. Dyn ar ei fwyaf cyntefig-reddfol sydd yma: mae'n amddifad o reswm ac yn ddim namyn 'gwaedd' a 'gwaed' ogofaol. Daw'r gerdd i ben dan sylwebu ar natur y byd anwadal a grewyd. Cangen ddiweddarach o'r un cyff yw'r weledigaeth lem a fynegir mewn cerddi fel 'Celwydd' (1924), 'Y Diwedd' (1925), a 'Gwahaniaeth' (1919) o eiddo Parry-Williams lle mae'n ymwrthod ag unrhyw ddeddfu moesol terfynol.

Rhaid osgoi'r demtasiwn i dynnu casgliadau rhy ysgubol ar sail un gerdd. Ond fe synhwyrir fod 'Rhyfel' yn dynodi pennod newydd yn hanes barddoniaeth Hedd Wyn: ni sgrifennodd ddim byd oedd yn union yr un fath o ran ei gywair o'r blaen ac mae'n gerdd gynnil-awgrymus a chlòs ei gwead. Ond ernes ydoedd o gyfrol na chafodd gyfle i'w chwblhau gan fod amodau ei fyw yn y pen draw wedi ei drechu mor ddisymwth. Ganed Hedd Wyn a Parry-Williams ill dau yn 1887 ac er gwaetha'r gwahaniaethau mawr rhwng cefndir addysgol y ddau, anodd yw peidio ag ystyried union faint neu natur cyfraniad y bardd-fugail i lenyddiaeth ei wlad petasai wedi cael byw.

CYFEIRIADAU

[1]Gwili, *Seren Cymru,* 5 v 16.
[2]John Morris-Jones, gol. *Gwlad Fy Nhadau,* Llundain, 1915, v.
[3]Emrys ap Iwan, dyfynnwyd yn John Morris-Jones, op. cit., 5.
[4]*Caneuon Volander Jones,* Llanymddyfri, 1920, 6.
[5]Ibid., 9.
[6]Ibid., 15.
[7]Ibid., 11.
[8]*Rhosynnau Maes y Gad,* Abertawe, 1915, 49.
[94]Ibid., 21.
[10]Ibid., 37.
[11]Ibid., 16.
[12]Ibid., 53.
[13]Ibid., 39.
[14]*Y Wawr,* di-deitl, cyfrol III, rhif 3, Haf 1915, 90.
[15]T. Hughes Jones, 'Arma...Cano', *Y Wawr,* cyfrol III, rhif 1, Gaeaf 1915, 24.
[16]Ibid.
[17]T. Hughes Jones, 'Yr Arwydd', *Y Wawr,* cyfrol III, rhif 2, Gwanwyn 1916, 46.
[18]Elfed, rhagair *Dan yr Helyg,* Llanelli, 1917, 5-6.
[19]Gwilym Williams, ibid., 67.
[20]Ibid., 66.
[21]Ibid., 105.
[22]*Gwaedd y Bechgyn,* Llandybie, 1989, 73.
[23]R. Williams Parry, *Yr Haf a Cherddi Eraill,* Y Bala, 1924, 121.
[24]I. D. Hooson, 'Soned: I'r Dewrion a Gwympodd', *Cymru,* Chwefror 1925, 63.
[25]William Morris, *Canu Oes,* Caernarfon, 1981, 63.
[26]*Gwaedd y Bechgyn,* op. cit., 157.
[27]*Caniadau Cynan,* Llundain, 1927, 66.
[28]*The Collected Poems of Wilfred Owen,* gol. C. Day Lewis, Llundain, 1931 (arg. 1982), 55-56.
[29]Percy Hughes, *Clychau'r Wlad,* Y Bala, 1931, 15.
[30]Ibid., 15.
[31]Ailgyhoeddwyd yr ysgrif goffa yn Bedwyr Lewis Jones, gol. *Rhyddiaith R. Williams Parry,* Dinbych, 1974, 144-149. Gweler hefyd E. Morgan Humphreys, 'Llew G. Williams', *Gwŷr Enwog Gynt II,* Llandysul, 1953, 9-20.
[32]O. Madog Williams, *Cerddi'r Ddrycin,* Y Drenewydd, 1937, 35.

[33]Ibid., 36.

[34]Ibid., 37.

[35]Ibid., 37.

[36]Ibid., 30.

[37]Gweler 'Oerddwr', *Casgliad o Gerddi,* Llandysul, 1987, 122; 'Oerddwr', *Casgliad o Ysgrifau,* Llandysul, 1984, 134-137; ceir llun o'r ddau gefnder yn Ifor Rees, gol. *Bro a Bywyd Syr Thomas Parry-Williams,* Caerdydd, 1981, 9.

[38]William Oerddwr, *Cerddi William Oerddwr,* Dinbych, 1954, 48.

[39]Ibid., 48.

[40]'Dyddiau Dyn', ibid., 19.

[41]*Pitar Puw a'i Berthnasau,* Aberystwyth, 1932, 38.

[42]'Hooson: Bardd y Gwyn Sabbathau', *Ysgrifau Beirniadol VI,* Dinbych, 1971, 239.

[43]I. D. Hooson, *Cerddi a Baledi,* Dinbych, 1936, 74.

[44]Ibid., 73.

[45]Ibid., 74.

[46]Ibid., 75.

[47]J. Gwyn Griffiths, beirniadaeth yn *Cyfansoddiadau a Beirniadaethau Eisteddfod Genedlaethol Caerffili, 1950,* Lerpwl, 206.

[48]I.D. Hooson, op. cit., 97.

[49]Ibid., 98.

[50]Idem., *Y Gwin a Cherddi Eraill,* Dinbych, 1948, 27.

[51]Ibid., 28.

[52]Ibid., 30.

[53]Ibid., 31.

[54]Ibid., 32-33.

[55]*W. J. Gruffydd,* Caerdydd, 1970, 41.

[56]Llythyr at T. Gwynn Jones, 23 Tachwedd 1915, Casgliad T. Gwynn Jones, Ll.G.C., 1854.

[57]Ibid., 24 Medi 1915, 1853.

[58]'Atgof (I W.J.G. ar fwrdd llong adeg y rhyfel)', *The Welsh Outlook,* Mehefin 1916, 198; cyhoeddwyd yr un gerdd hefyd ym mlodeugerdd Annie Ffoulkes, *Telyn y Dydd,* Caerdydd, 1918, 105. Dywed Gruffydd drachefn ar 21 Chwefror 1916: ' "Daw dydd ir cyfion, trannoeth teg" i rodio Hiraethog eto.' Trewir tant cyffelyb drachefn ar 11 Rhagfyr 1916: 'A oes Gymru yn aros; a'r haul yn ymachlud dros Sir Fôn, a hen ddynion mwynion yn ymlusgo dan feichiau gwellt ar dyddynod creigiog Eryri'; yn ateb Gwynn Jones, 18 Mawrth 1917, holodd yntau: 'a welwn ni byth eto Fon ac Eryri a'r Eifl?'

[59]Gweler Gwenda Gruffydd, 'An Appeal to the Women of Wales', llythyr i'r golygydd, *The Welsh Outlook,* Medi 1915, 366.

[60]Llythyr at T. Gwynn Jones, 21 Chwefror 1916, Casgliad T. Gwynn Jones, Ll.G.C., 1855.

[61]Ibid.

[62]Ibid., 8 Awst 1916, 1856.

[63]Ibid.

[64]Ibid., 16 Mai 1918, 1860.

[65]Ibid., 21 Medi 1916, 1857.

[66]Ibid., 11 Rhagfyr 1916, 1858.

[67]Ibid., 21 Chwefror 1916, 1855.

[68]Ibid., 21 Medi 1916, 1857.

[69]Ibid., 11 Rhagfyr 1916, 1858.

[70]Ibid.

[71]Llythyr at Silyn Roberts, 24 Ionawr 1917, Casgliad Cyffredinol, C.P.G.C., 16306A. Cofnodir hanes Robert Roberts, *alias* Silyn, yn David Thomas, *Silyn,* Lerpwl, 1956.

[72]*Ynys yr Hud a Chaneuon Eraill,* 1923 (argraffiad Wrecsam, 1963), 44-45; cyhoeddwyd gyntaf yn *The Welsh Outlook,* Chwefror 1919, 36.

[73]W. J. Gruffydd, *Y Tro Olaf,* Dinbych, 1939, 49-50.

[74]John Gwilym Jones, 'Barddoniaeth Gynnar W.J.Gruffydd', *Swyddogaeth Beirniadaeth,* Dinbych, 1977, 84.

[75]D. J. Enright, 'The Literature of the First World War', *The Pelican Guide to English Literature: The Modern Age,* gol. Boris Ford, Harmondsworth, 1975, 170.

[76]George Orwell, *The Road to Wigan Pier,* Llundain, 1937, 170. Dylid nodi mai fel arall y gwelai Lloyd George bethau. Meddai yng nghyfrol gyntaf ei atgofion am y Rhyfel: 'Mae'r ddamcaniaeth a ledaenir heddiw gan areithwyr pasiffistaidd o'r math mwyaf cwerylgar a lleiaf argyhoeddiadol fod y Rhyfel Mawr wedi'i ragdrefnu gan wladweinwyr canol oed a hŷn a anfonodd ddynion iau i wynebu'r dychryniadau, yn greadigaeth lwyr. Gwnaeth y gwladweinwyr hyn eu gorau aneffeithiol i rwystro'r rhyfel, tra oedd ieuenctid y gwledydd gwrthwynebus yn crefu'n ddiamynedd wrth eu drysau am ryfel ar unwaith. Gwelais hyn drosof fy hun yn ystod pedwar diwrnod cyntaf Awst, 1914. Nid anghofiaf fyth y torfeydd rhyfelgar a ymgasglodd yn Whitehall a llifo i Stryd Downing, tra oedd y Cabinet wrthi'n dwys ystyried y dewis rhwng heddwch neu ryfel.' *War Memoirs of David Lloyd George,* cyfrol 1, Llundain, 1933, 64-65.

[77]John Gwilym Jones, op. cit., 85.

[78]W. J. Gruffydd, op. cit., 34.

[79]Idem., *Y Llenor,* Gwanwyn 1928; ailargraffwyd yn *Nodiadau Golygydd,* gol. Robin Chapman, Llandybie, 1986, 107.

[80]W. J. Gruffydd, op. cit., 44.

[81]Ibid., 45.

[82]*Beirdd ein Canrif II,* Aberystwyth, 1934, 65.

[83]John Gwilym Jones, op. cit., 85.

[84]A. C. Ward, *The Nineteen-Twenties,* Llundain, 1930.

[85]E. L. Woodward, *Short Journey,* Llundain, 1942, 116.

[86]W. J. Gruffydd, 'Blwyddyn Fawr', *Y Llenor,* Haf 1941, 63.

[87]Ibid., 63.

[88]Ibid., 64.

[89]Ibid., 68.

[90]Ibid., 66.

[91]Ibid., 66.

[92]W. J. Gruffydd a Silyn, *Telynegion,* Bangor, 1900, 5.

[93]W. J. Gruffydd, 'Blwyddyn Fawr', op. cit., 66-67.

[94]Idem., *Ynys yr Hud a Chaneuon Eraill,* op cit., 45.

[95]Idem., 'Blwyddyn Fawr', op. cit., 68.

[96]Idem., *The Welsh Outlook,* Ebrill 1917, 141; *Ynys yr Hud,* op. cit., 58-59.

[97]*Manion,* Wrecsam, 1932, 51; 1916 yw'r dyddiad cyfansoddi wrth droed y gerdd.

[98]W. J. Gruffydd, *The Welsh Outlook,* Awst 1917, 282; *Ynys yr Hud a Chaneuon Eraill,* op. cit., 56.

[99]D. Tecwyn Lloyd, 'Llenyddiaeth Cyni a Rhyfel', *Ysgrifau Beirniadol IV,* Dinbych, 1969, 179. Argraffwyd 'Ofn' gyntaf yn *The Welsh Outlook,* Awst 1919, 215, dan y teitl 'Mor-Ddoluriau'.

[100]Peter Porter, 'Somme and Flanders', *Collected Poems,* Rhydychen, 1984, 40.

[101]W. J. Gruffydd, 'Blwyddyn Fawr', op. cit., 64.

[102]Ceir pennod ar Dyfnallt gan Emrys Jones yn *Adnabod Deg,* gol. Derec Llwyd Morgan, Dinbych, 1977, 123-139.

[103]*Llenyddiaeth Gymraeg 1902-1936,* Llandybie, 1987, 444.

[104]Geraint Elfyn Jones, *Bywyd a Gwaith John Dyfnallt Owen,* Abertawe, 1976, 87.

[105]'Y Bardd-Bregethwr yn y Ffosydd', *Ysgrifau Beirniadol XII,* Dinbych, 1982, 331.

[106]'Rhagymadrodd', *Gwaedd y Bechgyn,* op. cit., 50.

[107]'At y Darllenydd', *Myfyrion a Chaneuon Maes y Tân,* Caerfyrddin, 1917, v.

[108]Ibid., 33; cyfeiria Geraint Elfyn Jones yntau at ddylanwad Morgan Llwyd a Jacob Boehme ar Dyfnallt, op. cit., 90.

[109]Ibid., 81.

[110]Ibid., 14.

[111]Ibid., 13.

[112]Ibid., 10-11.

[113]Op. cit., 334.

[114]Ibid., 67.

[115]Ibid, 47-48.

[116]Ibid., 18.

[117]Ibid., 33.

[118]Ibid., 27.

[119]Ibid., 33.

[120]Ibid., 33.

[121]Op. cit., 335.

[122]Ibid., 21.

[123]Ibid., 44.

[124]'Yr Oedfa Gyfrin', ibid., 12.

[125]'Yr Antur', ibid., vii.

[126]Ibid., 7.

[127]Ibid., 36.

[128]Ibid., 87.

[129]Ibid., 90.

[130]Ibid., 58.

[131]Ibid., 51.

[132]Ibid., 48.

[133]Ibid., 48.

[134]Ibid., 69.

[135]Ibid., 69.

[136]'Dulce Et Decorum Est', *The Collected Poems of Wilfred Owen,* gol. C. Day Lewis, Llundain, 1963, 55.

[137]Ibid., 70.
[138]Ibid., 70.
[139]*The War Poems,* Llundain, 1983, 86.
[140]Ibid., 73.
[141]Op. cit., 336.
[142]Ibid., 350.
[143]*Amser i Ryfel,* Lerpwl, 1944, 227.
[144]Dyfnallt, *Cyfansoddiadau a Beirniadaethau Eisteddfod Genedlaethol Rhydaman, 1922,* 87.
[145]Cynan, 'Atgofion Cyn-filwr', sgwrs radio i'r B.B.C., Casgliad Cynan, C.P.G.C., 14287.
[146]Ibid., anerchiad coffa am Hedd Wyn ar lan ei fedd ym mynwent Llwyn y Megnyl, Boesinghe, bore Sul, Medi 1934, 22524.
[147]Gweler Bedwyr Lewis Jones, 'P'run oedd Capel Bach Gwyngalchog Cynan?', *Barddas,* Ebrill 1987, rhif 120, 1-2.
[148]Ibid., *Telyn y Nos,* Caerdydd, 1921, 75.
[149]Bedwyr Lewis Jones, *Cynan: Y Llanc o Dref Bwllheli,* Pwllheli, 1981, 4.
[150]Moreiddig: Cynan, 'Rhyfel', *The Mascot,* cylchgrawn C.P.G.C., Bangor, cyf. XXIX, rhif 2, Mawrth 1915, 33.
[151]Ibid., 33-34.
[152]Ibid., 34.
[153]Alun Llywelyn-Williams, 'Y Bardd', rhifyn coffa Cynan o *Llwyfan,* 1971, 12.
[154]Patrick Bridgwater, *The German Poets of the First World War,* Llundain, 1985, 163-164.
[155]Llythyr, 4 viii 17, Casgliad Cynan, C.P.G.C., 22363.
[156]Cynan, 'Anfon Nico i Lan y Dwr', *The Welsh Outlook,* Chwefror 1918, 39; *Telyn y Nos,* op. cit., 36-37; gweler hefyd 'Stori Anfon y Nico i Landwr', *Lleufer,* cyf. XVIII, rhif 1, Gwanwyn 1962, 13-16 a 'Stori Anfon y Nico', *Llwyfan,* op. cit., 30-32.
[157]Ibid., 36
[158]'Dechrau'r Ganrif', *Ysgrifau Beirniadol IV,* Dinbych, 1969, 127.
[159]Llythyr o'r *Rhedegydd,* 15 iv 16.
[160]Cynan, *Telyn y Nos,* op. cit., 42.
[161]Ibid., 47-49.
[162]Ibid., 51-52.
[163]Ibid., 43.
[164]Ibid., 45.
[165]Ibid., 44.
[166]Cynan, *Telyn y Nos,* op. cit., 68.
[167]Ibid., 61.
[168]Ibid., 66.
[169]Ibid., 77.
[170]Ibid., 79.
[171]Ibid., 81.
[172]Ibid., 52.
[173]Ibid., 54.
[174]Ibid., 55.
[175]Ibid., 57.

[176]Ibid., 57.
[177]Ibid., 59.
[178]Dafydd Owen, *Cynan,* Caerdydd, 1979, 19.
[179]Derec Llwyd Morgan, adolgiad ar *Cynan, Y Faner,* 20 iv 79, 11.
[180]Cynan, *Telyn y Nos,* op. cit., 74.
[181]Ibid., 75.
[182]Dyfynnwyd yn William Morris, *Hedd Wyn,* Caernarfon, 1967, 102
[183]Ibid., 75.
[184]William Blake, *Songs of Experience,* 1793; ailargraffwyd yn *William Blake: Selected Poems,* gol. P.H. Butter, Llundain, 1982, 36.
[185]Cynan, *Caniadau Cynan,* Llundain, 1927, 95.
[186]Ibid., 95.
[187]Lowri Dafydd, *Moderniaeth Mewn Llenyddiaeth Gymraeg,* M.A. Prifysgol Cymru, Aberystwyth, 1982, 446.
[188]Cynan, *Caniadau Cynan,* op. cit., 96.
[189]Ibid., 97.
[190]Ibid., 98.
[191]Ibid., 98-99.
[192]'P'run oedd Capel Bach Gwyngalchog Cynan?', op. cit., 2
[193]Derec Llwyd Morgan, adolygiad ar *Cynan,* op. cit., 11.
[194]Cynan, 'Hunangofiant Cynan', *Barn,* rhif 100, Chwefror 1971, 114.
[195]Harri Gwynn, adolygiad ar *Cerddi Cynan, Y Cymro,* 24 ii 64.
[196]Gweler Gerwyn Wiliams, 'Rhamantiaeth Realaidd Cynan', *Taliesin,* Mawrth 1992, 105-112.
[197]Bobi Jones, 'Hufen Pigog', *Barn,* rhifau 203/204, Rhagfyr 1979, 281.
[198]Gweler 'Oriau Gofir a Gefais', *R. Williams Parry,* gol. Alan Llwyd, Abertawe, 1979, 37-44.
[199]Dyfynnwyd yn John Eilian, 'R. Williams Parry', *Gwŷr Llên,* gol. Aneirin Talfan Davies, Llundain, 1948, 186.
[200]Bedwyr Lewis Jones, *R. Williams Parry,* Caerdydd, 1972, 31.
[201]Dogfen yn llawysgrif Major Edgar Jones, 'R. Williams Parry yn cael ei alw i'r fyddin', *Barddas,* Mawrth/Ebrill, 1984, 7.
[202]Llythyr o Gasgliad R. Williams Parry, Ll.G.C., 273.
[203]Edgar Jones, op. cit., 7.
[204]'Milwr', *Yr Haf a Cherddi Eraill,* op. cit., 109.
[205]'Mab ei Dad', ibid., 119.
[206]Ibid., 111.
[207]'Atgo', *Cerddi'r Bugail,* gol. J.J. Williams, Caerdydd, 1918, 157.
[208]'Morwr', *Yr Haf a Cherddi Eraill,* op. cit., 109.
[209]'Robert Einion', ibid., 115.
[210]'Dysgedigion', ibid., 117.
[211]Ibid., 118.
[212]Ibid.
[213]'Ysgolhaig', ibid., 116.
[214]Cyhoeddwyd cyfieithiad Cymraeg J. T. Jones o *A Shropshire Lad*—ffrwyth cystadleuaeth yn Eisteddfod Genedlaethol Caerdydd, 1938—dan y teitl *Y Llanc o Sir Amwythig,* Dinbych, 1939. Cyhoeddwyd cerdd R. Williams Parry, 'A. E. Housman', ym mlwyddyn marwolaeth y bardd yn 1936; gweler *Cerddi'r Gaeaf,*

Dinbych, 1952, 40-41. Sylwir ar ddylanwad Housman ar farddoniaeth Williams Parry gan Dafydd Rowlands, *R. Williams Parry,* gol. Alan Llwyd, op. cit., 335-339.

[215]'Yn Frawd i'r Eos Druan', *R. Williams Parry,* gol. Alan Llwyd, op. cit., 236.

[216]Emrys Parry, *Barddoniaeth Robert Williams Parry,* Dinbych, 1973, 57.

[217]*The Great War and Modern Memory,* Rhydychen, 1975, 282-283.

[218]*Yr Haf a Cherddi eraill,* op. cit., 31.

[219]*R. Williams Parry,* op. cit., 123.

[220]Ibid., 102.

[221]Ibid., 106.

[222]Huw Hughes, op. cit., 44.

[223]Ceir awgrym o ansicrwydd ymateb barddol Williams Parry ar y pryd wrth sylwi fod 'Adref' wedi gweld golau dydd gyntaf yn *Y Goleuad* ddiwedd 1917 rhwng dwy soned fwy confensiynol eu hagwedd o'r hanner: 'Mae Hiraeth yn y Môr', 19 x 17; 'Adref', 26 x 17; 'Cysur Henaint', 2 xi 17. Cyn diwedd 1919, cyhoeddwyd 'Yr Hwyaden': *The Welsh Outlook,* Medi 1919, 237. Fe'i hargraffwyd yn syth ar ôl awdl 'Yr Haf' yn argraffiad 1924 o gerddi'r bardd gyda'r nodyn hwn dan ei theitl: 'Digrifawdl ar ddull ac yn arddull awdlau diweddar, yr awdl flaenorol yn eu mysg.'

[224]Bedwyr Lewis Jones, *R. Williams Parry,* Caerdydd, 1972, 33.

[225]'Bardd y Gaeaf', *Taliesin,* Nadolig 1984, 17.

[226]Yn *Beirdd y Bore,* Abertawe, 1945, fe'n cyflwynir yn gryno gan Dafydd Owen i un ar bymtheg o feirdd Cymraeg, o Ann Griffiths hyd Ap Alun Mabon, a fu farw cyn cyrraedd eu deugain oed. Yn eu plith mae Hedd Wyn, Gwilym Williams a David Ellis, tri bardd-filwr na ddaeth yn ôl o'r Rhyfel Mawr.

[227]*Dyddiadur Milwr a Gweithiau Eraill,* gol. John Emyr, Llandysul, 1988, 43.

[228]Adolygiad ar Peter Parker, *The Old Lie: The Great War and the Public School Ethos, Observer Review,* 29 iii 87.

[229]Gweler *Rhai Agweddau ar Sioriaeth a Neo-Sioriaeth Gymraeg,* PhD Prifysgol Cymru, Aberystwyth, 1984, a hefyd astudiaeth yr un awdures, *Barddoniaeth Iorwerth C. Peate,* Llandybie, 1986.

[230]*Llenyddiaeth Gymraeg 1902-1936,* Llandybie, 1987, 152.

[231]*The Letters of Rupert Brooke,* gol. Geoffrey Keynes, Llundain, 1968, 620.

[232]Ibid., 629.

[233]Adroddir hanes ei listio gan Alan Llwyd yn *Gwae Fi Fy Myw,* Llandybie, 1991, 199-205.

[234]Ceir crynodeb hylaw o'i hanes dramor gan Tomos Roberts, '. . . Mwy trist na thristwch . . .', *Barddas,* Rhagfyr/Ionawr, 1987/1988, 1-4.

[235]Dyfynnwyd yn Derwyn Jones, 'Rhai Sylwadau ar Farddoniaeth Hedd Wyn', *Ysgrifau Beirniadol VI,* Dinbych, 1971, 217.

[236] Ibid.

[237]Gweler William Allison a John Farley, *The Monocled Mutineer,* Llundain, 1979.

[238]Dyfynnwyd yn Aled Eirug, 'Wales and the First World War', erthygl anghyhoeddedig.

[239]Dyfynnwyd yn William Morris, *Hedd Wyn,* Caernarfon, 1967, 102.

[240]Op. cit., 20.

[241]W.J. Gruffydd, 'Hedd Wyn', *Y Tro Olaf,* Dinbych, 1939, 180.

[242]Ibid., 182.

[243]Ibid., 181.

[244]Llythyr at Silyn Roberts, 8 Gorffennaf 1918, C.P.G.C., 19493.

[245]Gwynn ap Gwilym, 'Dau Arwr: Pádraig Pearse a Hedd Wyn', *Barn,* rhif 196, Mai 1979, 649.

[246]J. Iorwerth Williams, 'Barddoniaeth Hedd Wyn', *Y Llenor,* Haf 1925, 94.

[247]Hedd Wyn, 'Yr Arwr', *Cyfansoddiadau a Beirniadaethau Eisteddfod Genedlaethol Birkenhead, 1917,* 24.

[248]Alan Llwyd, 'Yr Arwr: Testament Olaf Hedd Wyn', *Barn,* rhif 194, Mawrth 1979, 574.

[249]Dyfynnwyd yn William Morris, op. cit., 97.

[250]William Morris, op. cit., 96-101.

[251]Gweler *Gwae Fi Fy Myw,* op. cit., 212-220.

[252]Hedd Wyn, *Cerddi'r Bugail,* gol. J.J. Williams, Caerdydd, 1918, 81.

[253]Gwyn Thomas, 'Hedd Wyn', *Efrydiau Athronyddol,* cyf. XLII, 1979, 64.

[254]J. Iorwerth Williams, 'Barddoniaeth Hedd Wyn', op. cit., 87.

[255]Hedd Wyn, *Y Rhedegydd,* 29 i 16.

[256]*Y Rhedegydd,* 5 ii 16.

[257]*Y Rhedegydd,* 13 v 16; golygwyd yr englyn erbyn iddo ailymddangos yn *Cerddi'r Bugail* ymhen dwy flynedd.

[258]*Y Rhedegydd,* 25 iii 16.

[259]Manon Wyn Roberts, *Rhai Agweddau ar Sioriaeth a Neo-Sioriaeth Gymraeg,* op. cit., 160.

[260]'Y Profiad o Ryfel', *Ambell Sylw,* Dinbych, 1988, 61.

[261]*The War Poems,* op. cit., 80.

[262]*The Collected Poems of Wilfred Owen,* op. cit., 44.

[263]Yn ôl Alan Llwyd yn *Gwae Fi Fy Myw,* op. cit., 198: 'Dywedir mai yn Litherland ym 1917 y lluniodd y gerdd hon, ond nid oes gennym unrhyw braf pendant o hynny.'

[264]Gwyn Thomas, 'Tu Ôl i'r Gerdd: ''Rhyfel'', Hedd Wyn', *Y Faner,* 2 xii 83, 9.

[265]Ibid.

[266]Cynan, *Telyn y Nos,* op. cit., v.

[267]Prys Morgan, 'From a death to a view: the hunt for the Welsh past in the Romantic period', *The Invention of Tradition,* goln. Eric Hobsbawm a Terence Ranger, Caergrawnt, 1983, 92.

[268]*Y Rhedegydd,* 29 i 16.

[269]Salm 137, *Y Beibl.*

[270]Hedd Wyn, 'Rhyfel', op. cit., 146.

Y LLWYBR UNIG

Y mae digon o adnoddau ysbrydol yn perthyn inni i danio'n hathrylith genedlaethol yn goelcerth i oleuo'r gwledydd, petai gennym y ffydd a'r cryfder gofynnol yn gystal. Pan ddel y dydd—ac fe ddaw'r dydd hwnnw—y sylweddolo Cymru fod a fynno crefydd â bywyd yn ei holl gyflawnder, ac nid â rhyw agwedd synagogaidd, barchus ohono'n unig, fe fyn yn ddioed yr hawl gyflawn ar ei thynged ei hun i'w dwylo'i hun. Ni bydd dim a'i rhwystra—na gormes nac anwybodaeth. Ni ormesir ond y dewr ei ysbryd. Fe ysgwyd y gwasaidd ormes ymaith drwy ysgwyd ei gynffon.

D.J. Williams[1]

Yng ngeiriau R. Tudur Jones, 'erbyn 1890 yr oedd yr asio rhwng Cristnogaeth a diwylliant Cymru mor glos fel na allai dewin ddweud i sicrwydd lle gorweddai'r ffin rhyngddynt'.[2] Serch hynny, rhwng 1890 a 1914 bu'r berthynas honno dan straen wrth i'r eglwys fethu ag ymaddasu gogyfer â chymdeithas newidiol y dydd. Wrth i'w phraidd symud o'r hafod amaethyddol i'r hendref ddiwydiannol, doedd ganddi fawr o ddim byd i'w gynnig yn ganllaw iddi: 'Yr oedd y ffrâm foesegol a luniwyd i gynnwys gweithgareddau brodorion y gymdeithas wledig yn cracio.'[3] Arwydd plaen o'r diffyg cyfeiriad oedd ei hymagweddu trychinebus adeg y Rhyfel Mawr: 'ni ofalodd roi i'r genedl y galluoedd gwleidyddol a'i gwnâi hi'n bosibl iddi wrthsefyll ei gelynion.'[4] Tystiodd y blynyddoedd 1914-1918 i fethdaliad Ymneilltuaeth Gymreig: 'Cyfnod o geidwadaeth wag ac urddas sefydliadol marw ydoedd mewn gwirionedd. Pan ddaeth braw ofnadwy 1914-18, fe'i dymchwelwyd fel tŷ cardiau.'[5]

O astudio sampl o gyhoeddiadau newyddiadurol Cymraeg y dydd, gwelir mai amrywiol oedd yr ymateb cychwynnol pan gyhoeddwyd ei bod hi'n rhyfel. John Morris-Jones oedd un o'r rhai mwyaf ymfflamychol. Ebe'r ysgolhaig wrth adolygu cyfrol y Cadfridog Friedrich von Bernhardi, *Germany And The Next War:*

> Syniad niwlog iawn sydd gan Bernhardi am yr hyn a olyga wrth ddiwylliant Almaenaidd sydd i'w ledaenu dros y byd. Ond gwyddom ni beth a olygai. Gorseddu duw rhyfel ar y ddaear am genedlaethau; y llywodraeth yn llaw'r blaid filwrol, a seneddau

> wedi eu tagu neu eu dileu; y wasg yn gaeth a'r gweithiwr yn gaethwas. Y mae rhyfel yn erbyn y gallu hwn heddyw yn rhyfel santaidd, yn rhyfel i amddiffyn rhyddid, yn rhyfel o blaid heddwch. Nid yw'r Almaen, fel y mae, yn 'addas' i fyw yn y byd.[6]

Argyhoeddwyd hyd yn oed yr heddychwr a'r gwleidydd Rhyddfrydol W. Llewelyn Williams mai 'rhyfel i roddi pen bythol ar ryfel' ydoedd.[7]

Credai'r Parch. John Williams, Brynsiencyn, fod 'Prydain Fawr heddyw er ei holl frychau, y wlad lanaf a gloywaf dan dywyniad haul'[8] a buan y datgelwyd arwyddocâd llythyr penagored ganddo ef a James Evans ar ran Undeb Cenedlaethol Eglwysi Efengylaidd Cymru i'r wasg yn gynnar yn Awst 1914. Anogent yr eglwysi 'i gydweithredu ymhob modd gyda phob mudiad dinesig a chenedlaethol i liniaru poen a lleihau blinder';[9] ystyr hyn o'i drosi i dermau ymarferol ydoedd cowtowio i'r sefydliad gan obeithio adennill y poblogrwydd a'r frwdaniaeth dorfol a ddaeth i'w rhan gyda diwygiad Evan Roberts ddechrau'r ganrif. Credai golygydd *Y Goleuad,* Morgan Humphreys, mai 'gwadiad croch o holl ddysgeidiaeth Crist'[10] oedd y Rhyfel ac mai lle'r eglwys oedd llefaru dros heddwch. Deuddydd ar ôl cyhoeddi'r Rhyfel cyhoeddodd *Y Brython* hefyd nad oedd yn fwriad yn y byd ganddo 'gyhoeddi dim o'r newyddion rhyfel a leinw'r papurau mor helaeth y dyddiau hyn' gan resynu bod llawer o'r 'rhai a ddifenwir fel Sosialiaid di-Dduw yn nes i safbwynt y Meistr' na llawer o grefyddwyr rhyfelgar.[11] Fel rhyfel cyfalafol y'i gwelodd:

> Caem ni wared âg Ymerawdwyr a Chadfridogion sychedig am gweryl a gwaed; gwared â'r *financiers* sy'n sychedu am arian, a gwared â'r adran dwyllodrus o'r wasg sy'n sychedu am gylchrediad a golud, fe gaem wared â'r rhyfel, canys hwy sy'n chwythu'r tân.[12]

Felly y gwelai W. Parri Huws yntau'r sefyllfa, gyda 'pobol fawr' yn taflu 'Gwerin Gwlad . . . fel cerryg ar y llawr'.[13]

Prifathro Coleg Bala-Bangor, Thomas Rees, oedd un o'r unigolion prin a fentrai drafod cymhellion y Rhyfel yn bwyllog ystyriol. Parodd llythyr a anfonodd i'r *Tyst* ddadl estynedig a chas dros bum wythnos. Yr un llythyr a gyhoeddwyd yn *Y Brython* a nododd mai rhyfel masnachol Lloegr ydoedd hwn yn y bôn ac mai annheg fyddai disgwyl i'r eglwysi ei fendithio a gweithredu fel asiantaeth recriwtio ar ei gyfer. Beirniadodd ynddo ormodiaith bropagandlyd y wasg a dryllio'r myth cysurus mai rhyfel dros genhedloedd bychain oedd hwn.[14]

Er gwaethaf protest ddewr Thomas Rees, ceir arwyddion lu o ba mor arwynebol a digyfeiriad oedd Ymneilltuaeth y dydd yn gyffredinol ym meirniadaeth gyson hynafgwyr ar 'bechodau' yr oes. Yn ôl ei lythyr i'r *Brython,* treuliodd Hen Nodwr dair awr y tu allan i dafarn ar y Sul yn Lerpwl yn cadw gwyliadwraeth gan synnu'n ddirfawr o weld cynifer o Gymry yn mynd yno dan regi:

> Creffais arnoch yn myned i mewn: yr oeddych yn myned yn hyf, fel pe'n gynefin â'r ffordd. Arosais hyd amser cau, naw nos Sul: y chwi oedd y rhai cyntaf a welais yn myned i mewn, a'r rhai olaf allan.[15]

Gwgai D. J. Jones ar 'ferched penchwiban' beiddgar eu gwisg ac at gynifer â deng mil o fechgyn a âi i wylio gêm bêl-droed ar y Sul 'yn lle eu bod yn ymrestru yn y gad.'[16]

Draenen yn ystlys yr oes oedd y sinema. Gofidiai 'W. H.', Blaengarw, at y drwg a wnâi'r 'dawnsio gwrthwynebol', y gwawd ar weinidogion, y creulondeb i anifeiliaid a'r meddwdod i iechyd moesol y genedl.[17] Ond o leiaf cafwyd ymateb mwy cytbwys mewn cynhadledd yng Nghaerdydd ar sut i 'buro' y sinema a chyfeddyf y gohebydd: 'Nid yw'r Cinema yn ddrwg hanfodol, ac ni ellir condemnio'r awydd am ddifyrwch ac adloniant.'[18] Eto i gyd, credid bod angen rheolaeth ar y diwydiant rhag iddo fynd dros ben llestri. Yn gyffredinol, ym Mhrydain magodd y pictiwrs wedd barchus yn ystod y Rhyfel; dyma gyrchfan poblogaidd cyplau a oedd yn canlyn. Yn arwyddocaol, troes o fod yn gyfrwng adloniant dosbarth gweithiol i fod yn dderbyniol gan y dosbarth canol. Yr hyn sy'n cyfri'n bennaf am hyn yw'r ffilmiau propaganda a ddangoswyd. Roedd pedwar o'r ffilmiau a sgriniwyd yn sinemâu'r County Theatre and Picturedome ddechrau Hydref 1914 ar thema filwrol ac yn ystod 1915 gwnaed o leiaf ddwy ffilm o Gorfflu'r Fyddin Gymreig a'u dangos yn Llandudno. Roedd y sinema hefyd yn foddion i esmwythâu'r gymdeithas: 'Os na chyflawnodd y sinema ddim byd arall o leiaf fe gynigiai foddion difyrrwch yn lle hwliganiaeth y stryd a'r tŷ tafarn.'[19] Dyma arwydd o'r modd yr oedd cyfryngau diwylliant yn amlhau ac yn cael eu cosmopoleiddio yn ystod y Rhyfel.

Deilliai llawer o'r cwynion moesegol hyn o ddryswch yn sgil lleihad cynyddol ym maint cynulleidfaoedd capeli. Ond y mae natur arwynebol rhai o'r dadleuon yn awgrymu'n rhannol paham yr oedd yr eglwys yn colli'i gafael i'r fath raddau ar ei phraidd. Doedd pawb ddim yn gibddall: y Rhyfel Mawr, yn ôl Tom Lloyd o Bwllheli, fyddai'r garreg filltir yn hanes y Gymraeg: drannoeth y drin mi fyddai'r iaith un ai ar i fyny neu ar i lawr. Yn eu hymdrech i gyd-dynnu â Saeson, Albanwyr a Gwyddelod yn ystod y Rhyfel roedd peryg i'r Cymry ddiystyru eu nodweddion diwylliannol eu hunain. Sylwodd ar y Saesneg a lithrai i iaith cyfarch a masnach y Cymry yn ogystal â'u tuedd i arfer enwau lleoedd Saesneg wrth lythyru. 'Ynghanol ymdrech y cenhedloedd', rhybuddiodd, 'cofiwn bob un ein gwlad, ein hiaith, a'n cenedl ein hunain.'[20] Pwysleisiodd *Y Tyst* na ddylai Cymru golli golwg ar ei hunaniaeth yn ystod y Rhyfel ac o'i herwydd: 'Wiw i ni golli golwg ar fuddiannau cartref er maint y ffwdan ar y cyfandir' meddid wrth drafod hunanlywodraeth.[21] Yn wir, fel y câi'r ferch y bleidlais yn wobr am gydymffurfio â'r sefydliad yn ystod y Rhyfel, credai rhai Cymry y caent hunanlywodraeth am i Gymru dynnu'i phwysau cystal yn ystod y gyflafan. Ceir dwy erthygl gan Elidir Sais yn *Y Brython* yn dadlau o blaid ymreolaeth i Gymru ac ymatebodd Beriah Gwynfe Evans i'w sylwadau drwy ddatgan cefnogaeth y mudiadau Llafur yng Nghymru i'r bwriad.[22] Ond Gwili, fel golygydd *Seren Cymru,* oedd un o'r rhai mwyaf pendant ei farn ar y mater. Ar ddechrau'r Rhyfel nododd yn gydymffurfiol mai 'un o effeithiau uniongyrchol y rhyfel ar y cyfandir yw cadarnhau safle'r Llywodraeth yn y wlad hon a'i gwneud yn rhwyddach iddi gario allan ei rhaglen'.[23] Erbyn Chwefror 1918 roedd wedi newid ei gân yn llwyr: mewn golygyddol dan y pennawd, 'Plaid Genedlaethol i Gymru', barnodd fod y Rhyddfrydwyr Cymreig yn hollol aneffeithiol, gan fynnu mai 'angen Cymru yw gwŷr o allu a sêl ac ymroad ac aberth, gwŷr a rydd fuddiant eu cenedl o flaen buddiant eu plaid'.[24]

Gellir rhestru o leiaf dri rheswm a barodd i Gwili, a gydymdeimlai â'r canoli ar rym politicaidd ar ddechrau'r Rhyfel, bwyso am ddatganoli grym i Gymru erbyn ei ddiwedd. Gohirio mesur Datgysylltiad yr Eglwys oedd yr achos cyntaf yn dilyn cyhoeddiad y llywodraeth na cheid gweithredu ar y mater tan o leiaf chwe mis ar ôl y Rhyfel. Dyma fradychu, honnodd, 'y wlad fwyaf teyrngarol i'r Brenin yn y Deyrnas', gan ychwanegu:

> Ni all dim fod yn fwy effeithiol i luddias ymrestru ymysg Anghydffurfwyr na cheisio'n hysbeilio y tu ôl i'n cefnau o'n gwobr deg.[25]

Un o'r ffactorau mwyaf sylfaenol i lwyddiant yr ymgyrch recriwtio yng ngogledd Cymru oedd grym a dylanwad y Brigadydd Owen Thomas. Gallai ei bersonoliaeth dawelu amheuon anghydffurfwyr Cymraeg ynghylch unrhyw anghysondeb rhwng eu crefydd a militariaeth. Mewn llythyr i'r wasg ddiwedd 1915, mynegodd ei safbwynt tadol:

> Ni raid i rieni Cymru betruso am foesau eu bechgyn ymunant â Byddin Cymru heddyw. Ceir ynddi Gaplaniaid o bob enwad crefyddol, yn medru Cymraeg, ac yn gweini yn ffyddlon ac yn ddiflino i holl reidiau crefyddol y bechgyn, fel pe baent yn aelodau o'u heglwysi gartref.[26]

Band of Hope o fyddin, yn wir. Pan gyhoeddwyd bwriad yr awdurdodau milwrol i symud Owen Thomas o'i swydd yng Nghinmel ym Mai 1916, ymatebodd y wasg yn hallt. Cynhaliwyd ymchwiliad seneddol i'r achos ond annigonol fu hwnnw yn ôl *Y Cymro* â'i bennawd tabloid, 'Y Scandal Milwrol'.[27] Teimlwyd bod y Cymry wedi eu twyllo, oblegid yn ddi-os bu Owen Thomas a'i addewidion didwyll, o'i safbwynt ef, am fyddin Gymreig yn gefn amhrisiadwy i'r ymgyrch recriwtio ymysg anghydffurfwyr cyndyn. Ond gwelodd Gwili yn yr ymchwiliad i amgylchiadau ei ddiswyddiad a diddymu Corfflu'r Fyddin Gymreig yn ei thro, mai 'arall yw anianawd y Cymro ac arall yw anianawd y Sais'.[28] Polareiddiwyd y ddadl yn ei feddwl a chafodd ragor o danwydd yn y fargen i'w anian genedlaetholaidd ei hun.

Y trydydd achos a barodd adwaith tyngedfennol ymhlith y Cymry anghydffurfiol yn ystod y Rhyfel oedd Deddf Gorfodaeth Filwrol 1916 y pwyswyd amdani gan Lloyd George o bawb ac a olygai yn ymarferol erbyn mis Mai y flwyddyn honno fod pob gwryw atebol rhwng deunaw ac un a deugain mlwydd oed yn ôl deddf gwlad yn gymwys i'w gynnwys yn y Lluoedd Arfog. Cymherid Lloyd George yn anffafriol yn hyn o beth â William Hughes, gwladweinydd byd-enwog arall o dras Cymreig a oedd yn Brifweinidog Awstralia, lle na chafwyd gorfodaeth. Gyda'r mesur hwn, y buwyd er dechrau'r Rhyfel yn rhybuddio'n daer yn ei erbyn gan bwysleisio mai arwydd o aflwydd yr Almaenwr ydoedd, 'aeth arwr gwerin gwlad', sef Lloyd George, 'fel yn hanes Chamberlain o'i flaen, yn eilun y bendefigaeth'.[29] Fel hyn y gwelodd Morgan Humphreys hi ar y pryd:

> Ar hawliau cydwybod yr adeiladwyd Ymneilltuaeth ac unwaith y caniateir awdurdod i wladwriaeth neu fyddin neu swyddog fathru'r hawliau hynny y mae seiliau Ymneilltuaeth yn cael eu chwalu . . . Y mae rhyddid gwladol a chrefyddol yn y fantol.[30]

Roedd y mesur gormesgar a sawrai o dotalitariaeth yn gadarnhad diymwâd o fethdaliad partneriaeth Rhyddfrydiaeth-Ymneilltuaeth.

Roedd Gwylfa Roberts yntau yr un mor ddifrïol o ymagweddiad diffygiol Aelodau Seneddol Rhyddfrydol Cymru a'r un mor amheus o'u teyrngarwch:

> . . . chwerddir am ben y ddrychiolaeth a elwir yn 'Blaid Gymreig'. Gŵyr ei haelodau hi ei hun nad oes iddi gymaint a chysgod a rhith 'Plaid', ac na bydd ychwaith tra y gorfoledda'r genedl ymhob tamaid o anrhydedd a deflir i'w haelodau. Afrifed y llongyfarchion, a mawr y baldordd pan gynhygir swydd neu sedd yn rhywle yng nghysgod y weinyddiaeth i Gymro—heb sylweddoli ohonom mai mesur o hunanladdiad yw pob swydd a dderbynir. Pa bryd y cawn dô o Aelodau Seneddol fydd yn ddigon hunanymwadol i efelychu'r Gwyddelod?[31]

Yn wyneb y diffyg arweiniad a gynigiwyd rhyngddynt i Gymru daeth yn bryd i blaid genedlaethol unplyg Gymreig warchod ei buddiannau. Dyna sylweddoliad Gwili yntau: 'Ein gwaith ni, hyd y gallwn, yw datod gweithredoedd "press gang" gythreulig Lloegr, a chadw'r genedl rhag mynd, â'i mwgwd ar ei llygaid, yn ysgalafa i fynwes satan.'[32] Gwelodd y Rhyfel Mawr, felly, grysalis Cymru lawer mwy dyrys yn ymffurfio. Rhagfynegwyd y rhwyg mwy terfynol yn y Gymru Gymraeg rhwng Rhyddfrydiaeth y bedwaredd ganrif ar bymtheg a Chenedlaetholdeb yr ugeinfed ganrif.

Esgorodd y Ddeddf Gorfodaeth ar benbleth y gwrthwynebydd cydwybodol. Ar y naill law cafwyd cerddi yng ngholofn farddol Pedrog yn *Y Brython* a alwai'r pasiffistiaid yn 'scum', 'gair go gryf' y cyfiawnhawyd ei ddefnydd gan y golygydd am ei fod yn y Beibl.[33] Ar y llaw arall cafwyd Gwili yn beirniadu William

George, brawd Lloyd George, am alw'r gwrthwynebwyr cydwybodol yn 'objectionable cowards':

> . . . rhai o'r dynion ieuainc godidocaf sydd ar ddaear Ynys Prydain, heddyw—a'r merthyron a geidw draddodiad Ymneilltuaeth a chrefydd Tywysog Tangnefedd yn fyw.[34]

Yn ôl dadl Gwili, roedd y gwrthwynebwyr yn driw i draddodiad anghydffurfiol eu gwlad. Ond er gwaetha'i brotest, yr oedd eisoes ar ryw olwg yn brwydro yn erbyn y llanw: cafwyd awgrym o ledaeniad militariaeth yn yr un rhifyn o'r papur newydd lle y nodwyd bod saith deg naw uned cadet a naw deg dwy uned O.T.C. yn ysgolion eilradd Cymru a Lloegr ym Medi 1916. Hynny yw, hyd yn oed yng Nghymru roedd militariaeth yn prysur ddatblygu'n norm cymdeithasol.

Nid yn annisgwyl, mynegwyd y tyndra a fodolai o fewn y gymdeithas ar dudalennau'r papurau newyddion. Bu dadl farddol rhwng Ap Rhydwen a Dewi Caron yng ngholofnau'r *Faner* yn ystod 1916. Gwnaeth Ap Rhydwen hwyl fileinig am ben y gwrthwynebydd yn 'Ymryson y Gwrthwynebwr Cydwybodol' lle'i darluniodd fel llwfrddyn a smaliai ddewrder:

> Po y glaniai'r German yma,
> Lladd fy nhad a thori ei ben,
> Darnio mam, cigyddio baban,
> Rheibio'r anwyl wryf wen;
> Fe ymbiliwn gyd a'r gelyn,
> Wylo wnawn uwch drych mor drist.
> Ond ni chodwn law i'w erbyn
> Rhag ofn digio Iesu Grist![35]

Ymatebodd Dewi Caron ar yr un mesur gan honni bod llawer mwy iddi na hynny:

> Deddfau'r deyrnas sydd yn d'wedyd
> Wrtho beunydd 'ymladd raid';
> Ond, dyfarniad ei gydwybod
> Wrtho, hefyd, ddywed "Paid?"
> Dyma enw berarogla
> Pan ddaw'r byd i weld ei fai
> A dynoliaeth yn ymysgwyd
> O gadwynau crefydd gau.[36]

Mewn cerdd ddiweddarach nododd Dewi Caron, fel y gwnâi T. E. Nicholas yntau ar y pryd, fod digon o ymgyrchoedd dosbarth gweithiol i frwydro drostynt gartref heb orfod mynd dramor i ryfela: pa bryd y deuai nos Sadwrn 'a digon ar y bwrdd'[37] i'r gweithiwr a'i deulu?

Nodweddid y wasg Gymraeg ar y pryd gan ei swildod yn archwilio'r rhesymau economaidd dros y Rhyfel, arwydd teg o'i diniweidrwydd gwleidyddol. Doedd y ffaith fod diwydianwyr yn ei gwneud hi'n iawn ar gorn y Rhyfel yn mennu dim ar ymresymiad Eynon wrth iddo gondemnio'r glowyr yn ne Cymru a streiciodd yn 1915. Er bod eu meistri yn sicr yn ymgyfoethogi, doedd gan y gweithwyr ddim lle i fynnu rhagor o gyflog a gwell amgylchiadau gwaith drwy ddal gwn wrth dalcen y wlad. Rhag eu cywilydd yn dwyn gwarth anfaddeuol ar hen wlad y menyg gwynion:

> . . . anawdd penderfynu pa un ai gorthrwm Germani ai gorthrwm y *Strikers* yw'r gwaethaf . . . Bron nad yw peth fel hyn yn gwneud *Conscription* yn ddyledswydd.[38]

Ond o leiaf roedd safbwynt *Seren Cymru,* a gyhoeddid yn ardal lofaol Rhydaman, yn fwy goleuedig o dipyn pan feirniadai'r perchnogion ac arafwch y llywodraeth yn ymyrryd yn yr helynt:

> Ymddengys i mi fod ar Undeb y Meistri gynrychiolwyr na wyddant beth yw hi o'r gloch ar gloc y byd. Daliant i gredu bod gwaed glasach ynddynt hwy nag sydd yng nghynrychiolwyr y sawl sy'n eu cyfoethogi mewn modd mor warthus o gyflym, ar adeg enbyd yn hanes y gwledydd.[39]

Efallai'n ddadlennol, rhoddir mwy o sylw i wleidyddiaeth ddosbarth diwydiannol yng nghyhoeddiad y de nag un y gogledd.

Os oedd trafodaeth ddeallus ar undebaeth yn brin ym mhapurau'r gogledd, siomedig oedd y drafodaeth ar y gwrthwynebydd cydwybodol hefyd. Serch hynny, arweiniodd llythyr goleuedig H. C. Williams, Corwen, at ddadl a barodd am gwta dri mis yng ngholofn lythyrau'r *Cymro* ddechrau 1918. Yn sgil Mesur Cynrychiolaeth y Bobl a basiwyd yn ddeddf erbyn canol y flwyddyn honno, gresynu a wnâi'r llythyrwr fod llywodraeth Prydain wedi cytuno i nacáu hawl y gwrthwynebydd cydwybodol i bleidlais am bum mlynedd. Ymatebwyd yn danllyd o emosiynol: newydd farw yr oedd cyfaill 'L. E. E.' yn Ffrainc a 'cowardiaid dan gochl cydwybod' oedd y gwrthwynebwyr yn ôl T. E. Jones o'r Rhyl o'u cymharu â llawer o'r milwyr dirwgnach yn treulio'u pedwerydd Nadolig yn y ffosydd.[40] Ond yn ôl un o'r gwrthwynebwyr, Percy Ogwen Jones o Laneilian, Môn, a garcharwyd yn ystod y Rhyfel ar gorn ei wrthwynebiad:

> Pe barnem oddiwrth ymddygiad crefyddwyr y gwledydd, buasem yn casglu mai crefyddol ac unol ag ewyllys Duw yw rhyfel, ac mai cyfiawn yw ein cyfundrefn gymdeithasol. Pe hynny gwell fyddai gennyf finnau wadu y fath Dduw. Ond y mae Duw yn fwy nac enwad, a'r gwirionedd yn fwy na chredo, ac egwyddor yn bwysicach na diwinyddiaeth. Goreu po gyntaf y sylweddolwn hynny, ac yr addefwn hawl eraill i gywirdeb cydwybod.[41]

Dadleuid yn erbyn enwadaeth gan George M. Ll. Davies yntau: parodd achos y gwrthwynebydd fod Ymneilltuaeth unwaith eto'n diosg mantell 'parchusrwydd' ac yn wrthsefydliadol. Gyda dynion eto'n dioddef mewn carchardai ar sail eu cydwybod, adfeddiannwyd y 'brotest' yn eu Protestaniaeth.

Ceidwad hawliau'r gydwybod unigol a'r gymuned ddiarffordd rhag ymyrraeth ormesol y wladwriaeth oedd y gwrthwynebydd cydwybodol:

> Yr hyn a wnaed yn ei hanfod gan y gwrthwynebydd cydwybodol oedd cyfiawnhau sefyllfa'r person unigolyddol a'r un deallusol, gwadu mor bendant ag y gallai unrhyw un ddaliadau'r wladwriaeth filitaraidd dotalitaraidd.[42]

Os oedd bod yn Gymro fwy neu lai'n gyfystyr i bob golwg â bod yn Gristion, yna onid gwir genhadon Anghydffurfiaeth ar y pryd oedd y gwrthwynebwyr cydwybodol? Ond yng ngŵydd holl bwysau'r sefydliad, roedd hi'n anodd i hyd yn oed y mwyaf egwyddorol beidio ag ildio ac ymrestru yn y Lluoedd Arfog. Yng nghanol yr holl ewfforia cenedlaethol doedd safiad y gwrthwynebydd cydwybodol ddim yn un hawdd o bell ffordd. Yn ôl Bertrand Russell:

> . . . yr anhawster mwyaf oedd yr un cwbl seicolegol o wrthsefyll awgrym màs, a'r pwysau a gynyddai'n aruthrol pan oedd y wlad i gyd yn gyffro torfol egnïol drwyddi. Roedd angen ymdrech mor galed i beidio â chyfranogi o'r cyffro hwn â'r ymdrech i wadu

> newyn mawr neu nwyd rhywiol, a'r un oedd y teimlad o fynd yn groes i reddf.[43]

Eithriadau prin, o'r herwydd, oedd y gwrthwynebwyr:[44] caed 16,500 ohonynt o'u cymharu â'r 4,970,902 o filwyr gwirfoddol, sef canran o 0.33%. Carcharwyd 5,944 o wrthwynebwyr o leiaf unwaith, ac o blith y rhain roedd 985 yn absoliwtiaid, y math eithaf o wrthwynebwyr na dderbynient unrhyw gyfaddawd ac y mynnai Lloyd George wneud eu llwybr mor anodd â phosib: ni wisgent wisg filwrol na derbyn unrhyw ffurf ar wasanaeth milwrol. I'r categori hwn y perthynai Ithel Davies[45] a Michael O'Hara, cymeriad canolog *Y Llwybr Unig* (1933).

Esgorodd Deddf Gorfodaeth Filwrol 1916 ar wrthwynebiad i bolisïau'r llywodraeth a chynigiodd ffocws i ddadleuon ynghylch heddychiaeth. Haerai'r Frawdoliaeth Dros Wrthod Ymrestru fod yn ei rhengoedd erbyn Ebrill 1916 bymtheng mil o aelodau, er bod John Rae, awdur *Conscience and Politics* (1970), o'r farn mai gormodiaith dactegol oedd y rhif hwn. Yn 1914, ffurfiwyd Cymdeithas y Cymod, yr ymaelododd gwta bum mil â hi erbyn 1918 mewn 165 o ganghennau ledled Prydain. Rhwng Hydref 1916 a Thachwedd 1919 cynigiodd *Y Deyrnas* lwyfan misol i wrthwynebiad Cymraeg a Chymreig i bolisïau'r llywodraeth. Dan olygyddiaeth Thomas Rees datblygodd lais huawdl ac ymosodol yn ystod y Rhyfel Mawr, a gwerthai rhwng dwy fil a hanner a thair mil o gopïau'n rheolaidd. Meddai'r cyn-aelod o'r llynges, W. J. Gruffydd: 'yr wyf yn credu hyd heddiw mai'r *Deyrnas* honno fu un o'r achosion cryfaf na chollodd Cymru ei henaid yn hollol yn nydd y gwallgofrwydd mawr.'[46] Yr hyn a wnaeth *Y Deyrnas* oedd cynnig y math o arweiniad annibynnol y methodd gweddill Ymneilltuaeth Gymreig sefydliadol â'i gynnig; ffurfiodd ffrynt unedig i wrthsefyll pwysau'r Ymerodraeth Brydeinig gan gyplysu Cristnogaeth â chenedlaetholdeb sosialaidd. Y mae cenhadaeth wleidyddol effro *Y Deyrnas* yn cadarnhau sylw Aled Eirug yntau ynglŷn â'r gwrthwynebiad i'r Rhyfel, nad ydyw'n hawdd 'ysgaru y gwrthwynebiad i'r Rhyfel Byd Cyntaf ar dir crefyddol, oddi wrth y gwrthwynebiad ar dir moesol a gwleidyddol'.[47]

Y mae golygyddol cyntaf *Y Deyrnas* yn honni 'ymhlith holl genhedloedd bychain Ewrop, nid oes un wedi deffro mwy i'w hunaniaeth genedlaethol na chenedl y Cymry'[48] ac yn sicr yr oedd gan y misolyn hwn ei hun ran allweddol i'w chwarae drwy gyfeirio a meithrin y deffroad hwnnw. Cylchgrawn cydenwadol ydoedd a'i ddiwinyddiaeth yn ddaearol ddiriaethol: 'credwn fod yr Eglwys Ddwyfol i'w gwneuthur ar y ddaear':

> Ei genadwri fydd mynegi egwyddorion Crist yn nhermau gwleidyddiaeth, masnach, llafur, a holl agweddau ymarferol ein bywyd.[49]

Arwyddion o'r ymarferoldeb hwnnw yw'r amrywiaeth ym mhynciau trafod y rhifyn cyntaf yn unig: brwydr genedlaethol Cymru ac Iwerddon, dirwest, gorfodaeth filwrol, addysg, hynt Bertrand Russell a ddiarddelwyd o'i swydd yng Nghaergrawnt, yr effaith ar ferched yn sgil y Rhyfel. O'r cychwyn cyntaf, felly, sbardun oedd heddychiaeth weithredol y cyfranwyr i gydio mewn llu o faterion eraill a arwyddai drahauster y wladwriaeth ganolog tuag at Gymru. Yn ogystal, talwyd sylw i achosion rhyng-genedlaethol hefyd. Yn ddiweddarach, ysgrifennai'r gwrthwynebydd cydwybodol Ithel Davies o'r gwersyll milwrol yng Nghroesoswallt lle'i carcharwyd: 'Saif gwerth gwlad a chenedl yn ei pherthynas a'i chysylltiad â'i chyd-genhedloedd ac a'i chydwledydd.'[50] Yn unol â'i eiriau rhoddwyd sylw i'r Chwyldro yn Rwsia yn 1917; erbyn Mehefin 1918 argraffwyd adroddiad ar gynhadledd yn Llandrindod i drafod ymreolaeth i Gymru; ac yn Chwefror 1919 amlinellwyd rhaglen wleidyddol i Gymru a'r angen am hunanlywodraeth ar seiliau sosialaidd cydweithredol. Rhestrwyd yn rhifyn cynta'r cylchgrawn dri deg un o bobl a addawai gyfrannu iddo, yn eu plith Puleston Jones,[51] Eluned Morgan, T. Gwynn Jones, T. H. Parry-Williams, Llew G. Williams, David Thomas, Tegla Davies, J. T. Rhys, E. K. Jones, ac yn yr ail rifyn cynhwysir erthyglau gan T. E. Nicholas a George M. Ll. Davies.

Doedd *Y Deyrnas* ddim ar ôl o feirniadu Lloyd George ei hun chwaith. Dyma'i sylwadau ar ei araith gyntaf fel Prifweinidog yng Nghaernarfon:

> . . . ar gyfrif ei safle swyddogol, yn ogystal a'i argyhoeddiad personol, Mr. Lloyd George yn fwy na neb arall ar y ddaear sydd yn gyfrifol am barhau'r rhyfel, ac nid yw heb ddwys-ystyried 'mor ofnadwy yw y lle hwn'... Er rhagored yr amcan, a all rhyfel ddinistrio militariaeth Prwsia heb greu militariaeth waeth?[52]

Sylweddoliad craff arall oedd fod nifer aruthrol y marwolaethau torfol yn fferru teimladau pobl yn raddol:

> . . . un perygl mawr yw fod y gyflafan mor anferth ei maint nes parlysu dirnad a theimlad dynoliaeth, a chreu cynefindra a chalongaledwch anobeithiol ynnom, fel dynion wedi eu gadael i ddisgyn i golledigaeth lwyr.[53]

Gweithredai'r *Deyrnas* fel *Lol* ddychanol a gwrthsefydliadol hefyd:

> Molwch yr Arglwydd a lleddwch y Germans yw arwyddair newydd yr Eisteddfod Genedlaethol. Gwnaed elw o £430 o'r Gymanfa Ganu yn Aberystwyth, a rhennir yr arian rhwng gwahanol gronfeydd rhyfel.[54]

Tynnwyd sylw bryd arall at y £4,174 o arian cyhoeddus a roddwyd i Mrs. Pankhurst i drefnu gorymdaith i ddangos bod y cyhoedd, a merched yn benodol, yn selog dros y Rhyfel,[55] ac am yr ymgyrch ar gerdded gan Lloyd George i sicrhau 'fod y cinemas yn gosod allan y rhyfel yn y lliwiau dyladwy'.[56] Hynny yw, cadwai olwg barcud ar holl weithredoedd ac ystrywiau'r llywodraeth.

Blith drafflith â'r ymgyrchoedd a gefnogwyd gan y cylchgrawn radical hwn a'i sylwebaeth gyfoes ar faterion y dydd, cynhwyswyd llu o gerddi pasiffistaidd eu gogwydd. Mewn cyhoeddiad Cristnogol, roedd yn naturiol bod cynifer yn sylfaenu'u cerddi ar hanesion Beiblaidd megis 'Simon Selotes', Llynfi Davies,[57] 'Yr Addfwyn Lu', Ifano,[58] neu 'Emyn Rhyfel', J. E. Thomas,[59] neu apêl genedlaetholaidd John Ellis Williams yng ngenau Dewi Sant yn 'Breuddwyd Dydd Gŵyl Dewi':

> Fy ngwlad! Fy ngwlad!
> Cyfoded Cymru i groesawu'r wawr,
> Utganed gwleidyddion ar y mur,
> Deffroed ein harwriaeth megis cynt;
> Dychweled Arthur, gyda'i lewion glân,
> I arwain cenedl i arwriaeth uwch
> Na lladd eu brodyr yn nhywyllwch nos.[60]

Fel yn achos llawer o'r canu Fictoraidd poblogaidd, y mae llais moesol cryf yn bloeddio mewn ambell gerdd fel 'I Beth?' rethregol Cybi:

> Blodau'r cenhedloedd
>   Tan halog draed
> Dibris a syrthiant
>   I feddau gwaed,—I beth?[61]

Gan fod yr awduron hyn yn meddu ar sicrwydd moesol mor gryf a hwnnw wedi'i galedu yn sgil gwrthwynebiad, tuedda'r cerddi o'r herwydd i fod yn rhagweladwy o bropagandlyd eu syniadaeth. Y mae cerddi ysgrythurol fel 'Deffro, Mae'n Ddydd' neu 'Pa Beth a wnaf i'r Iesu?' mor ystrydebol eu teitlau â'u cynnwys. Ond o leiaf y maent yn cynnig ochr arall y geiniog i lawer o'r cerddi gwladgarol newyddiadurol a lifai o golofnau barddol y wasg, heb sôn am gystadlu â'r rheini yn eu hiaith a'u hidiom poblogaidd eu hunain. Maen nhw'n ateb llawer o'r sbarion Fictoraidd yn eu goslef fanllefus eu hunain.

T. E. Nicholas

Yn wahanol i'w ddau gyfoeswr, T. Gwynn Jones (g. 1871) a T.H. Parry-Williams (g. 1887), nid â'i ben yn ei blu y canodd T.E. Nicholas (g. 1878) rhwng 1914 a 1918. Oherwydd i'r Rhyfel ystyfnigo'i benderfyniad drwy gydio'r personol yn y politicaidd yn ei hanes, fe'i gosodir ar wahân i brif lenorion Cymraeg y dydd. Wrth gymharu dwy gân, 'Gobaith', T. E. Nicholas ar y naill law a 'Rhos y Pererinion', T. Gwynn Jones ar y llall, llwyddodd Donald Hughes i grisialu llawer o'r gwahaniaethau rhyngddynt ill dau fel beirdd:

> Gwêl yntau hefyd fod bywyd wedi troi'n hunllef, ond 'er bod trybini lond y byd', dynion sy'n gyfrifol amdano, ac y mae o fewn gallu dynion i'w ddad-wneud. Dydy'r frwydr ddim ar ben—yn wir, newydd ddechrau y mae, a buddugoliaeth y da ar y drwg eisoes i'w deimlo yn yr awel. Eisoes mae'r baradwys sosialaidd ddi-ddosbarth, ddi-orthrwm i'w gweld ar y gorwel draw . . . Soned herfeiddiol, ymosodol, felly, sy'n ymwrthod â 'nostalgia' fewnblyg unigolus Gwynn Jones, ac yn edrych allan yn ffyddiog optimistaidd ar fyd real dynion fel y mae heddiw. Galwad i'r gad yw hi.[62]

Cyfarchodd ei gynulleidfa'n hyderus rhwng 1909—'Nid i'r doeth a'r deallus yr ysgrifenais, ond i'r dyn cyffredin'[63]—a'i gyfrol tra oedd yng ngharchardai Abertawe a Brixton yn ystod yr Ail Ryfel Byd—'Cyflwynaf y gyfrol hon i WERIN CYMRU'.[64]

Fel Marcsydd, roedd golygon Niclas y Glais yn bendant ar nefoedd ddaearol; roedd brwydro'n rhan anhepgor o ddioddefaint bywyd i awdures fwy uniongred fel Kate Roberts, ond rhan o'i lawenydd ydoedd i T. E. Nicholas:

> Y mae Niclas—yn wahanol i lawer o lenorion Cymru heddiw, yn credu fod bywyd yn werth ei fyw yn llawen. Rhan o lawenydd bywyd yw'r brwydro, rhan o lawenydd bywyd ydyw'r dadlau.[65]

Doedd hon ddim yn thema a fyddai'n debyg o gadw'r werin weithiol yn ei lle. Am hynny, mewn adolygiad ar *Cerddi Rhyddid* (1914) gresynwyd at y 'rhygnu o hyd ar ei hawliau [sef rhai y werin] heb sôn ddim am ei rhwymedigaethau'.[66] Cynheiliad y drefn gymdeithasol oedd yr eglwys a'i dysgeidiaeth:

> Dihangfa holl-bwysig, 'safety-valve' y gwareiddiad cystadleuol ydoedd athrawiaeth y byd arall. Rhaid oedd ei chael, canys hi oedd y balm, y fro freuddwydiol, yr ynys hud a leddfai siomiannau chwerw'r sawl a fethodd yn ei fyd.[67]

Drwy ganu mor groes i gonfensiwn a dryllio'r syniad o noddfa'r nefoedd fel hafan o'r diwedd rhag helbulon y byd, roedd Niclas, yng ngolwg diwydianwyr, yn gwasgar hadau anarchiaeth.

Cyhuddiad ceidwadol yn erbyn *Cerddi Rhyddid* oedd ei fod yn gryfach cennad dros bechod na rhinwedd—'mwy o swyn mewn pechod nag mewn duwioldeb'[68]—a'i awdur yn 'fardd o foesoldeb amheus'.[69] Un o'r cerddi a gynddeiriogodd yr adolygwyr oedd 'Yn yr Hofel':

> Trof i'r hofelau afiach,
>   I gwmni puteiniaid y dref;
> Try yr offeiriad o'r fangre ddu
>   I chwilio am Grist a nef.[70]

Gan herio'r safbwynt moesol adweithiol, syweddolodd mai 'newyn, nid nwydau, sy'n gyrru saith can mil o ferched anffodus i'r ystrydoedd':[141]

> Trof i'r hofelau afiach,
>   I gwmni fy Nuw a'r tylawd;
> Gwell cwmni trueiniaid cwteri'r byd
>   Na chrefydd sy'n mathru brawd.
>
> Ni chroesaf y moroedd i garu;
>   Ni ddringaf i'r nef at fy Nuw;
> Mae'r truan yn ymyl—a'i riddfan sydd
>   Yn torri o hyd ar fy nghlyw.[72]

T. E. Nicholas a D. J. Williams, dau o rebeliaid 1914-1918 yn dal pen rheswm yn Eisteddfod Genedlaethol Abergwaun yn 1936.
(Trwy garedigrwydd Llyfrgell Genedlaethol Cymru)

Yr hyn a ddaw i'r amlwg yn y gyfrol yw dynoliaeth fawr T.E. Nicholas a'i lef ddiamwys dros y lleiafrifoedd gormesedig mewn cymdeithas.

Effaith y Rhyfel Mawr arno oedd rhoi min mwy radical byth ar ei awen yn *Dros Eich Gwlad: Cerddi Heddwch* (1920). Cadarnhawyd dadleuon cynharach yn ei feddwl ynghylch gwrthuni enwadaeth a chulni Ymneilltuaeth Gymreig gan y gyflafan. Nid erydwyd dim o'i ffydd mewn cyfundrefnau o'r herwydd fel yn hanes T. Gwynn Jones a T. H. Parry-Williams: gwelsai'r gwendidau eisoes ac felly grymuswyd ei ffydd yn y torfol a'r chwyldroadol gan stomp y Rhyfel. Canai ar ddechrau 1914 fel hyn:

Gadawaf innau fy nhelyn
  Yn segur ar lwyni di-hedd;
A chydiaf yng nghwmni gwerinwyr byd
  Yn gadarn yng ngharn fy nghledd;

Mae'r amser i ganu'n mynd heibio,
  Mae sŵn y brwydrau ar fryn;
A thyrfa'r Gwrthryfel a'u sang yn dod
  I fyny o nos y glyn.[73]

Eithriad oedd T. E. Nicholas yn yr ystyr fod gweithredu'n uniongyrchol yn bwysicach yn ei olwg na phwyso a mesur atebion ar bapur: 'Mae'r amser i ganu'n mynd heibio.' Dywedodd Dafydd Elis Thomas yr un fath am Waldo, bardd y dylanwadwyd arno'n llanc gan waith Niclas yn ystod y Rhyfel:

> I lawer o feirdd, ymarferiad amser hamdden fin nos ydy barddoni, difyrrwch ar ffin eu bywyd, heb berthynas annatod rhwng eu bywyd a'u canu. Yn wir ni allai fod felly i lawer o feirdd Cymraeg y ganrif yma, oherwydd pe bydden' nhw'n byw y negyddiaeth adweithiol sydd mor chwerw-felys yn eu cerddi, allen' nhw ddim codi allan o'r tŷ yn y bore heb sôn am wneud diwrnod o waith. Ond rhyw fath o ymarferiad gyda'r nos oedd gwag fyfyrio uwchben ystyr bywyd iddyn' nhw. I Waldo, 'roedd canu a gweithredu yn un.[74]

Ni welai Niclas fwlch rhwng y cymdeithasol a'r celfyddydol. Gan ei fod yn gweld mor glir gyd-ddibyniaeth y gwleidyddol a'r diwylliannol a'r modd yn wir y politiceiddiwyd y diwylliannol, nid cyfrwng cysur oedd barddoniaeth yn ei dyb ef ond maniffesto gwrthryfel. Roedd yn hollol herfeiddiol:

Cleddyf sydd eisieu—nid telyn,
  Gwrthryfel sydd eisieu—nid hedd.

Rhoes y Rhyfel ragor o danwydd ar goelcerth ei werinoldeb; gwir y dywedodd golygydd *Dros Eich Gwlad* mai ei ganeuon yw'r 'rhai mwyaf chwildroadol yn yr iaith'.[75] Yng ngolwg Niclas, dioddefwyr dan yr un drefn gyfalafol oedd Keir Hardie, y gwrthwynebydd cydwybodol, y meddwyn, y tlotyn, a phobl dduon; rhydd hynny awgrym o'i weledigaeth gyfannol. Yn wir, yn ei dyb ef dim ond brawdoliaeth flaengar o'r fath rhwng pobl a'i gilydd a allai herio'r iau hwnnw fel y digwyddodd yn Rwsia yn 1917.

Gwelodd T. E. Nicholas—fel T. Gwynn Jones yntau yn gynyddol yn ystod y Rhyfel—fod gwladgarwch yn ffurf ar ormes gan ei fod yn rhwystro cyd-ddealltwriaeth a chyfathrach rhwng pobl ledled y byd. Dyma, wrth reswm, wreiddiau'r gwahaniaeth rhyngddo a llenorion cenedlaetholaidd a gydoesai ag ef yn ddiweddarach. Mynegir ei ryng-genedlaetholdeb yn 'Mae'r Byd yn Fwy na Chymru'[76] a datblyga'r un thema ymhellach yn 'Y Gorwel':

> Gwell caru'r byd na charu'r cwmwd tawel,
> Mae 'dyn yr un ar bum cyfandir' maith:
> Mae'n werth i enaid Cymro ddryllio'r Gorwel,
> A chroesi weithiau dros derfynau'r Iaith;
> Mae ffiniau Cred, ac Iaith, a Chenedl annwyl,
> Yn cynorthwyo rhagfarn gwlad i fyw;
> Wrth dyfu drwy y Gorwel sy'n ein hymyl,
> Deallir ystyr bythol orwel Duw.[77]

Mewn ysgrif ar feirdd Cymru, gwna nifer o osodiadau sy'n taflu goleuni ar ei safbwynt fel bardd:

> Nid oes gan foesoldeb, fel y cyfryw, ddim i'w wneud â Barddoniaeth. Dangos bywyd yn ei dda a'i ddrwg yw neges y Bardd. Dengys efe fywyd yn ei ddrygioni—nes creu atgasrwydd tuag ato. . .
>
> Lleol fu awen Cymru: carodd fryniau ac afonydd, ond bryniau ac afonydd Cymru oeddynt. Hyd eto ni theimlodd beirdd Cymru eu hundeb â'r cyfanfyd. . .
>
> Cyfeillion a chydoeswyr oedd Derfel a Ceiriog; gan Geiriog yr oedd yr awen felusaf a choethaf, ond gan R.J. Derfel yr oedd y llydanrwydd. Iddo ef yr oedd y byd yn fwy na Chymru, bywyd yn fwy na chrefydd, a dynoliaeth yn fwy na duwioldeb.[78]

Cynnwys 'Bardd y Werin'[79] ei gyffes ffydd, sef mai ymhlith dynion sy'n brwydro dros eu hiawnderau y mae ei le yn hytrach nag yn canu'n ddihangol i natur a chrefydd a mynyddoedd. Parodi ar 'Ora Pro Nobis', Eifion Wyn, yw 'Gweddiwn'[80] a'r bardd yn cofio'r cardotyn a'r crwydryn, ac nid yr adar ond cwmni'r proletariad sy'n ei fodloni yn 'Hiraeth am Forgannwg'.[81] Yn y gerdd hon, ymestynnir tiriogaeth myth y werin a uniaethwyd ym mhropaganda mudiad Cymru Fydd â dosbarth gweithiol y gogledd gwledig. Eithriad prin ydoedd yn hyn o beth oherwydd, fel y sonia Tecwyn Lloyd am fyth y Gwerinwr: 'Nid oedd cymreigio'r digymraeg yn rhan o'i rinwedd. Nid oedd ganddo, fel dosbarth, nemor ddim brwdfrydedd dros hynny.'[82] Mae gweledigaeth Niclas yn fwy cynhwysfawr na'r cyfryw a thrwy herio hegemoni'r

Gogledd Amaethyddol ar Gymreictod, dengys bod modd canu'n hiraethus ddwys am ddosbarth gweithiol cymoedd diwydiannol y de yn ogystal. Hynny yw, mae'n cynnwys y trigolion hynny yn ei ddrych o Gymru.

Un o gyfeillion Sosialaidd Niclas oedd y gwleidydd, Keir Hardie. Yn wahanol i aelod arall o'r I.L.P. a sgrifennodd erthygl goffa iddo, Silyn Roberts, gwrthwynebai Aelod Seneddol Merthyr y Rhyfel Mawr yn chwyrn:

> Delfryd mawr ei fywyd oedd heddwch rhwng teyrnasoedd y byd a chyfiawnder ar y ddaear. Cred y sawl a'i hadwaenai oreu mai'r rhyfel mawr yma a'i lladdodd. Yn y rhyfel gwelai bopeth y llafuriodd trosto yn cwympo i'r llawr; a theyrnas Crist yn cael ei gwthio o'r neilltu yn llwyr.[83]

Yn ôl ffigurau'r N.C.F. gwrthwynebai oddeutu 1,191 y Rhyfel ar dir sosialaidd. O fewn y ffigur hwnnw cynhwysid dynion na wrthwynebent frwydro dros achos a gefnogent—fel y Rhyfel Cartref yn Sbaen yn ddiweddarach—ynghyd â'r rhai a gredai fod rhyfela yn gwbl anfoesol o dan unrhyw amgylchiadau. O blith y saith Aelod Seneddol dan adain yr I.L.P. ar ddechrau'r Rhyfel roedd pump yn ei wrthwynebu. Creisis i'r mudiad Llafur oedd gorfodaeth filwrol a'i rhwygodd yn garfanau—'roedd hi'n draed moch ar y mudiad Sosialaidd yn ystod y rhyfel'.[84]

Niclas y Glais a draddododd y bregeth yn angladd Keir Hardie yn 1915 a cheir cerdd goffa iddo yn *Y Geninen*. Er gwaetha'r dirmyg a ddioddefodd oherwydd ei heddychiaeth, mynnai fod ei ysbryd yn dal yn fyw:

> Mae Hardie'n fyw! yn fyw mewn symudiadau,
> Yn fyw mewn dynion parod iawn i waith;
> Mae'r gwaith yn fyw! er croesi mil o feddau,
> Ac acen buddugoliaeth yn ei iaith.[85]

Y mae'r penderfyniad di-ildio hwn yn nodwedd ar ganu T. E. Nicholas ar y pryd; yn fwy nag unrhyw lenor arall o Gymro, fe heriodd Niclas y Rhyfel yn weithredol. Cynhaliodd Prif Gwnstabl Morgannwg, Capten Lionel Lindsay, ymgyrch breifat a didostur yn ei erbyn drwy gydol y Rhyfel: dilynwyd ef yn rheolaidd gan heddlu cudd a fynychai ei bregethau a chadw nodiadau amdanynt.[86] Ond doedd dim troi ar Niclas:

Os ydyw fy mrodyr yn gorwedd
Yn filoedd ar feysydd y drin,
Os ydyw 'cenhadon tangnefedd'
Ar lwybrau dialedd yn flin;
Mae cariad a'i delyn
Yn para i esgyn,
I gwmni breuddwydion disgleiriaf y nen,
Fe ddaw fy mreuddwydion rhyw ddiwrnod i ben.[87]

Mae'r math o weledigaeth apocalyptaidd a fynegir mewn cerddi fel 'Breuddwydion sy'n dyfod i Ben' yn ei ddwyn i gwmni Williams Pantycelyn, dim ond fod Niclas yn gwrthod ysgaru'r cnawd oddi wrth yr ysbryd.

Nid anghysondeb ar ei ran yw dadlau 'Buasai yn well i'r genedl golli holl gywyddau Goronwy Owen na cholli cynifer ag un o emynau Pantycelyn neu Ann Griffiths'.[88] Ynddo ef y mae Cristnogaeth frwd y Diwygiad Methodistaidd wedi ymledu'n genhadaeth gymdeithasol wleidyddol a rydd gymaint pwys ar gynnydd materol ag ar gyflawniad ysbrydol. 'Y ffaith fwyaf sylfaenol am T. E. Nicholas oedd ei fod yn Gristion',[89] yn ôl Siân Hawys, ac fe'i gesyd ymhlith y criw bychan ond llafar o weinidogion ifainc ar ddechrau'r ganrif hon ym mywyd anghydffurfiol de Cymru. Yn eu plith roedd James Nicholas, Rhondda Williams, Herbert Morgan a Gomer Roberts, a'r cwbl yn arddel *New Theology* (1907) R. J. Campbell. Dilornent hen bwyslais y ffydd fel y Creu, yr Iawn, y Cwymp, a'r Ail Ddyfodiad; ymwrthodent â sêl yr enwadau dros lythrenolrwydd di-ffael y Beibl; a doedd ganddynt fawr i'w ddweud wrth wyrthiau gan mai ar oblygiadau moesol a chymdeithasol Cristnogaeth y canolent eu sylw. Un o'u prif amcanion oedd cael gwared o dlodi ac arwydd o hynny oedd eu cefnogaeth i'r mudiad Llafur. Crefydd weithredol oedd eu heiddo felly, ac ar gorn hynny y beirniadodd Niclas Ddiwygiad 1904 oblegid er bod dynion wedi'u haileni'n ysbrydol ni ddeffrowyd mo'u cydwybod gymdeithasol: 'Siomwyd Niclas am mai'r un bobl a waeddai "Haleliwia" ym 1904 ag a waeddai "Rhyfel" ym 1914.'[90] Cefnogir y dehongliad hwn gan Tecwyn Lloyd a fyn nad 'allan o Garl Marcs' y deilliodd athroniaeth T. E. Nicholas:

> Sylweddoliad o bwyslais hanfodol Gristnogol ydoedd; y ffaith bod y gweithiwr a'r gwladwr tlawd yn meddu personoliaeth, a'r hawliau a ddeilliaw o hynny ydoedd sylfaen ei brotest yn erbyn

> gormes milwriaeth, cyfalafiaeth, landlordiaeth ac eglwysyddiaeth.[91]

Cymreigrwydd ei welediad a bwysleisir gan James Nicholas yntau yn ei dro: onid oedd Robert Owen wedi cyflawni a chyhoeddi ei waith cyn i *Das Kapital* weld golau dydd yn 1867?[92]

Noda Deian Hopkin fod hanes yr erledigaeth ar Niclas gan Lionel Lindsay yn 'taflu goleuni ar y berthynas rhwng awdurdodau lleol a chanolog' yn ystod y Rhyfel.[93] Man arall lle y gwelwyd ymyrraeth llywodraeth ganolog hyd at sensoriaeth oedd y wasg. Gwrthododd y *Tivy Side Advertizer* gyhoeddi ateb Niclas i haeriadau J. G. Morgan yn ei erbyn ac mewn llythyr ymddiheurol ato, 14 Rhagfyr 1914, esboniod y golygydd ei safbwynt:

> Mae Sensoriaeth y Llywodraeth wedi dod yn llym eithriadol, ac mae 'Cyfarwyddiadau y Cyngor' diweddaraf a gyhoeddwyd wythnos yn ôl yn ein rhwystro rhag cyhoeddi unrhyw beth sy'n debyg o amharu ar recriwtio, neu adlewyrchu mewn unrhyw fodd ar weithgareddau'r Llywodraeth ynglŷn â'r Rhyfel. Y gosb yw gwahardd argraffu a diddymiad.[94]

Mynnodd Niclas gyhoeddi'i ateb—'ofn y gwirionedd, ac nid ofn y Llywodraeth, barodd i'r *Tivy Side* gadw fy llythyr yn ôl'[95]—felly fe'i hargraffwyd yn breifat ar ffurf pamffled deuddeg tudalen, *Dros Eich Gwlad.*

> Gellwch ddweyd wrth y brenin pan welwch ef, y byddaf fi yn pregethu y Sul nesaf yn erbyn y rhyfel anghyfiawn, ac yn dweyd mai ar y diafol y dylid gweddio am orffen y rhyfel, oherwydd efe a'i cychwynodd, ac efe sydd yn ei chario ym mlaen. Byddaf yn gweddio am wasgar bleiddiaid Prydain, a Rwsia, Germany, a Ffrainc er mwyn i werin y gwledydd gael llonydd. A mwy na gweddio, byddaf yn gweithio er mynd a'r awenau o ddwylaw y llywodraethwyr presennol.[96]

Na, doedd dim troi ar Niclas.

Fel Marcsydd, yr oedd ei farddoniaeth yn ddarostyngedig i'r frwydr broletaraidd dros ryddid ac o'r herwydd propaganda diamwys yw llawer o'i waith. Mae'n ofynnol cadw'r cyswllt hwn rhwng bywyd a chreadigrwydd Niclas mewn golwg yn barhaus. Gwahaniaetha oddi wrth T. Gwynn Jones a T.H. Parry-Williams am nad amlygir yn ei gerddi drwodd a thro mo'r gofal hunanfeirniadol hwnnw dros gymal a gair; mae'n nes o lawer at y T. Gwynn Jones gwrthryfelgar cynharach a ganai ar droad y ganrif. Eilbeth oedd 'crefft' yn ei awydd i gyfathrebu. Ac yntau'n gwybod am eu grym cyfathrebol, defnyddiai benillion odledig yn aml a oedd yn 'canu' fel emynau:

> Ymgyrchaf drwy frawdoliaeth dyn i wawr
> A nef brawdoliaeth bywyd ar y llawr.[97]

Dyna paham y nododd yn ddiamynedd fod 'bywyd yn rhy fyr i gweryla ynghylch "geiriau", a theimlad yn rhy angerddol i'w gaethiwo mewn "arddull"'.[98] Yn driw i'w ryng-genedlaetholdeb synnai fod 'dyn yn beirniadu yn ein prif eisteddfodau heb wybod am fodolaeth Walt Whitman'[99] ac yng ngherdd hwyaf *Dros Eich Gwlad,* sef 'Gweriniaeth a Rhyfel', mabwysiadodd y math o ganu rhydd a arferwyd gan yr Americanwr dadleuol a dylanwadol hwnnw gan ymuno â thraddodiad a ddatblygwyd ymhellach yn ystod y ganrif hon gan William Carlos Williams ac Allen Ginsberg. Roedd ei sylwadau'n anathema i draddodiad a hyrwyddwyd gan John Morris-Jones a roes gymaint o bwys ar saernïo crefftus, dweud celfydd ac arddel ymwybod â thraddodiad:

> Nid odli, nid acen, nid cynghanedd, yw Barddoniaeth, ond teimlad... Neges barddoniaeth yw cario teimlad y Bardd i galon ei ddarllenwyr: i'r graddau y llwydda i wneud hynny yn unig y mae'n fardd.[100]

Roedd syniadaeth radical felly'n haeddu llestr radical i'w chynnwys.

Dychan ac eironi yw prif arfau Niclas yng ngherddi *Dros Eich Gwlad.* Yn y gerdd deitl rhestrir tystiolaeth fesul pennill yn erbyn brwydro nes bod y waedd recriwtio, 'Dros Eich Gwlad', yn dirywio'n ystrydeb wag:

> Gwyddoch fod milwyr weithiau
> Yn saethu gweithwyr i lawr,
> Gwyddoch fod gwaed y gwerinwyr yn goch
> Ar laswellt y *Rand* yn awr;
> Cofiwch Lanelli a Dublin
> A gwaith y filwrol hâd;
> A cherddwch i'r rhengoedd yn dyrfa fawr,
> Cerddwch yn ddewr dros eich gwlad.

Gwyddoch mai arall fu'n chwythu
  Cynhennau y gwledydd bob un,
Gwallgofiaid brenhinol fu'n chwythu'r tân
  Dialgar rhwng dyn a dyn;
Gofynnir i famau Prydain
  Roddi eu bechgyn mâd,
I setlo cwerylon y mawrion beilch,—
  I farw yn ddewr dros eu gwlad.[101]

Yn rhifyn Gŵyl Ddewi o'r *Geninen,* 1914, dyfynnir dau bennill o gerdd R. J. Derfel yn erbyn rhyfel, 'Yr Afon Waed',[102] ac adleisir y gân arswydus honno yn 'Cân y Gwaed' gyda'i chytgan ergydiol:

Gwaed! gwaed! gwaed!
  Ar ddwylaw, a gwisgoedd, a gwellt;
Gwaed! gwaed! gwaed!
  A'r cledd yn fyw gan y mellt;
Gwaed! gwaed! gwaed!
  Ar glogwyn, a chledd, a glyn;
A mawrion y byd yn crechwenu'n braf
  Uwchben y trueni hyn.[103]

Seiliwyd y gân ddu-a-gwyn ei syniadaeth ar fodel 'Cân y Glöwr', Ieuan Gwynedd, a 'Cân y Crys', Iorwerth Glan Aled, dwy gân â byrdwn ailadroddus a sloganaidd.[104]

Cyfrwysach yw'r defnydd parodïol ac adleisiol o fesur emyn yn 'Duw Rhyfel':

O dy flaen yn ostyngedig
  Deuwn yn hyderus iawn,
Mae ein calon fel y gweddai
  Gan ddialedd du yn llawn;
Mae ein dwylaw heddyw'n gochion
  Gan ddiniwed, werthfawr waed;
A brawdoliaeth y cyfandir
  Sydd yn gwywo dan ein traed.

Rho dy fendith pan yn sarnu
  Y cartrefi'n filoedd draw;
Rho dy fendith pan yn llanw
  Cyfandiroedd byd â braw;
Nid oes sôn am 'Ddatgysylltiad'
  Heddyw yn ein Cymru fâd;
Mae'r pregethwr â'r offeiriad
  Heddyw'n un dros drawsion gwlad.[105]

Yn 'Cân y Gwaed' a 'Duw Rhyfel' datblygwyd ganddo eirfa ddidrimins groch a'r cyfan wedi'i wreiddio'n bendant mewn amgylchiadau hanesyddol penodol. Does yna'r un ymdrech i guddio ystyr neu ddilladu gerwinder dan haen o ansoddeiriau; awen *agitprop* yw un Niclas. Eto i gyd, dyw'r cywair ddim yn gwbl galed ac ymosodol—daw addfwynder i'r amlwg yn aml:

> Mae'r milwyr hanner gwallgof
> I gyd yn blant rhyw fam,
> Ac nid oes ond y mamau hoff
> Wyr ystyr ddyfna'r cam;
> Mae miloedd y llofruddion
> I gyd yn blant rhyw dad;
> Ac ymladd dros y teyrn wnant hwy,
> Nid ymladd dros eu gwlad.[106]

Sylwer ei fod, eto fyth, yn manteisio ar yr holl gysylltiadau sentimental a lwythwyd i mewn i'r gair 'mam' gan ecsbloetio potensial y canu poblogaidd Fictoraidd ymhellach.

Ni ellid am eiliad gyhuddo Niclas o gymylu'i ystyr, ond un o sgil-effeithiau amlycaf eglurder a rhwyddineb anfeirniadol ei ganu yw bod ei gerddi mor rhyddieithol ar eu hyd. Ychydig o'r wefr a gyfyd o asio geiriau neu gyfuno delweddau yn annisgwyl gyda'i gilydd: rhagweladwy a phrennaidd yw'r canu'n aml. Does nemor ddim gwahaniaeth rhwng ei ysgrifau areithyddol a'i gerddi, sy'n aml yn iwtilitaraidd amrwd eu natur:

> . . . gofyn am fara wna'r werin, a rhydd y mawrion ini *Dreadnought* newydd; gofyn am fara a wna'r werin, a rhydd y mawrion fwledi a characharau; gofyn am fara a wna'r werin, a rhydd y mawrion ini Arwisgiad y Tywysog yng Nghaernarfon![107]

> Elw ac Aur oedd angylion Mons,
> Ysbail a Bloneg oedd uwch y drin;
> Lledai eu ffroenau yn swn y gâd,
> Ac ar eu ffroenau 'roedd lliw y gwin.[108]

Yr un yw'r polareiddio rhwng Achos ac Effaith, Daioni a Drygioni, Cyfiawnder a Chamwri. Er bod Niclas yn dal i ganu'n yr un oslef sicr yn 1920, fe ellid camgymryd ei sythweledіad erbyn hynny am naïfrwydd. O'r herwydd, yn y gerdd estynedig

'Gweriniaeth a Rhyfel' rhoddir hyd a lled i athronyddu'n helaethach ynglŷn â'r egwyddorion otomatig sy'n taro'r darllenydd dro ar ôl tro yn ei gerddi rhyfel byrrach gan ollwng gafael hefyd ar fesurau odledig.

Ar yr olwg gyntaf, y mae'r hyn a wneir gyda ffurf yn 'Gweriniaeth a Rhyfel' mor fentrus â'r hyn a wnaeth T. Gwynn Jones yn 'Madog': dibynnir ar aceniad yn hytrach na nifer y sillafau i bennu hyd llinellau a hepgorir y gynghanedd yn llwyr. Ar y llaw arall, mae'n gerdd mor ddyledus i'r Beibl ag ydyw i Whitman, gydag ailadrodd salmaidd, cyfochri cyson a chwestiynu rhethregol:

> Pwy hud-ddenodd y bechgyn i'r drin? Pwy a'u twyllodd a chelwydd ar fil? Pwy wnaeth gelwydd yn wirionedd a rhyddid yn gaethiwed?[109]
>
> Myfi yw Gweriniaeth; cyhoeddaf fy hun yn elyn i goron;
> Cyhoeddaf fy hun yn elyn i Fagnel;
> Cyhoeddaf fy hun yn elyn i Gleddyf;
> Cyhoeddaf fy hun yn elyn i Filwyr a Brenhinoedd, i Farnwyr ac Heddgeidwaid, i Dirfeddianwyr a Chrogwyr. . .[110]

Ychydig o gynnydd gwirioneddol a geir yn athroniaeth Niclas: dramaeiddio'r tensiynau rhwng Gweriniaeth a Rhyfel a wna drwy bersonoli'r ddau fel gelynion anghymodlon.

Gweriniaeth yw'r cyflwr mwyaf elfennol a 'naturiol' rhwng dynion a'i gilydd; chwelir y cymod diniwed hwnnw gan ryfel. Gweithredwyr yn y broses honno yw'r offeiriad, y pregethwr, y bardd, y seneddwr, y brenin, gyda chefnogaeth y wasg, y pulpud, y senedd a'r deml; y mae'r gwaed ar eu dwylo. Ceisir cyfiawnhau rhyfeloedd yn enw Crist:

> "Yr Enw mwyaf mawr erioed a glywyd son."
> A feiddiwch chwi sibrwd enw'r Iesu, O Fradwyr?
> Lleddwch eich gilydd, ond nid yn Ei enw Ef.[111]

Ceir safbwynt moesol mor solat â chan unrhyw un o'r beirdd Fictoraidd wrth iddo estyn am y naill ddiffynnydd a'r llall i'w sodro â'i rethreg:

> Tydi Gadfridog, â'th galon yn goch fel dy wisg, gweddus fai dathlu dy fuddugoliaeth mewn anthemau angladdol.
> Ffrydied y dagrau, tydi a gochaist y ddaear â gwaed.
> Melltithiaf dy waith. . .[112]

Yn wir, wrth ddodi'r truan hwn mewn cynghrair â Mari Waedlyd a John Calfin, y mae bron mor garlamus ei ddychymyg ag Ellis Wynne.

Tynnir ein sylw at y modd y trowyd 'gwladgarwch' yn air budr:

> Nid wyf fi Wladgarwr; ni ewyllysiaf i'm cenedl oresgyn y byd; cydnabyddaf hawl cenhedloedd eraill i fyw yn eu gwlad, a siarad eu hiaith, a thrin eu tir, ac addoli eu Duw . . . .
>
> Caraf fy ngwlad yn angherddol,—felly nid wyf fi Wladgarwr.[113]

Nonsens yw i wladgarwyr weiddi 'Duw a gadwo'r brenin' oherwydd ffrwyth y teyrngarwch hwnnw yw 'colli miloedd o fywydau ddruted â'i fywyd yntau'.[114] Ac os felly, 'Duw ddamnio'r brenin' ddylai'r gri fod. Er bod Niclas mewn lleiafrif syniadol yn ystod y Rhyfel, bu felly hefyd yn hanes Crist. Ef yn ei ddydd a gynrychiolai 'ardderchog dyrfa'r bradwyr a'r gwrthryfelwyr'.[115] Ond trech na'r cyfiawnder a'r cydraddoldeb a bregethai Crist oedd gwanc dyn am aur a golud, yr hyn a barodd felltithio Crist. Llygriad o'i athroniaeth yw cynnal rhyfeloedd yn ei enw a gwrthodir hwy ganddo.

Twyllwyd y werin erioed gan gyfalafiaeth y dosbarth rheoli; ond hebddi, ni allai'r sioe fynd yn ei blaen o gwbl:

> Ni ellir arwisgo tywysog na choroni brenin na lladd gwerinwyr heboch chwi; ffrwd eich cyfoeth sydd yn gwneud y plasau'n llawn.[116]

O'r herwydd, er mwyn 'cywiro' cyfalafiaeth a dychwelyd at weriniaeth Crist, dylai'r werin streicio:

> Tynnwch eich llafur yn ol; ewch i'ch cartrefi i aros cwymp gorsedd-feinciau; buan y syrthiant heboch chwi.
>
> Lowyr fy ngwlad! dywedwch y gair, a daw Rhyddid a Thangnefedd i'r ddynolryw.[117]

Adlewyrchiad o'r diniweidrwydd a gollwyd o fyd dynion yw natur, sy'n arwyddo creadigrwydd dwyfol: 'heulwen a blodau Duw yn llonni daear gyfan.'[118]

> Didostur yw Mars; ni ŵyr beth yw tynerwch. Credaf yn y gwanwyn a'r briallu, yn y nythod a'r adar a'r coed;—
>
> Am hynny nis gallaf gredu mewn rhyfel.[119]

Diolcha yntau a llawenhau am 'wanwyn a blodau ym mlwyddyn y Rhyfel Mawr'.[120] Ond y mae'n fwy rhadlon na T. Gwynn Jones yn 'Gwanwyn' am fod ganddo gyfuniad ystyfnig o Gomiwnyddiaeth a Christnogaeth a'i galluoga i weld modd ymwared a 'thröedigaeth' ymhlith dynion. Dyw'r hyder hwnnw yng ngallu cymdeithas ddim yn para yn achos Gwynn Jones yn ystod y Rhyfel.

Gwrthweithir y rhamantiaeth a roes Gwynn Jones ar led yn ei hir-a-thoddeidiau i Ynys Afallon yn adran olaf 'Gweriniaeth a Rhyfel' oherwydd nid 'cartref gobeithion' breuddwydiol sy 'draw dros y don' ond cyrff yn pydru'n anghyfareddol o realistig ar erwau'r cyfandir:

> Draw dros y don! Draw dros y don! myrddiwn o feddau sydd yno,
> a chalon mam ymhob un.[121]

Nid hafan mohoni i arwyr unigol ond mynwent fawr amhersonol. Cyfeiliornad aruthrol yw'r cwbl a rhagwelir yn y diweddglo apocalyptaidd fyd newydd. Dyna pam fod y geiriad mor bositif, 'Byw byth fyddo'r Chwildroad',[122] oherwydd mai yn nwylo dynion cyffredin y canfyddir yr allwedd i well dyfodol.

Adleisir yr hyn a bregethir ym mholemig Niclas, 'Gweriniaeth a Rhyfel', yn llith un arall o feirdd Penfro, Waldo Williams; lluniwyd *Brenhiniaeth a Brawdoliaeth* (1956) fel ymateb i'r rhyfel yng Nghorea. 'Fe'm gwefreiddiwyd ganddi''[123] ebe Waldo am gerdd Niclas ar ôl ei darllen yn 1916.

> O flaen brawdoliaeth y mae brenhiniaeth yn cael ei barnu. Myn brenhiniaeth er ein hapusrwydd ni a'i hwylustod hithau ddwyn y ddawn ofnadwy oddiarnom, a'n cymhwyso at ei maintioli a'n hystumio at ei dibenion, ond brawdoliaeth yw ceidwad ein dynoliaeth annibynnol. Hi yw sylfaen ein rhyddid canys ganed ni yn ddibynnol ar ein gilydd ac yn y berthynas honno y canfyddwn ein hawliau. Os credwn mai tadolaeth Duw sydd uchaf yn y nefoedd pa fodd yr amheuwn mai brawdoliaeth dyn sydd ddyfnaf ar y ddaear? Nid deiliaid i'r Cesar hwn a'r Cesar arall ydym yn hanfodol ond plant Duw a chyd-ddinasyddion tragwyddoldeb.[124]

Fel Niclas, a garcharwyd gyda'i fab am bedwar mis yn 1940 yn ystod yr Ail Ryfel Byd, dioddefodd Waldo yntau oherwydd ei wrthwynebiad i ryfel a'i garcharu yn 1960. Cofier, serch hynny, nad heddychwr digymrodedd mo Niclas o gymharu: credai mewn lladd drwy ryfela a thrais os oedd yr amod yn gyfiawn yn ei olwg a dyna oedd sail ei gefnogaeth ddadleuol yn 1969 i ymyrraeth Rwsia yn Siecoslofacia.

Yn eironig efallai o gysidro'i holl realaeth, natur haniaethol lac canu rhyfel Niclas sy'n taro dyn po fwyaf y'i darllenir: nid argyhoeddir dyn o'r profiad y tu ôl i'w hefru parhaus am 'werin' a 'brodyr' a 'breuddwydion'; nid tan ei garchariad yn ystod yr Ail Ryfel Byd y daeth o hyd i ddiriaethau penodol i gydio ei weledigaeth wrthynt a hynny yn rhai o sonedau *Llygad y Drws* (1940) a *Canu'r Carchar* (1943). Fodd bynnag, fel y sylwyd gynnau, mae i'w farddoniaeth hygrededd a hynodrwydd oherwydd ei bod ynghlwm wrth weithredu gwleidyddol uniongyrchol. A dyna paham y mae'r cysylltiad rhyngddo a Waldo yn un mor bwysig: er ei fod yn canu ag argyhoeddiad a anwyd yn nhân y Rhyfel Mawr, fe leisir yr argyhoeddiad hwnnw ganddo drwy gyfrwng iaith lawn ymwybod aeddfed â chymhlethdod moderniaeth. Mewn cyfnod ôl-Morris-Jones, fe lwyddodd hefyd i greu barddoniaeth wefreiddiol â haniaethau fel 'elw' ac 'adnabod' a 'brawdoliaeth'. Yr un modd gyda Gwenallt a luniodd ragymadrodd i *Llygad y Drws*: dylanwadodd y Marcsydd a ddaeth yn weinidog at yr Annibynwyr yn y Glais yn arw arno'n llanc ac fe'i carcharwyd cyn cyrraedd ei ugain oed yn sgil ei wrthwynebiad cydwybodol i'r Rhyfel Mawr. Ond os sylwir ar y rhegi a'r rhethregu a'r safbwynt moesol diwyro sydd weithiau'n ymylu ar bropaganda yn ei farddoniaeth, yna ni ellir gwadu chwaith ôl dylanwad llenyddol T. E. Nicholas ar Gwenallt. Rhwng y ddau fardd Cristnogol mawr hyn, felly, fe fynegwyd ac fe gwmpaswyd peth o ddeinamig T. E. Nicholas o fewn barddoniaeth Gymraeg yn y man.

Do, fe welodd Niclas y Glais ddrygioni'r Rhyfel Mawr, ond gyda sêl cenhadol pamffletîr, bodlonodd ar gyfathrebu'n amhroblematig drwy gyfrwng iaith ddiamwys y byd oedd ohoni.

T. Gwynn Jones

Petai rhywun yn mynd ati'n ddibaratoad i ddarllen rhai o gyfnodolion 1914 hyd 1918, fe ellid maddau iddo am dybio fod dau fardd yn dwyn yr enw T. Gwynn Jones wrthi'n cyhoeddi cerddi ar y pryd. Ar y naill law, ceir y T. Gwynn Jones newyddiadurol gyfoes sy'n protestio'n llawn panig yn erbyn y Rhyfel mewn cyfres o gerddi byrion odledig a phur uniongyrchol eu mynegiant. Ar y llaw arall, ceir y T. Gwynn Jones canoloesol ramantaidd sy'n camu'n hamddenol i'r gorffennol mewn ambell gerdd estynedig gyfoethog ei mydryddiaeth a'i chynganeddiad. Saif gwrthdystiwr penboeth 'Rhyfel' ar y naill law a diplomydd hirben 'Madog' ar y llall.

Dydd cyntaf Awst 1914, tridiau cyn i Brydain ymuno'n swyddogol â'r Rhyfel, yw'r dyddiad wrth droed 'Rhyfel', cerdd a welodd olau dydd yn *Y Faner* yn ystod wythnos gynta'r Rhyfel. Ymosodir ynddi'n ddi-flewyn-ar-dafod ar ragrith llywodraethwyr na fynnent gydnabod paradocs eu gweithredoedd yn dadlau'n huawdl o blaid rhyfel arfog dros heddwch yn enw Crist:

Gwyddoch mai lladd a threisio
  Yw'm huchaf ogoniant i;
Paham y rhaid ofer geisio
  Fy ngwisgo â'ch celwydd chwi?
Pam y danfonwch feddygon
  I drwsio ebyrth y drin,
A chuddio'u gwae rhag golygon
  Eiddicach am waed nag am win?

Ymaith â'ch geiriau llyfnion,
  Sy'n cuddio fy nghampau drud,
Gogoniant y clwyfau dyfnion,
  Y rhegi a'r rhwygo i gyd;
Trychu a dryllio aelodau,
  Darnio esgyrn a chnawd,
Dyna un diben catrodau,
  Nid dandlwn pob burgyn tlawd![125]

Ni fyddai canu fel hyn, canu mor ddiamwys ei fynegiant a diwyro'i argyhoeddiad moesol, yn beth diarth yn y wasg Gymraeg rhwng Awst 1914 a Thachwedd 1918, dim ond fod y rhan helaethaf ohono o ddigon yn cefnogi yn hytrach nag yn gwatwar penderfyniad y seneddwyr i ryfela.

Er gwaetha'r brotest a leisir yng ngherdd gyntaf Gwynn Jones o gyfnod y Rhyfel, ni chafodd unrhyw anhawster wrth ladd ar yr Almaen. Yn ôl dwy erthygl a gyhoeddodd yn *Y Goleuad* yn 1914, ffrwyth ei rhwysg a'i brôl ei hunan oedd y Rhyfel Mawr, ffrwyth yr athroniaeth genedlaethol ddinistriol a feithrinwyd gan Nietzsche a'i gydwladwyr ers tua 1870:

> Damweinied y Rhyfel fel y damweinio, fe symudir un camsyniad o'r byd trwyddo. Ni cheir neb mwy i dybio fod diwylliant yn yr Almaen, pa beth bynnag arall a ddichon fod yno.[126]

Yn rhifyn Gaeaf 1914 o gylchgrawn myfyrwyr Cymraeg Aberystwyth, *Y Wawr,* traethodd yn watwarus am Almaenwr o'r enw Joachim a gyfarfu ar ei wyliau, creadur a daearai y byddai diwylliant yr Almaen yn gormesu'r byd yn y man.[127]

Pen draw rhesymegol yr un ymresymiad a arweiniodd John Morris-Jones yn Hydref 1914 i farnu nad oedd yr Almaen mwyach 'yn "addas" i fyw yn y byd'.[128] Ond nid arweiniwyd Gwynn Jones i'r un fan ag ef. Yn rhifyn Hydref 1914 o'r *Traethodydd,* daeth milwriaeth yr Almaen dan ei lach mewn erthygl rymus, 'Trechaf Treised'. Yn honno, mynnodd nad ydoedd ef wrth wrthwynebu milwriaeth yn elyn i'w wlad ei hun. Yn hytrach, daliodd mai ildio i ddull anwar yr Almaen yr oeddid drwy arfer trais yn ei herbyn:

> Pe trechem yr Almaen a'i dwyn i'r llwch fel na chyfodai am ganrif eto, ein crochlef ninau, cystal â'r Almaeniaid eu hunain, yw 'A ddywedo'r Caisar, y mae hynny yn iawn!' Treched a drecho, colled a gollo, yr un peth fydd y canlyniad—Buddugoliaeth Milwriaeth.[129]

Rhybuddiai'n daer rhag mabwysiadu dull y gelyn i drechu'r gelyn.

Ar ddechrau'r Rhyfel Mawr, felly, fe goleddai Gwynn Jones ddelfrydau pendant o hyd. Gresynodd, er enghraifft, at y modd y chwalwyd cynhadledd flynyddol cefnogwyr Esperanto a gyfarfu ar drothwy'r Rhyfel ym Mharis—'yr oedd ymdrechion meibion dynion am gyd-ddealltwriaeth a chydweithrediad yn ymledu drwy bob gwlad'.[130] Cristnogaeth oedd ei obaith mawr arall: 'Ni bu ar wyneb daear erioed drosedd mwy anferth yn ei erbyn nag sydd yn digwydd rhwng gwledydd "Cristionogol" Ewrob heddyw. Ceisiwn sylweddoli hynny.'[131] Ar wahanol adegau yn ystod y Rhyfel, rhoes ffydd yng nghondemniad y Pab ar y Rhyfel a Chatholigiaeth yn sgil hynny yn ogystal â niwtraliaeth America hyd Ebrill 1917. Yn ôl tystiolaeth rhagair i *Diary of a Pacifist* a gadwyd gan Gwynn Jones yn ystod y Rhyfel, edmygodd yn ystod y Rhyfel y Crynwyr a'r Catholigion y daeth ar eu traws oherwydd cysondeb eu safiad Cristnogol. Tystir i'w ddiddordeb mewn Catholigiaeth ar y pryd gan deitlau Lladin amryw o'i gerddi rhyfel, ac fe gyfeiria Gruffydd mewn un llythyr ato ef ei hun yn cael ei ddenu at Grynwriaeth tra denid Gwynn Jones at Gatholigiaeth.

Buan y dadrithiwyd Gwynn Jones yng ngrym a dylanwad yr eglwys Gristnogol Ewropeaidd yr oedd wedi gobeithio y byddai'n gallu ffrwyno'i gwleidyddion rhag mynd i ryfel. Gwelai'r Rhyfel ar y pryd mewn termau du-a-gwyn fel ymrafael rhwng dulliau Duw a dulliau'r Diafol a dyna'r argyhoeddiad a fynegodd yn ddiamwys mewn anerchiad yng Nghapel Tabernacl, Aberystwyth yn Chwefror 1915, *Croes ai Cors?* Er gwaetha'r honiad mai lluoedd Duw oedd wrthi'n lladd ysbryd dieflig yr Almaen, iselhau i ddulliau'r gors oedd rhyfela. Rhyfel ymerodraethol ydoedd oherwydd drwy ddulliau Machiavelaidd yr helaethid gwledydd yn ddieithriad. A hithau'n ben-set ar wareiddiad, roedd hi'n ofynnol i bawb ddewis:

> Ceisiwn glirio pob rhyw sentiment o'n calonnau—y mae ein crefydd yn rhy deimladol, neu ynteu yn rhy ddamcaniaethol. Maddeuer i mi am ddywedyd ein crefydd, canys diau y bernir nad oes gennyf fi mo'r hawl honno. Ond barnu yr wyf bellach nad oes eisiau na theimlad na damcaniaeth ar y pen hwn—Pa un a fynnwn ni, ai'r Groes ai'r Gors?[132]

Faint o groeso a gâi ei safbwynt yn Aberystwyth ar y pryd sy'n gwestiwn. Erbyn Rhagfyr 1914 roedd bron naw mil o filwyr yng nghyffiniau'r dref a nifer o alltudion o Wlad Belg. Dim ond 260 o fyfyrwyr oedd ar ôl yn y Coleg erbyn Hydref 1916 a merched oedd 172 o'r rheini. Yr oedd cwmni o wirfoddolwyr wedi ffurfio yno adeg Rhyfel y Boer ar droad y ganrif a throes hwnnw'n gangen o'r O.T.C. yn 1908. Aeth oddeutu 250 o aelodau drwy'i rengoedd erbyn 1914 a gresynai'r Prifathro T. F. Roberts na châi llawer o'r recriwtiaid hyn gomisiwn fel yn hanes myfyrwyr Caergrawnt a Rhydychen. Pan gofrestrodd Iorwerth Peate yn fyfyriwr yno ym Medi 1918, doedd ganddo ddim dewis ond gwisgo lifrai caci'r O.T.C. hyd yn oed yn narlithoedd Gwynn Jones.[133]

Mae'n amlwg ddigon fod holl awyrgylch Aberystwyth ar y pryd wedi bod yn boen ar enaid Gwynn Jones. Yn 1917, daeth o hyd i enaid hoff cytûn yn yr heddychwr, Tegla Davies, a diolchodd iddo ddiwedd y flwyddyn honno am y croeso a gafodd ar ei aelwyd yn Llanrhaeadr-ym-mochnant:

> Bydd yn bleser gennyf gofio tra bwyf am yr oriau hynny, pryd y gwybûm fod eto yn y byd ddynion da a charedig, pwyllog a doeth. Yn y dreflan fach gul ac anwybodus hon, prinion iawn, o angen-

rheidrwydd, yw dynion felly, a bydd mynd oddi yma i awyr iach yn rhyddhad mawr bob amser.[134]

Un o hoff eiriau Gwynn Jones sy'n britho ei lythyrau o'r cyfnod yw 'ffyliaid', ac yn rhannol er mwyn osgoi sŵn rhai felly a rhag eu tynnu yn ei ben yr ymunodd W. J. Gruffydd â'r llynges ddiwedd 1915 a gwasanaethu ar *mine-sweeper*:

> Mewn sobrwydd a gwirionedd, heb air yn ormod, y mae'r gwaith yma yn llai *humiliating* na bod yn gaethwas i syniadau siopwyr a thaeogion yng Nghaerdydd. Yr oedd wedi mynd yn rhemp yno: digon tebig ydyw hi yn Aberystwyth, mi dybiaf. Gadewch imi wybod beth y mae'r diawliaid yn ei dywedyd amdanoch chi.[135]

Fwy nag unwaith, sonia Gwynn Jones ar y pryd am ymfudo o'r wlad hon: meddai ym Medi 1918 wrth ei gyd-newyddiadurwr gynt yng Nghaernarfon, Morgan Humphreys: 'Os daliaf hyd nes bo'r môr yn rhydd unwaith eto, ni wel "gwlad fy nhadau" fwy arnaf fi.'[136] Enwir Deheudir America sawl gwaith fel cyrchfan debygol, arwydd fod ei ymchwil am yr ynys bellennig o leiaf wedi'i lleoli ar dir y byw.

'Drannoeth y drin': W. J. Gruffydd, T. Gwynn Jones a Gwili yn Eisteddfod Genedlaethol Corwen yn 1919.

(Bro a Bywyd T. Gwynn Jones, gol. David Jenkins, 1984, 46)

Tybed beth a barodd fod ymateb Gwynn Jones i'r Rhyfel mor chwyrn? Y mae'n amlwg fod sawl digwyddiad ar y pryd wedi caledu ei wrthwynebiad i'r Rhyfel. Aelod arall o staff Aberystwyth a fu'n ddraenen yn ystlys yr awdurdodau ar y pryd oedd yr ysgolhaig athrylithgar o'r Almaen, Dr. Hermann Ethé. Yn ôl David Jenkins yn ei gofiant rhagorol i Gwynn Jones, roedd y modd yr erlidiwyd yr hynafgwr Almaenig a'i wraig o Aberystwyth ddiwedd 1914 a'i farwolaeth drist cyn diwedd y Rhyfel yn un ffactor a gadarnhaodd ei wrthwynebiad i'r Rhyfel.[137] Bryd arall, fe'i gwylltiwyd gymaint gan weddi ryfelgar yn y capel ryw nos Sul nes iddo arwain ei deulu allan o'r adeilad.[138] 'Oni chredwch chwi bellach fod Ymneilltuaeth wedi darfod am byth?' gofynnodd Gwynn Jones i Morgan Humphreys mewn llythyr yng Ngorffennaf 1917.[139] Cocynnau hitio cyson ganddo yn y llythyrau hynny yw 'y dyn bach yna o Gricieth'[140] ac 'y gwr llwfr o Sir Fon';[141] felly y cyfeirir at Lloyd George a John Williams, Brynsiencyn. 'Ni buoch chwi na minnau am eiliad wedi troi'n cefnau ar y ffydd',[142] deil Gruffydd mewn un llythyr. Serch hynny, doedd hi ddim bob tro'n hawdd i Gwynn Jones ddal ei dir fel heddychwr heb anobeithio a hel amheuon:

> Yr wyf yn fynych bron ag ymollwng fy hun i ganlyn y llif gwaedlyd. Gofyn yn aml i mi fy hun pa beth a ddigwyddai i'r wlad hon pe bae bawb fel y fi. Ond wedi'r cwbl, ni allaf ildio. Y mae'n ddyled ar ddyn pwyllog gadw ei bwyll. Ac fe ŵyr pob dyn a ŵyr rywbeth na setlodd rhyfel ddim byd erioed ac na setla hwn ychwaith.[143]

Dyna'i eiriau mewn llythyr at Silyn Roberts yng Ngorffennaf 1915.

Sut yr edrychid ar Gwynn Jones ar y pryd? Dyma enillydd dwy Gadair genedlaethol a oedd newydd gychwyn gyrfa newydd yn Adran Gymraeg y Coleg Ger y Lli. Ysgolhaig ydoedd felly, aelod parchus o gymuned academaidd Aberystwyth. Ac yntau yn ei bedwardegau cynnar, go brin y'i hystyriwyd yn fygythiad mawr i'r drefn o gymharu â bardd arall a chyfoeswr iddo, T. E. Nicholas, a fu yn fwy uchel ei gloch o'r hanner yn erbyn y Rhyfel. Er bod Gwynn Jones a'i brifathro yn llawiau, go brin serch hynny fod ei safiad yn plesio awdurdodau'r coleg yn enwedig o gofio fod newyddian arall ar staff yr un adran ag ef, Parry-Williams, hefyd yn gwrthwynebu'r Rhyfel. Doed 1919 a bron na fu'n rhaid i'r ddau ddarpar Athro dalu'r pris am eu safiad amhoblogaidd gan fod llawer o bwysau cyhoeddus o blaid dyrchafu'r unig un o staff yr Adran Gymraeg a wasanaethoedd yn y Lluoedd Arfog, Timothy Lewis, ar draul y ddau filitant.[144]

Ac Ewrop ar y pryd yn dynesu at ail ryfel byd, cyfeiriodd Gwynn Jones yn 1934 at ei 'ymwneud gweithredol â phropaganda yn erbyn rhyfel' a disgrifiodd ei hun fel 'gwrth-filwriaethwr yn ddeallusol yn anad unpeth arall'.[145] Un arall y bu'n gohebu'n frwd ag ef yn ystod y Rhyfel oedd George M. Ll. Davies: 'I fancy I lost at Bermo somethings that had long clung to me',[146] meddai Gwynn Jones mewn llythyr ym Mawrth 1916 gan gyfeirio at gynhadledd heddwch a gynhaliwyd yn y dref honno. Cyfieithiodd yn ystod y cyfnod hwn nifer o gyhoeddiadau propaganda ar gyfer Cymdeithas y Cymod a dosbarthai amryw o bamffledi Cymraeg y mudiad. 'Druan â Chymru', meddai George M. Ll. Davies mewn un llythyr ganol Awst 1916, 'Ai er mwyn hyn y llafuriodd ein tadau ac y breuddwydiodd ein beirdd?'[147] Mynegir yr un math o ddadrith yn llythyrau Gwynn Jones ar eu hyd; meddai am y werin a folodd mewn cerddi lu o'r blaen:

> Nid yw'r 'werin' mor ffyddlon iddi [y Gymraeg] ag y mynnodd rhai prydyddion. Gwn am laweroedd a'i sieryd yn unig am mai hi yn unig a fedrant—*bourgeoisie* Lloegr yw eu duwiau mewn gwirionedd.[148]

Yr un yn Chwefror 1916 oedd sylweddoliad Gruffydd: 'yr wyf wedi gweled o'r diwedd mai *illusion* yw gweriniaeth a gwerin, ond *illusion* annwyl imi er hynny'.[149]

Erbyn canol y Rhyfel Mawr, daw'n amlwg fod rhwyg yn ymffurfio rhwng Gwynn Jones a'i orffennol. Tyf yn fwyfwy beirniadol o'i etifeddiaeth radicalaidd, ymneilltuol a bwria'i lach ar arweinwyr y gwareiddiad hwnnw. Nid nad oedd protestio'n groes i'r graen iddo. Dipyn o dderyn drycin fu'r Gwynn Jones cynnar ar lafar gwlad, fel y prawf y cerddi dychan ymgyrchol a Fictoraidd a gynhwyswyd yn *Gwlad y Gan a Chaniadau Eraill* (1902) ddechrau'r ganrif. Ond roedd y cydymdeimlad croyw a fynegodd â'r glöwr a'i gondemniad llwyr ar y meistr tir bryd hynny'n dderbyniol: roedd atal gormes y landlord yn rhan o raglen waith y radicaliaid Rhyddfrydol ac felly hefyd ddadlau dros hawliau'r werin. Yr un werin wyryf nas llygrwyd gan sefydliadau gwareiddiad

—boed honno'n werin amaethyddol neu ddiwydiannol—a ddelfrydwyd ym marddoniaeth ramantaidd W. J. Gruffydd a T. E. Nicholas hwythau. Pan gyhoeddodd Gwynn Jones ei gerdd realaidd am Ryfel y Boer yn *Y Beirniad* yn 1913,[150] er i'w harddull gynhyrfu'r dyfroedd roedd ei safbwynt cydymdeimladol tuag at 'Juggins a Muggins a Snoddy' werinol ynghyd â'i olwg feirniadol ar y rhyfel hwnnw'n dderbyniol—oni fu'r farn gyhoeddus yng Nghymru ynglŷn â Rhyfel y Boer yn dra chymysg ac oni wrthwynebwyd y rhyfel gan Lloyd George? Roedd rhamantiaeth ddiwedd y ganrif ddiwethaf a dechrau'r ganrif hon yn gyfalaw didramgwydd i ddatblygiadau gwleidyddol y dydd ac yn fynegiant croyw ohonynt. Am fod ei phrotest yn brotest amserol a chywir, roedd rhamantiaeth lenyddol a radicaliaeth wleidyddol ar y cyfan yn cyd-dynnu. Ond roedd sefyllfa wleidyddol y Rhyfel Mawr yn un gymhlethach o'r hanner a'r ymateb emosiynol yn fwy cymysg. Wrth iddo sylweddoli i ba le yn union yr arweiniai holl gynnydd ac optimistiaeth Fictoraidd ei fagwraeth, cododd Gwynn Jones ei lais yn erbyn y datblygiad. Ond yn ofer: taranai Cymru'n gibddall tua'r dibyn yn feddw ar ei llwyddiant a doedd dim modd ei hatal. Erbyn 1914 protest ymylol, un leiafrifol ac nid un boblogaidd, oedd ei brotest ef.

Buan y tynnodd Gwynn Jones feirniaid yn ei ben. Yn rhifyn Gwanwyn 1916 o'r *Wawr,* cyhoeddwyd ei gerdd eironig, 'Quousque, Domine!' Dadrithiad person o weld y doethion a'i hyfforddodd ym mhen y ffordd yn cyfeiliorni sydd ynddi. Y flwyddyn honno y daeth gorfodaeth filwrol yn ddeddf gwlad. Roedd y fath weithred filwrol yn rhwym o styfnigo protest unrhyw heddychwr, ond roedd hi hefyd yn weithred dotalitaraidd ei harwyddocâd i'r Anghydffurfiwr; lleihawyd hawliau'r gydwybod unigol a chynyddu grym y wladwriaeth a rhoddwyd pin yn ogystal yn swigen y sawl a ddelfrydodd annibyniaeth falch y werin. Yn driw i gywair eironig cerddi Gwynn Jones ar y pryd, dyma'r union fath o filitariaeth a nodweddai'r Almaen, yr aethpwyd i ryfel i roi diwedd arni. Dangosodd cerdd Gwynn Jones fel y dygai arweinwyr crefyddol anfri ar eu credoau ac fel y methai eu harweinyddiaeth: buont am genedlaethau'n pregethu'r naill beth ond yn ddirybudd dyma nhw'n gweithredu'n gwbl groes i'w dysgeidiaeth. Doedd dim syndod fod rhywrai wedi drysu'n lân mewn sefyllfa mor anghyson o'r fath:

Yn nyddiau undeb y Gred a'r Drin,
A'i weddi'n rheg ar ei chwerw fin,
Syrthiodd y Disgybl i gysgu'n flin.

A gwelodd y Disgybl trwy ei hun
Gythraul, â'i wedd megis ef ei hun,
Yn chwalu Eglwys yr Unig Un.

A llefodd y Disgybl yn ei wae
Ac yn ei gywilydd: 'Pa le y mae
Y gobaith a gollwyd? Och, na bae!'[151]

Doedd y math hwn o amheuaeth o'r arweinwyr a'r awgrym eu bod 'yn gado a gwadu yr unig un' ddim wrth fodd calon un o bwysigion y genedl ac eilun y werin, O. M. Edwards: 'Yr oedd eich cân yn *Y Wawr* yn grasder i mi lle na chefais ond mwynder erioed o'r blaen, ac yn finegr lle'r arferwn gael gloew win puredig.' Wrth ateb ei lythyr, dywedodd Gwynn Jones mai geiriau o'r pulpud a'i hysgogodd i'w llunio: 'Profiad traethu o bulpud y croesawai Grist "y milwr mwyaf pechadurus o'r *trenches* ond y gwrthodai wrth-filwriaethwr gyda dirmyg." '[152]

Un o hoelion wyth yr ymgyrch recriwtio yn Meirionnydd oedd O. M. Edwards, ac felly hefyd John Morris-Jones a John Williams, Brynsiencyn yn y gogledd. Bu gwrthdaro tebyg yn eu hanes nhw adeg y Rhyfel, hanes sy'n profi fel y craciai'r consenswс Cymreig ar y pryd. Cwynodd y ddau droeon wrth Morgan Humphreys, golygydd cyfnodolyn mwy oedrannus o'r hanner, *Y Goleuad,* am ei fod yn feirniadol o bolisi Lloyd George ac am iddo roi lle yng ngholofnau'r cyhoeddiad i heddychwyr fel Puleston Jones a D. Francis Roberts gael dweud eu dweud. *Confidant* Morgan Humphreys ar y pryd oedd Gwynn Jones. Un y bu gan Gwynn Jones y parch mwyaf ato cyn y Rhyfel oedd John Morris-Jones, beirniad a gydnabu yn hael gamp 'Ymadawiad Arthur' yn 1902. Ni wyddys a fu ffrae rhyngddynt yn ystod y Rhyfel ai peidio: mae bwlch yn yr ohebiaeth rhyngddynt sydd ar gael i'w gweld rhwng diwedd Awst 1914 a chanol Mehefin 1921. Ond er nad yw naws y llythyrau wedi oeri dim erbyn y dauddegau, mae'n amlwg fod Gwynn Jones wedi'i siomi yn Morris-Jones. Meddai mewn llythyr at Gruffydd yn 1917:

Rhyfedd y newid a ddaeth dros y gwladgarwyr gynt a folai'r Almaen, er mwyn i chwi feddwl, mai'n debyg, eu dysgediced, ac a

> gyfieithai brydyddiaeth y wlad honno mor rhwydd, ond sydd weithian—waeth heb ychwanegu![153]

Cyfeiriad mae'n siwr at gyfieithiadau Morris-Jones o gerddi Heinrich Heine yn *Caniadau* (1907). Ac fel 'erthygl gableddus' y disgrifiodd Gruffydd yn Chwefror 1916 un o eitemau Morris-Jones yn *Y Beirniad* ynglŷn â'r Rhyfel.[154]

Mae'r holl dystiolaeth a gyflwynwyd hyd yn hyn yn tysio i safiad pendant Gwynn Jones yn erbyn y Rhyfel a'r dadrithiad a deimlodd ar y pryd yn yr arweinyddiaeth Ryddfrydol a'r eglwysi ymneilltuol: 'Y mae gennyf finnau safle, a rhyw bethau yr wyf yn eu credu ac yn ceisio bod yn ffyddlon iddynt',[155] dywedasai wrth ateb O. M. Edwards. Dyma'r gŵr y canmolwyd ei weledigaeth wladgar mor fuan â 1892 gan is-olygydd athrylithgar *Y Faner*.[156] Dyma'r genhedlaeth y meithrinwyd syniadau Gwynn Jones gan ei daliadau a chenhedlaeth yr aeth ef ati yn y man i hyrwyddo a datblygu ei hargyhoeddiad ymhellach, bellach yn ei fradychu. Mynegodd ei siom a'i chwerwder mewn nifer o gerddi pigog a dychanol a thosturiol drwy gydol y Rhyfel mewn llu o gyfnodolion fel *Y Wawr, Y Deyrnas, Y Traethodydd, The Welsh Outlook, Y Goleuad, Y Faner, Papur Pawb, The Grail.* Yn 1914, cyhoeddodd ddwy gerdd wahanol dan yr un teitl, 'Rhyfel', yr atgynhyrchwyd hwy'n ddiweddar yn *Gwaedd y Bechgyn,* yn ogystal â 'Te Deum'; yn 1916, 'Quousque, Domine?' dramgwyddus a 'Miserere, Domine'; yn 1919, 'Ein Tadau'; ac yn 1932 yn *Manion,* 'Mater Dolorosa' a 'Pero', dwy gerdd â'r dyddiad 1916 wrth eu cwt. Cyhoeddodd hefyd res o erthyglau yn gwrthwynebu'r Rhyfel y rhydd eu teitlau'n unig arwydd clir o argyhoeddiad Gwynn Jones ar y pryd: yn 1916 yn unig, cyhoeddodd ddau gyfieithiad ar ran Cymdeithas y Cymod, 'Y modd i atal ysbryd milwriaeth' ac 'Y ffydd i'r oes newydd', yn ogystal â 'Nationality and Patriotism' yn *The Welsh Outlook,* 'Gwladwriaeth a Chydwybod' yn *Y Deyrnas,* a 'The Tradition of War' yn *The Venturer.*[157]

Eto i gyd, fel yr awgrymwyd eisoes, yr oedd yna Gwynn Jones arall yn cyfansoddi cerddi mwy ymlaciol eu naws o'r hanner tua'r un pryd eithr cerddi mor ddifri eu bwriad bob tamaid. Fe allai'r polymath hwn neilltuo amser i lunio cerddi ar gynfas hwy a mwy uchelgeisiol o lawer, cerddi llai amlwg safbwyntiol o'r hanner ond rhai sy'n archwilio cwestiynau athronyddol mawr a oedd wrth wraidd yr amheuaeth ysbrydol a brysurwyd gan chwalfa'r Rhyfel Mawr. Yn 1915 yn 'Y Trydydd', holwyd:

> "A ydyw'r gwaith yn haeddu bendith Dduw?
> A faddau ef yr holl oferedd ffôl—
> A ddaw y geiniog sanctaidd eto'n ôl?"[158]

Eto yn 'Gwanwyn' yn 1916, gofynnwyd:

> Iôn! a ddaw nos ein drygioni ninnau yn wenwawr oleuni,
> Gwanwyn yn dwyn daioni y nef i'n calonnau ni?
> Blin ydyw bod heb oleuni dy wir, er daearol dlysni,
> Gwell fyddai'i hirfaith golli, hyd awr dy dangnefedd Di![159]

A thrachefn yn 'Madog' rhwng 1917 a 1918:

> "Dywed, O, dad," medd Madog, "O, dad, a oes Duw yn y nefoedd?
> Onid aeth byd i'r annuw? O, dad, oni threngodd Duw?"
>
> "Duw," medd y llall, "ni adawodd ei nef, na'i ofal amdanom,
> Duw a luniodd ein daear, Duw o'i thrueni a'i dwg;
> Byrr yw ein dyddiau, fel barrug y ciliant rhag heulwen y bore;
> Mil o flynyddoedd fel undydd sydd yn ei hanes Ef;
> Diau, pe gwelem y diwedd, dychryn y dechrau a giliai,
> Dafn, er dyfned ei ofnau, yw dyn yn ei funud awr."[160]

O gofio am ymresymu elfennol y rhan fwyaf o'r brydyddiaeth dymhorol a lanwai bapurau newydd y dydd, dyma ymateb athronyddol sylweddol i haeriad cennad materoliaeth yr Almaen, Friedrich Nietzsche, fod Duw wedi marw.

Ac eto, mae'n anodd gwybod sut yn union i ymateb i 'Madog' o wybod am y safbwynt diwyro a fynegwyd yn erbyn y Rhyfel gan Gwynn Jones ar y pryd mewn cerddi byrion ac erthyglau lu. Gwrthwynebiad cyffredinol i ryfel a fynegir ynddi yn hytrach na gwrthwynebiad penodol i'r Rhyfel Mawr. Traethir yn oraclaidd am ryfel ac ymatebir iddo ar lefel ddiarhebol ac oesol:

> Dyn ni chaiff na daioni na hedd ar y ddaear hon.[161]

> Dafn, er dyfned ei ofnau, yw dyn yn ei funud awr.[162]

> Brodyr, er pob bâr ydym—tost na baem hefyd gytûn.[163]

Trwy ddewis darlunio tirlun mor academaidd ar y pryd, onid oedd peryg iddo godi mur dieithriol rhyngddo ef a'i gynulleidfa a'i gyfnod? Onid oedd peryg i arwyddocâd uniongyrchol gyfoes cerdd heriol yn ei hanfod gael ei gamddehongli am ddihangfa anamserol i'r gorffennol pell? Tybed na chollodd Gwynn Jones ei nerf lenyddol ar ôl yr ymateb i realaeth 'Pro Patria!' yn 1913?

> Condemniwyd hi'n ddiarbed gan bob papur newydd a chyhoeddiad. Methai pob dosbarth o feirniad â gweld dim ynddi ond arwydd o adwaith a dirywio llenyddol yng Nghymru. Y mae'r bardd yn rhegi yn y gerdd, a pharodd i'r arweinwyr ymron i gyd ei regi yntau. Ceisio deffro cenedl i felltithio Rhyfel oedd unig amcan y gerdd.[164]

Beth bynnag oedd y rheswm am hynny, ni lwyddodd Gwynn Jones i ganfod llwybr canol rhwng ei gerddi protest byrion a'i gerddi athronyddol estynedig—hynny yw, cerdd yn tynnu ar gryfderau'r ddwy set o gerddi—a llunio cerdd a oedd yn gymaint o feirniadaeth herfeiddiol ar y Rhyfel Mawr ag a fu 'Pro Patria!' ar Ryfel y Boer.

Synnodd Gwynn Jones ar y pryd fod John Morris-Jones wedi cytuno i gyhoeddi 'Madog' yn *Y Beirniad,* 'un o'r cyhoeddiadau rhyfelgar':

> Go brin efallai y deallodd ei hergyd, er nad oes dim personol ynddi wrth reswm—dim ond darganfyddiad dyn mai diawligrwydd yw gwladgarwch, ac mai siawns yn unig y sydd fod byd y tu draw i hwn a fo rywfaint gwell. . . Bydd pobl yn ei deall ryw dro, o leiaf.[165]

Ar y naill law, credai Gwynn Jones ddiwedd 1917 mai hon oedd ei gerdd orau gan fynnu nad oedd ganddo 'fawr o feddwl'[166] o 'Ymadawiad Arthur'. Ar y llaw arall, cydnabu na ddeallwyd mohoni gan feirniad llenyddol mwyaf dylanwadol ei ddydd. Ac eto, roedd cerddi llai uchelgeisiol o'i eiddo yn cynhyrfu'r dyfroedd tua'r un pryd. Onid oedd hynny'n awgrymu anaddasrwydd ac annigonolrwydd yr ymateb rhamantaidd erbyn 1917? Onid oedd y rhwyg gwleidyddol go sylfaenol a ddigwyddodd yng Nghymru yn ystod y Rhyfel yn dod ag ystyriaethau celfyddydol go sylfaenol yn ei sgil?

Soniwyd droen am gywair eironig, bychanus rhigymau Parry-Williams, a chlywyd yr un eironi drwodd a thro yn y cerddi byrion piwus a gyhoeddodd Gwynn Jones yntau yn ystod y Rhyfel. Fe ddilynodd Williams Parry yn rhannol pan luniodd hwnnw sgit ar ei awdl ei hun i'r haf yn 'Yr Hwyaden' yn 1919 a dychanu ei weledigaeth Arthuraidd yn 'Atro Arthur' ac 'Ogof Arthur'[167] yn ystod y dauddegau a'r tridegau. Ond yn sicr, ni allai fel Williams Parry yn 'Adref'—soned a gyhoeddwyd gyntaf ddiwedd 1917—edifar am iddo 'gefnu'n ynfyd ar fy oes fy hun' nac addo canu'n ddiwahân 'i'r dwthwn hwn'.[168] Am Gwynn Jones, nid ymosod ysgubol Williams Parry yng ngherddi canol y tridegau na siniciaeth fychanus a geirfa lafar lai ffurfiol Parry-Williams drwy gydol y dauddegau a gysylltir yn gyntaf nac yn bennaf oll â'i farddoniaeth ef.

Daw'n fwyfwy anodd dianc o olwg y traddodiad a'r gorffennol yn ei farddoniaeth yn ystod ac ar ôl y Rhyfel Mawr, yn union fel petai Stravinsky wedi mynnu cyfansoddi yn null Purcell neu Picasso wedi mynnu arlunio yn null Constable. Hynny yw, drwy gyfrwng ei gerddi ffug-hynafiaethol fe synhwyrir ei fod yn edliw i'w oes ei hun ei diffyg ymwybod â thraddodiad a'r gorffennol. Ar y llaw arall, dyma ddwy nodwedd a fyddai'n anathema i fodernwyr pybyr ac yn hurt bost i fodernwyr eithaf fel mudiad Dada. Er gwaetha'i ddadrithiad gwleidyddol a'i amheuaeth grefyddol, go brin felly fod Gwynn Jones wedi datblygu'n fodernydd digymrodedd. Yn wir, nid yw ei berthynas â moderniaeth mor annhebyg â hynny i berthynas gymhleth D. H. Lawrence â'r mudiad amlweddog hwnnw, llenor y dywedwyd amdano fod 'ei stans foesol a phroffwydol'[169] yn anghydnaws â moderniaeth. Fel y'n hatgoffwyd gan John Rowlands wrth iddo wahaniaethu rhwng ymatebion Gwynn Jones a Parry-Williams:

> Mae yng ngwaith Gwynn Jones ymwybyddiaeth . . . o'r hyn a allai bywyd fod; mae ganddo ef ei ddelfrydau; methiant i gyflawni'r delfrydau hynny mewn byd philistaidd, gelyniaethus, diwerthoedd yw methiant ei arwyr ef.[170]

Er i'r oes o'i gwmpas, fynd o'i chof, daliodd Gwynn Jones ei afael ar ei werthoedd.

Does dim dwywaith, fodd bynnag, fod y Rhyfel Mawr wedi esgor ar gwestiynau celfyddydol mawr ym meddwl Gwynn Jones a'i fod wedi coleddu amheuon ynglŷn â'r ymateb rhamantaidd. Er galw ei hun yn 'un o'r rhai sy'n caru Rhamant, hynny yw, os mynnwch, y Niwl'[171] yn Hydref 1914, cydnabu ar yr un gwynt dwyll rhamantiaeth: 'Un o gynheddfau'r Niwl yw cuddio rhagoch lawer sydd wir ac awgrymu i chwi gymaint â hynny na bo wir.' [172] Roedd tynnu gwaed a brolio am frwydro yn nodwedd ganolog ar farddoniaeth glasurol a Cheltaidd fel ei gilydd. Ond goreuro gwae yr oeddid drwy ddefnyddio geiriau cyfansawdd fel 'Taranllais, melltendroed, eigionrhuthr, angeulafn, cnawdrwyg, esgyrndor, tymhestlair'.[173] Rhydd ei fys mewn gwirionedd ar wendid y cyfeiriwyd ati gan feirniaid yn ei waith ei hun—'y wyneb wrach dan orchudd lês', chwedl Derec Llwyd Morgan.[174]

Yn ei astudiaeth orchestol o ramantiaeth Gymraeg, deil Alun Llywelyn-Williams mai 'wedi'r rhyfel y dechreuodd Gwynn Jones o ddifrif ar y gwaith o godi ei dŵr ifori, o greu ei arallfyd ei hunan o'r amseroedd gynt yn iawn am y presennol annioddefol'.[175] Cymherir ei ddatblygiad ganddo â W. B. Yeats, gan ddangos fel yr ysbrydolwyd y Gwyddel yn 1916 gan Wrthryfel y Pasg, digwyddiad a'i galluogodd 'i gysylltu ei farddoniaeth â phrofiad uniongyrchol o gynnwrf mawr gweithredol cyfoes yn y gymdeithas y perthynai iddi'.[176] Ni wireddwyd mo freuddwyd ramantaidd Gwynn Jones yn y fath fodd. Eto fyth, yr oedd y Blaid Genedlaethol wedi'i sefydlu yn 1925. Onid oedd cychwyn newydd fel hyn yn achos dathlu yn nhyb Gwynn Jones?

Gellir dirnad amharodrwydd Gwynn Jones i groesawu cenedlaetholdeb newydd y dauddegau â breichiau agored os edrychir ar ei agwedd tuag at wladgarwch yn ystod y Rhyfel. 'Mae'r rhyfel hwn', meddai yn Ebrill 1916, 'wedi fy ngwella. . . o'm cenedlaetholdeb'.[177] Un o eiriau budron y Rhyfel i Gwynn Jones oedd 'gwladgarwch': 'Yr wyf wedi llwyr ffieiddio ar yr holl ddiawligrwydd —y twyll a'r rhagrith a'r celwydd, y cigydda, y ''gwladgarwch'', a'r cwbl'[178]—dyna'i eiriau yn 1915; 'Yr wyf bron wedi darfod â ''gwladgarwch''—noddfa olaf dyhirogod, fel y dywedodd Dr. Johnson gynt'[179]—ei eiriau ddwy flynedd yn ddiweddarach.

Ar ôl y Rhyfel, synhwyrir fod Gwynn Jones mewn limbo a'i fod yn methu'n glir â chanfod cyfeiriad na'i leoliad yn y byd newydd. Yn ôl pob golwg, methodd â chael gafael ar gredo grefyddol neu argyhoeddiad gwleidyddol a fyddai'n sylfaen newydd gynhaliol i'w fyw. Er tolcio ei ffydd mewn llenyddiaeth fel cyfrwng cyhoeddus datblygodd barddoni fwyfwy yn grefydd gynhaliol, hunanfoddhaus iddo ef ei hun—yn eironig ddigon, rhywbeth y cyhuddwyd sawl modernydd ohono yn ei dro. 'Peth i'r ychydig yw llenyddiaeth Gymraeg heddyw, ac odid nad un o effeithiau'r Rhyfel gogoneddus hwn dros genhedloedd bychain fydd lladd iaith un neu ddwy ohonynt'[180] meddai wrth Morgan Humphreys yn Rhagfyr 1916; erydwyd ei hyder mewn llenyddiaeth—neu o leiaf, ym mhotensial llenyddiaeth—gan y Rhyfel. Er bygwth ymfudo o'r wlad ar ôl y Rhyfel, nid aeth Gwynn Jones ohoni fel un o feirniaid arall y gyflafan a ddadrithwyd yn fawr yn ei famwlad rhwng 1914 a 1918 ac a'i gadawodd yn 1919, sef D. H. Lawrence.[181] Er iddo ymddiddori mewn Catholigiaeth, ni throes at yr Hen Ffydd fel Saunders Lewis yn 1932. Styfnigodd Gruffydd yn sgil yr hyn a welodd yn digwydd yn y Rhyfel Mawr ac addawodd agor ei geg 'yn bur llydan ac nid hawdd fydd fy nhewi'.[182] Mynnodd Morgan Humphreys ddal ei afael ar *Y Goleuad* hefyd er gwaetha'r holl drafferthion a ddaeth yn ei sgil: 'Gellwch ddyfalu rheswm arall dros i mi ddal fy ngafael hefyd. Daw yn gyfrwng gwleidyddol yng Nghymru rhyw ddiwrnod.'[183] Ond am Gwynn Jones, fe synhwyrir ei fod wedi laru ar ôl holl brotestio a herio a miri'r Rhyfel Mawr a datblyga ei olwg ar Gymru yn fwyfwy dadrithiol os nad adweithiol.

Try'r protestiwr mawr ei hun ei olygon yn hytrach oddi wrth fywyd. Er Gorffennaf 1916—mis tyngedfennol Brwydr y Somme—rhoes yr hen newyddiadurwr y gorau i ddarllen papurau newydd.[184] O hynny ymlaen, i'r gorffennol yn unig y perthynai gwerthoedd ac yn iaith y gorffennol yn unig y canfyddai farddoniaeth a rhin. 'Cyfalaw i derfysg Dyn'[185] oedd ei farddoniaeth yn ôl disgrifiad Parry-Williams ohoni a dim ond ynfytyn a feiddiai anghytuno ag ef pan ychwanegodd nad oedd 'ein llên yr un' ar ôl ei gyfraniad. Ond drannoeth y Rhyfel Mawr cyfalaw unigolyddol, adweithiol, besimistaidd sy'n syrthio ar fy nghlustiau i a cherddor hunan-ymwybodol gelfyddydol a'i cyfansoddodd. Mae'r bardd a fu mor sensitif gynt i nodau ei oes bellach yn pwdu wrthi ac yn cefnu arni: ymwrthyd â'i hiaith a dim ond dychwelyd iddi'n achlysurol a hynny i'w sbeitio a'i bychanu.

Ond nid 'cyfalaw i derfysg Dyn' fu canu Gwynn Jones ar hyd y bedlan. Gallwn synio am y Rhyfel Mawr fel croesfan yn ei hanes fel bardd. Ond yn 1902 yn 'Ymadawiad Arthur' roedd wedi cyfansoddi symffoni i obeithion Dyn: 'A daw Y Dydd o'r diwedd,/A chân fy nghloch, yn fy nghledd/Gafaelaf, dygaf eilwaith/Glod yn ôl i'n gwlad a'n iaith.'[186] Gwaith cenhedlaeth arall fyddai lleisio'r ddyhead hon mewn iaith newydd ar ôl y Rhyfel: ni roddai Gwynn Jones goel mwyach ar farddoniaeth gyhoeddus, arweiniol o'r fath nac ar wladgarwch chwaith. Nid oedd a wnelo llenyddiaeth ddim oll bellach â safbwynt nac ymgyrch. Ac eto, yn y canu cynharach hwn y clywaf i'r Gwynn Jones mwyaf cyflawn ac unedig cyn i'r Rhyfel ei bellhau oddi wrth ei gyfnod a'i gymdeithas. Yma y mae rhamantiaeth frwdfrydig y bardd yn fynegiant o gynnydd y dydd ac yn gyfeiliant iddo. Yn yr un modd, byddai darluniau diwydiannol Gwenallt a moderniaeth Williams Parry yn ysgwyddo'r un cyfrifoldeb cymdeithasol yn y man. Ond nid felly Gwynn Jones a fu ar flaen y gad gynt ond a adawai i'r beirdd eraill ei oddiweddyd bellach.

Bardd 'y gobaith a gollwyd'[187] yw Gwynn Jones ar ôl y Rhyfel. Daw llenydda'n weithred fwy academaidd, ynysig iddo. Wrth nesu'n gorfforol at y dyfodol enciliai'n greadigol fwyfwy i'r gorffennol. Ni thapiodd yn 'Anatiomaros' neu 'Argoed' idiom a llais ei ddydd fel y gwnaeth slawer dydd yn 'Ymdawiad Arthur'; nid yw ei ddefnydd o *Canu Llywarch Hen* yn 'Cynddilig' yn 1935 yn cymharu â defnydd creadigol heriol David Jones o *Canu Aneirin* ddwy flynedd yn ddiweddarach yn y gerdd fawr fodernaidd am y Rhyfel Mawr, *In Parenthesis* (1937), ac nid yw heddychiaeth gyfredol ei thema chwaith yn ddigon i'w huniaethu'n ddiamod â'r tridegau. Yn y bôn, fe synhwyrir fod y dyfodol wedi bradychu Gwynn Jones cyn iddo hyd yn oed gychwyn a'i fod ef ei hun eisoes wedi penderfynu na roddai iddo fawr o gyfle.

T. H. Parry-Williams

Fel yr awgrymwyd eisoes, mwy hereticaidd na'r *Deyrnas* hyd yn oed oedd *Y Wawr,* cylchgrawn myfyrwyr Cymraeg Aberystwyth a barhaodd o 1913 hyd 1917 pan orfodwyd ef i ddod i ben. Myfyrwraig yn Aberystwyth rhwng 1916 a 1919 oedd Cassie Davies:

> Arwyddair y cylchgrawn oedd 'Ein Gorau i Gymru, a Chymru i'r Byd', a'i brif amcan oedd Cymreigio'r Coleg a chadarnhau'r undeb rhwng Prifysgol Cymru a'r werin. Ceir ynddo sôn am ddeffro a gwawr yng Nghymru, am y nos yn cefnu a thoriad dydd yn nesáu.[188]

Ond hereticiaeth ddethol wedi'r cyfan oedd un *Y Wawr*; roedd myfyrwyr o'r coleg ymhlith y milwyr a byddai un o olygyddion y cylchgrawn, T. Hughes Jones, yn ymuno â'r fyddin. Er bod T. Gwynn Jones felly yn nhrydydd rhifyn y gyfrol gyntaf yn dyheu am weld 'llwybr cynnydd y cenhedloedd bychain yn rhydd rhag pwysau marw y cenhedloedd mawrion',[189] byddid yn sôn mewn cerdd yn y rhifyn dilynol am 'Brydain! Fy Ngwlad'.[190] Gyda chyfranwyr hunanfodlon fel Eifion Wyn, Anthropos a William George ar y naill law a rhai anniddig fel T. Gwynn Jones, T. E. Nicholas ac Ambrose Bebb ar y llall, roedd yn sicr yn gylchgrawn aml-leisiog os nad aneglur ei hunaniaeth. Doedd y wleidyddiaeth gonfensiynol—dwrdio'r hen Almaen ddrwg, pitïo at y Belgiaid bach, ymfalchïo yn Lloyd George—ddim mor fygythiol o wahanol â hynny i honno a gyhoeddwyd hyd syrffed mewn llu o gylchgronau diwylliannol eraill.

Yr hyn a droes y drol yn achos *Y Wawr* ac a barodd holi cwestiwn amdano yn y Senedd oedd erthygl enwog D.J. Williams, 'Y Tri Hyn', a fentrodd weld rhywfaint o ddaioni yn ysgymun gwaharddedig yr oes: yr Almaenwr, y Sinn Ffeiniad, a'r gwaethaf o'r rhai hyn, y gwrthwynebydd cydwybodol. Yn ôl ei oslef watwarus, roedd yn gwneud ati i dynnu'n groes:

> Teyrngarwch yw popeth yn awr—Brenin, Ymerodraeth, ac anrhydedd Prydain Fawr a Phrydain Fwy. Pwy ond bradwr neu ynfyd a faidd ddywedyd gair i'w herbyn? Lladder, llosger, a llwyr ddinistrier pob gelyn, mewnol ac allanol, a berthyn iddynt.[191]

Cyferbynnir cenedlaetholdeb gwasaidd y Cymry â chenedlaetholdeb milwriaethus y Gwyddelod:

> Ond tra bodlonwn yn unig ar chwifio rhubanau yn wallgof rywle yn rheng hir yr Ymherodraeth gan lwyr anghofio ein neges uwch i'r byd . . . eto, cenedl eiddil a marw a fyddwn, a threngwn dan olwynion *Juggernaut* yr Ymherodraeth, a'n llygaid yn feirwon i'r gwagle heb yr un weledigaeth mwyach, a'n neges am byth yn fud.[192]

Yn ddiweddarach, yn ystod Pasg 1919, fe aeth D. J. Williams draw i Iwerddon pan oedd y Black and Tans wrthi'n ysbeilio cartrefi ac yn erlid pobl ac ymgyfeillachodd â Michael Collins ac Arthur Griffiths.[193] Awgryma'i sylwadau gwrthymerodraethol hy fod yma un o leiaf yn chwilio'n aflonydd am sianel priodol i'w ddaliadau.

Wrth iddo ddynesu at ddiwedd ei rawd, swnia erthyglau blaen *Y Wawr* yn fwy diamynedd bob gafael. Dyma Ambrose Bebb rwystredig yn ei olygyddol olaf un, Gaeaf 1917:

> Dyddiau'r drin yw'r dyddiau hyn—dyddiau gofid a thrallod. A phan fo clychau ac utgyrn y gad yn galw'r 'gwroniaid' i ladd ei gilydd, a phan fo deddfau Prydain Fawr yn taflu i garchar y neb a faidd feddwl drosto ei hun, anodd ydyw peidio gwybod beth i ysgrifennu a pheth i beidio. Y mae rhwystrau fel mynyddoedd o'n deutu, a chaddug rhagfarn yn ein hwynebu ar bob llaw. Nid oes ryddid i ddywedyd gwirionedd yn y priffyrdd, na chaniatad i draethu barn yng nghonglau mwyaf cynefin yr heolydd. Y mae hualau a gefynnau gorthrwm yn tynhau am danom.[194]

Dyma un arall a oedd yn prysur sylweddoli bod dinasyddion Cymru yn gaeth yng ngefynnau Prydeindod. Aeth rhagddo i longyfarch gwerin Rwsia ar eu chwyldro, gweithred a brofai na 'fynnant eu twyllo mwyach gan frenhinoedd pydron, na'u rhwydo i ryfela yn erbyn eu brodyr',[195] a gobeithiwyd y byddai'r ymdrech yn ysbrydoli gwledydd eraill. I'r gochelgar, gellid dehongli'r rhain fel geiriau gwrthryfel. Diweddai'r golygyddol drwy feirniadu anallu awdurdodau'r Coleg i 'ddeall a chydnabod hawl ysbryd goreu Cymru' drwy ddiddymu'r eisteddfod golegol yn 1917.[196] Dywedwyd yn flin: 'Os mai fel hyn y mae pethau i fod, byddai'n llawer gwell i Gymru heb ei phrifysgol.'[197] Nid dyma'r mynegiant ffyddiog o genedlaetholdeb diwylliannol a leisiwyd yn rhifyn cynta'r *Wawr* bum mlynedd ynghynt.

Er bod D. J. Williams ac Ambrose Bebb ill dau yn fwy hyglyw eu cenedlaetholdeb newydd na'r mwyafrif ac felly'n annodweddiadol o natur gweddill y cylchgrawn mewn gwirionedd, eu datganiadau gwrthawdurdod a gwrthsefydliad hwy a dynnai sylw. Fel y dywedwyd eisoes, achoswyd loes mawr i O. M. Edwards o ddarllen am fyfyrwyr ymosodol Aberystwyth. Roedd y math o genedlaetholdeb a bregethai'r ddau lefnyn yn anathema i O.M. Edwards a'r math o Gymru filwriaethus a gynrychiolent yn ddychryn iddo. Yn ôl bob golwg, roedd ei genedlaetholdeb canol-y-ffordd ef a'i gyfoeswyr wedi mynd dros y tresi ac nid oedd ganddynt unrhyw reolaeth drosto bellach.

Ar ôl i erthygl D. J. Williams daro'r post i'r pared glywed ac i'r cylchgrawn ddatblygu'n fwyfwy milwriaethus, mynnodd awdurdodau'r Coleg fod Ambrose Bebb yn ymddiswyddo fel golygydd *Y Wawr,*[198] ond yn lle hynny ymddiswyddodd y pwyllgor cyfan gydag ef a daeth y cychlgrawn i ben. Un o'r darlithwyr Cymraeg a gyfrannodd i'r cyhoeddiad ac a fu gerbron senedd y Coleg yn pledio ei achos oedd T. H. Parry-Williams: 'Byth nid anghofiwn ei

Y Wawr wedi machlud: T. H. Parry-Williams yng nghwmni rhai o fyfyrwyr gwrthryfelgar Aberystwyth.
(*Bro a Bywyd Syr Thomas Parry-Williams*, gol. Ifor Rees, 1981, 37)

deyrngarwch i ni ac i'r cylchgrawn ac i'w egwyddorion ef ei hun ar yr achlysur hwn.'[199] Rhwng hynny a'i gyfraniadau barddol cyson i'r *Deyrnas* fe'i gorfodwyd yn ystod y Rhyfel Mawr i fynegi safbwynt yn hytrach nag eistedd ar y ffens. Chwedl Bobi Jones:

> Peth gwrthun iddo ymhellach ymlaen fyddai pob dewis pendant o'r fath; ond erbyn Gwanwyn 1916 pryd y daeth gorfodaeth filwrol i rym, nid oedd dim modd ei osgoi. A dewis yr amhoblogaidd a wnaeth ef, peth a oedd yn arwyddocaol iawn ar y pryd yn hanes y gŵr hynod or-hydeiml hwn. Trobwynt felly oedd 1914-16. Fe ddysgodd beth oedd rhwymedigrwydd.[200]

Delwedd bur anghyfarwydd, felly, o Parry-Williams sy'n ymffurfio yn ystod y Rhyfel Mawr.

Ymdriniwyd yn feistrolgar â'r cyfnod cynnar hwn yn hanes T.H. Parry-Williams, sef y blynyddoedd rhwng 1907 a 1928, gan Dyfnallt Morgan yn *Rhyw Hanner Ieuenctid* (1971), ac ni bwriadaf fan hyn ddyblygu'r un deunydd yn ddiangen. Yn hytrach, yr hyn sydd o ddiddordeb i'r astudiaeth hon yw'r modd yr ymatebodd Parry-Williams ar y pryd—boed yn uniongyrchol neu'n anuniongyrchol—i'r Rhyfel Mawr yn ogystal ag effaith greadigol y Rhyfel arno. Yn y cylchgronau colegol, *The Dragon, Y Wawr* ac *The Grail* y cyhoeddodd y rhan fwyaf o'i ysgrifau Cymraeg a'i gerddi yn y ddwy iaith ar y pryd er iddo gyfrannu'n gyson hefyd i'r *Deyrnas* ac yn achlysurol i'r *Goleuad* a'r *Traethodydd.* Er iddo wneud enw iddo'i hun yng Nghymru benbaladr yn 1912 a thrachefn yn 1915 fel enillydd y Gadair a'r Goron genedlaethol, yn y cerddi a'r ysgrifau hyn mewn gwirionedd y gwelir y T. H. Parry-Williams mwyaf cyfarwydd a nodweddiadol yn cael ei draed 'dano yn greadigol. Nid syndod hynny gan fod Dyfnallt Morgan wedi cyfeirio'n arwyddocaol at y Rhyfel fel 'y cyfnod mwyaf cythryblus yn ei fywyd'[201] ac at 1914 fel 'math ar drobwynt'[202] yn ei yrfa lenyddol. Gwelir yn ei waith cyhoeddedig o'r cyfnod hwn y tensiwn parhaus rhwng rhamantiaeth a moderniaeth yn ei hanes.

Ar ddechrau'r Rhyfel Mawr roedd Parry-Williams yn ysgolhaig ifanc saith ar hugain oed a chanddo gymwysterau academaidd Ewropeaidd. Ymunasai â T. Gwynn Jones a Timothy Lewis yn Ionawr 1914 yn ddarlithydd yn Adran Gymraeg ei hen goleg yn Aberystwyth. Rhwng gadael y Coleg Ger y Lli yn 1909 a dychwelyd yno yn 1914, bu'n ymchwilio yn ei dro yn Rhydychen, Freiburg a'r Sorbonne. Byddai'n elwa'n greadigol ar ei brofiadau ym Mharis yn y man yn ei bryddest dramgwyddus i'r 'ddinas'. Ond dichon yr effeithiodd ei brofiadau o fyd y tu hwnt i Gymru a Phrydain ar drothwy'r Rhyfel ar ei agwedd tuag at y Rhyfel Mawr yn y man. Cyhoeddodd yn ystod y Rhyfel bedair ysgrif yn *Y Wawr* yn trafod tri unigolyn a aeth fel yntau 'dros drothwy cartref a ffin y plwyf yn gynnar'.[203] Yn amlwg ddigon, fe ymuniaethai Parry-Williams â'r cyfeillion hyn ac yn wir, teg casglu mai cyfryngau i drafod ei gyflwr ef ei hun oedd yr ysgrifau hyn yn y bôn.[204] Yn 'Eiconoclastes', dywed fod ei gyfaill wedi mynd i 'grwydro'r byd, a gwelodd fod mwy o hynawsedd a hygarwch yn aml mewn estron nag mewn cydwladwr'.[205] Does dim syndod o ddarllen geiriau felly nad ildiodd Parry-Williams yn rhwydd i'r dwymyn senoffobig yn Awst 1914.

Bwriodd olwg wrthrychol ar y Rhyfel Mawr o'r cychwyn cyntaf. Cydnabu yn Nhachwedd 1914 fod greddf yn ymaflyd â rheswm yn ei natur yntau:

> Bûm yn dirgel gredu yn unigfeydd uchel y coed criafol, dan gyfaredd eu lliw, na phetruswn ennyd gydio'n y cleddyf, petai'r

> Cymro, fel Cymro, yn ymladd yn erbyn gelyn Cymru, fel gwlad; ac o ledgredu deuthum i lwyrgredu.[206]

Eto i gyd, nid ei reddf a orfu:

> Nid gwladgarwch sy'n eisiau heddiw, ond ysbryd cyfiawnder, a rhyfedd fel yr enynnir gwladgarwch yn gynt yn y fron na chyfiawnder a barn.[207]

Nid nad oedd agweddau gwrthun ar brofiadau'r Almaenwr chwaith. Edrydd yn 'Creithiau' hanes gornest answyddogol â chleddyfau y bu'n ei gwylio tra oedd yn ymchwilio am ei ddoethuriaeth yn yr Almaen. Pennaf nod yr ymrysonwyr oedd cael cynifer â phosib o greithiau ar eu hwynebau cyn diwedd eu cwrs academaidd:

> Cyn darfod ei yrfa yn y Brifysgol, byddai wyneb y newyddian hwnnw fel rhwyd gan greithiau ar draws ac ar hyd. Po mwyaf eu rhif a hacraf eu llun, mwyaf yn y byd o arwr fyddai. Os llwyddai, trwy ryw ymdrech eithriadol, i gael rhyw fath o radd—at y creithiau, dyna fo'n wr a dyfodol disglair iddo yng nghylchoedd pwysig yr Almaen.[208]

Pan oedd hyd yn oed gyd-weithiwr a heddychwr fel Gwynn Jones ar y pryd yn fodlon bwrw ei lach ar athroniaeth filwrol yr Almaen, yr hyn sy'n wahanol am ysgrif Parry-Williams yw ei fod yn ymatal ynddi rhag condemnio'r arferiad cïaidd hwn. Fel yr awgryma yn 'Criafol', ni ddofwyd y natur wyllt ynddo yntau chwaith, adwaith gonest sy hefyd yn datgelu ei olwg graff ar seicoleg ddynol. Yn wir, awgryma fod rhywfaint o rin yn perthyn i'r atgof drwy ei gysylltu ag arferion chwarae ei blentyndod, cymhlethdod ymateb sy'n gwbl nodweddiadol o'r Parry-Williams aeddfed.

Ond nid anymrwymedigrwydd ac amhendantrwydd 'Ac nid oes unrhyw Ie nad yw'n Na'[209] y Parry-Williams diweddarach oedd eiddo'r llenor yn ystod y Rhyfel Mawr. Safodd fel gwrthwynebydd cydwybodol ar dir Cristnogol yn ei erbyn ac ar ôl bod gerbron tribiwnlys fe'i rhyddhawyd o'r fyddin am ei fod yn cyflawni gwaith pwysicach drwy ddarlithio.[210] Does dim dwywaith ynghylch amhoblogrwydd ei safiad yn Aberystwyth ar y pryd: fel y dywedwyd eisoes, bu bron i Gwynn Jones ac yntau orfod talu pris eu gwrthwynebiad cyhoeddus i'r Rhyfel Mawr pan geisiwyd sicrhau

Cadair i'r cyn-filwr, Timothy Lewis, yn lle'r un o'r ddau. Bron iawn na chollwyd cyfraniad Parry-Williams i lenyddiaeth Gymraeg yn gyfan gwbl ar y pryd gan iddo, rhwng 1919 a 1920, gofrestru fel myfyriwr yng Nghyfadran Gwyddoniaeth Coleg Prifysgol Aberystwyth a rhoi ei fryd ar fynd yn feddyg. Rhydd hynny awgrym o eithafrwydd annioddefol ei sefyllfa ar y pryd.

Nid bardd yr 'hyder hiwmanistaidd' chwaith, chwedl Alun Llywelyn-Williams,[211] a glywyd yn llefaru yn ystod y Rhyfel. Yn sicr mae'r eironi bychanus ar waith wrth iddo drafod ffaeleddau meidrolion—a chofier drachefn nad yw'n ei ystyried ei hun yn anffaeledig o bell ffordd—ond cynigia hefyd weledigaeth amgen fwy cadarnhaol o'r hanner. Eithr nid gobaith hawdd a gynigir gan Parry-Williams ar y pryd serch hynny, ond gobaith amodol ddigon:

> Heddyw ni welaf ond eiddigedd byth,
> Dialedd a bradwriaeth yn fy mro;
> Ni welaf ond y proffwyd dan ei groes,
> Y Gŵr o Iddew a fawrhawn, yn wawd,
> A'r Sant a'r giwed greulon ar ei fedd,
> A minnau'n ochain fel Y Gwladgar gynt,
> Yn brudd,—"Jerusalem, Jerusalem . . ."[212]

Teg cyfaddef hefyd fod yr anobaith hwn wedi cydio yn Parry-Williams ei hun ar dro ac nad mewn cyflwr o feddwdod ysbrydol y canai:

> Pan welwyf nad oes goel ar eiriau dyn,
> A Duw yn ddistaw, yntau Grist yn wawd,
> A brawd o briddyn yn bradychu brawd,
> A'r ffydd oedd gennyf yn fy unig un,
> Cyn gweld y tolciau yn ei llyfndeg lun,
> Yn farw am nad yw Cariad onid cnawd. . .[213]

Ond yr hyn sy'n gyson o'r naill gerdd i'r llall a sgrifennodd yn y cyfnod hwn yw mai ef ei hun neu lefarydd yn y person cyntaf sy'n ganolog i bob un ohonynt.

Sgrifennwyd tair o'r cerddi mwyaf unigolyddol hyn ar fesur unigolyddol a ffres y rhigwm; ceir gan Parry-Williams hefyd o'r un cyfnod o leiaf dri rhigwm Saesneg. Dyma wrth gwrs un o ddau brif gyfrwng ei fyfyrdod barddol yn y man ac ymddangosodd y cyntaf un yn Nhachwedd 1915. Fe ddaliwn i fod yn y rhigymau hyn ymgais fwriadol i gefnu ar ystrydebedd y cerddi eisteddfodol hirfaith, hirwyntog a chonfensiynol y rhagorodd Parry-Williams gymaint â neb ar eu cyfansoddi. Wedi'r cyfan, ar ôl Eisteddfod Bangor 1915 ni chyfansoddodd eto gerdd hir tan 1951 pan luniodd y bryddest radio, 'Esgyrn y Gynnen' ac ysbeidiol iawn fu ei ganu cynganeddol.[214] Yn wir, y mae'n gwestiwn a berthyn 'Y Ddinas' hyd yn oed, cerdd y gellid dadlau o blaid neu yn erbyn ei moderniaeth, i flynyddoedd y Rhyfel er ei gwobrwyo yn 1915: fe'i lluniwyd cyn y Rhyfel ar gyfer Eisteddfod Genedlaethol 1914 a ohiriwyd oherwydd y Rhyfel, a daliodd y beirniaid eu gafael ar y cynnyrch llenyddol a ddaeth i law am flwyddyn gron.[215] Fe ddaliwn i ymhellach mai yn y rhigymau hyn y doir o hyd i wir wreiddiau moderniaeth Parry-Williams: fel yn 'Mab y Bwthyn' yn ddiweddarach, bwgan wedi'i leoli dramor yw Pechod o hyd yn y bryddest hon ac nid nodwedd gyffredinol ar ein meidroldeb oll fel y'i gwelwyd gan Parry-Williams erbyn 1924 yn 'Celwydd'. Ef yw'r llenor Cymraeg sy'n datblygu yn y modd mwyaf amlwg fodernaidd yn ystod y Rhyfel ac yna wedyn drwy gydol y dauddegau.

Nid yw profiad Parry-Williams yn hyn o beth yn annhebyg i brofiad modernwyr mawr eraill megis T. S. Eliot, Marcel Proust, James Joyce, Virginia Woolf a Franz Kafka: er na fu'r un ohonynt ar gyfyl y Rhyfel Mawr, roeddent wrthi'n cyfansoddi rhai o'u gweithiau pwysicaf yn ystod y Rhyfel ac fe effeithiodd y digwyddiad yn sylfaenol ar eu gwaith:

> . . . does dim dwywaith fod Rhyfel Mawr 1914-1918 yn ganolbwynt, ac yn ei ffordd baradocsaidd yn fynegiant o gyflawniad rhyfedd drwgarwyddion a disgwyliadau anesmwyth moderniaeth ar y naill law ynghyd â'i hobsesiwn ag ysbryd newydd-deb ar y llall. Yr oedd yn sioc ddwys i'r artistiaid a'r awduron, fel ag yr oedd i ddinasyddion yr Ewrop a rwygwyd yn ddarnau gan ei ddigwyddiadau erchyll. . . Bu'r blynyddoedd cynt yn wir ddichellgar, ond gyda synnwyr trannoeth roedd cyffroadau'r degawdau blaenorol —o ran technoleg a gwyddoniaeth, gwleidyddiaeth a'r celfyddydau —fel petaent yn rhagfynegi'r argyfwng. . . hen farddoniaeth ramantaidd a sentimental am natur radlon a gwladgarwch a fu farw ar feysydd y gad, tra enillodd celfyddyd newydd egni ac amwysedd, pryder ac eithafiaeth, ddilysrwydd cynyddol a newydd.[216]

Byddai arolwg arwynebol yn unig o ysgrifau a cherddi Parry-Williams yn rhwym o dynnu sylw at amwysedd chwareus ei waith —'Nid yw fy ngwir ond gau, a'm bywyd nid yw fyw';[217] atyniad anghonfensiynol ei fro iddo—'Llyn y Gadair' 'nad oes dim gogoniant yn ei bryd';[218] ynghyd ag absenoldeb cerddi gwladgarol o'i ganon ac eithrio rhigwm fel 'Hon' sy'n closio at ei destun o chwith fel petai—'Beth yw'r ots gennyf i am Gymru?'[219] Nodwedd arall sy'n gosod Parry-Williams ar wahân i'w gyfoeswyr Cymraeg ar y pryd yw'r gosmopolitaniaeth a ddaeth yn sgil ei gyfnodau tramor; er y gellid ei gymharu yn hyn o beth ag O. M. Edwards perthynai hwnnw i genhedlaeth gynharach, a phrofiad o ryfela ar y cyfandir oedd profiad Saunders Lewis ac W. J. Gruffydd rhagor astudio yno wrth eu pwysau.

Cafodd Parry-Williams gyfle eithriadol yn yr Almaen ac yn Ffrainc cyn y Rhyfel i ledu ei orwelion yn ddeallusol ac anodd credu nad elwodd ar hynny'n greadigol. Gwneir nifer o sylwadau dadlennol yn 'Eiconoclastes' sy'n taflu goleuni ar gyflwr meddwl cwestiyngar ac aflonydd Parry-Williams ar y pryd:

> 'Un rhyfedd' y gelwid ef, am mai un rhyfedd ydyw pawb a edrycho ar bethau o bwys mewn byd a bywyd yn eu noethni dilen ac â llygaid heb eu pylu gan na thraddodiad gwerin na chredo cymdeithas. Ac onid 'un rhyfedd' odd gwr a allai honni iddo ar brydiau garu anwybod a chashau ceraint, wfftio cred ei dadau ac ymfalchïo mewn penrhyddid, cofleidio cas a herio cariad, wrth chwilio am y gwirionedd? . . .
>
> Gwelodd fwy o noethni bywyd, ac er fod ynddo unwaith duedd i gashau popeth yn noethlymun, aeth i'w hoffi er ei waethaf. Pan ddaeth yn ôl wedi tair blynedd o grwydro, canfum ar unwaith ei fod wedi magu cas diymod at unrhyw len ar hanfod pethau . . . Anturiai feddwl a mentrai ei fynegi. Gwyddai na thalai hynny gyda mwyafrif ei gyd-ddynion, ond gwyddai hefyd mai rhagrith a thwyll fuasai meddwl neu siarad fel arall.[220]

Hyrwyddwyd syniadau nid annhebyg gan y modernydd mawr ei hun, Ezra Pound, mewn cyfres o erthyglau rhwng 1912 a 1918:

> Ynglyn â barddoniaeth yr Ugeinfed ganrif, a'r farddoniaeth y disgwyliaf ei gweld yn cael ei sgrifennu yn ystod y degawd neu ddau nesaf, mi fydd, rwy'n meddwl, yn symud yn erbyn pòpicoc, mi fydd yn galetach ac yn gallach, mi fydd yng ngeiriau Mr. Hewlett

> yn 'nes at yr asgwrn'. Mi fydd mor debyg i wenithfaen ag sy'n bosib, mi fydd ei nerth yn ei gwirionedd, ei grym dehongliadol. . . Fe gawn lai o ansoddeiriau wedi'u paentio yn llesteirio ei sioc a'i hergyd. O leiaf ar fy nghyfer fy hun, felly y'i dymunaf, yn arw, yn uniongyrchol, heb unrhyw ymlusgo emosiynol ar ei chyfyl.[221]

Wrth fynd heibio, nid amherthnasol fyddai tynnu sylw at y ddau ansoddair a ymddengys yn ysgrif gyntaf Parry-Williams i'r *Llenor* yn 1922 ac ysgrif agoriadol *Ysgrifau* (1928) o ran hynny wrth iddo foli'r gwrthrych anllenyddol hwnnw, 'KC 16': 'Nid oes arnaf rithyn o gywilydd sôn amdano mewn rhyddiaith *noeth* a *phlaen,* er nad yw ond peiriant.'[222] Tystiolaeth un o gerddi Saesneg Parry-Williams yn y cyfnod hwn yw ei fod wedi cefnu ar ramantiaeth a ddyrchafai *eros* y cariad cnawdol ac wedi ffafrio yn ei lle *agape* y cariad Cristnogol:

> I had abandoned love, the love that prates
> In poets' mouths of sweets and scents and songs;
> The love that counts all little lapses wrongs,
> And calls divine all things that it creates.[223]

Ac yn 'Response', er gwaetha'r perswâd gwrthyd cyd-fynd â'r ddelwedd ramantaidd ragosodedig o fardd:

> "Come, sing us a song of sunshine,—
> "Why, you are not thirty yet;
> "A lay of love and of laughter,
> "A rhyme with no ring of regret."

Ac ymateb dwys y bardd?

> Alas for your love and your laughter,
> Your sunshine and shimmering sea!
> A life that is lightless and loveless
> Is all that is left to me.[224]

Naci wir, nid creadur cydymffurfiol mo Parry-Williams yn ystod y Rhyfel Mawr.

A hithau'n gyfnod o ryfel a phwysau mawr ar Parry-Williams i ymrestru, y mae'n gofyn yn rhigwm cyntaf 1915 i Grist tybed a allai Ef hyd yn oed 'oddef bywyd a'i bwn,/Heb wyro, dan ofid y cledd a'r gwn'.[225] Eironi gwrthwyneb sydd ar waith fan hyn: er bod holl ryfela'r cyfnod yn mynd yn gwbl groes i ddysgeidiaeth Crist, dal ei dir yng ngŵydd ei wrthwynebwyr fu ei hanes Ef hyd y diwedd. Profiad eironig o nofio'n groes i'r llif cyhoeddus sy hefyd yn ail rigwm yr un cyfnod, 'Y Pagan'. Parry-Williams yn ôl pob golwg sy'n adrodd ei brofiad ei hun ar y pryd:

> Cefnodd yn gadarn ar gred ei dad,
> O weled nad Duw mo dduw ei wlad.
>
> Anturiodd ar aml gyfeiliorn hynt
> O sain y baldordd a swn y bunt,
>
> I geisio cydymaith a siglai law
> A phagan di-dduw heb arswyd na braw,—
>
> Cydymaith a deimlai nad diawl mo'r dyn
> A chwiliai am Grist yn ei ffordd ei hun.[226]

Awgrym y gerdd yw mai ar hyd llwybr anghydffurfiol y deuai o hyd i Grist ac nid trwy ddilyn banllefau'r 'dyrfa drist' yn ystod y Rhyfel. Yn y ddau rigwm hyn, Crist a'i enghraifft lew sy'n ysbrydoli'r bardd ar y pryd a daw 'Y Pagan' i ben drwy ddwyn i gof bererindod arall:

> Dringodd i gopa Mynydd Duw
> Ei hunan bach,—onid Pagan yw?[227]

Mwy uniongred fyth yw'r safbwynt a fynegir yn 'Marw':

> Pan fyddwn farw, ein dau, ryw ddydd,
> —Fy nghorff a minnau, mor hyfryd fydd
>
> Cofio'r marw dihun a diloes
> Wnaeth ofni marw yn chwerthin f'oes;
>
> Y marw a droes fy uchelgais i
> Yn gariad at groes a Chalfari.[228]

Ymwrthod â materoldeb y cnawd a rhoi bryd ar werthoedd ysbrydol yw thema ganolog 'Y Corff'[229] hefyd yn ogystal â'r cyfieithiad, 'The Body'.[230]

Mae'r rhigymau cynharaf hyn yn ennyn chwilfrydedd am fwy nag un rheswm. Ar y naill law, ceir ynddynt newydd-deb ffurf ac ieithwedd: ymadroddion llafar cartrefol megis 'dipyn byd' a 'hunan bach'; parau cyflythrennog neu odledig o eiriau megis 'glais a gloes', 'bywyd a'i bwn', a 'dihun a diloes'; a'r math o ddweud gwrthddywediadol sy'n peri i ddyn grafu ei ben a darllen eilwaith. Ar y llaw arall, a hynny er gwaethaf beiddgarwch y wisg allanol, ceir yma fynegiant o gredo bur draddodiadol. Serch hynny, tra monopoleiddiwyd crefydd y dydd gan sefydliadaeth ac enwadaeth, roedd ymgais Parry-Williams i blymio o'r newydd i lygad y ffynnon a cheisio ailafael yn yr hanfodion yn arwyddocaol: ef ar y pryd sy'n hawlio'r tir ymylol.

Perthyn i'r un cyfnod hwn yn union a wna pedair cerdd—tair Saesneg ac un cyfieithiad Cymraeg—sy'n dychmygu meddyliau Crist yn ddeg ar hugain oed, yn dair ar ddeg ar hugain oed ac yn ddeugain oed. A Parry-Williams ar y pryd yn tynnu at ddiwedd ei ddauddegau, dyma ragor o dystiolaeth ei fod yn ymuniaethu ac yn ymdeimlo â delfrydau a pherson Crist. Eironig yw'r naws lywodraethol fan hyn eto: mewn ymgais i sicrhau ymateb cadarnhaol, gwneir hwyl am ben haniaethau mawr a'u trafod fel diriaethau disylw. Mae Crist dychmygol y gerdd, sydd wedi llwyddo i osgoi ei groeshoelio yn ei dridegau cynnar, yn fyw ac yn iach yn ddeugain oed ac wedi hen ddod at ei goed ar ôl ei ddyddiau cynnar gwrthryfelgar. Cywilyddia wrth gofio'i orffennol gwyllt—'symbyliadau poeth/Ieuenctid nwydus'—a diolcha am gael 'Synnwyr deugain oed!/Synnwyr cyffredin!':

Onid poen
Yng nghanol oes yw cofio'r ffwlbri gynt,—
Y sôn am ryw wirionedd, sôn am ffydd,
Am enaid sydd i'w gadw? Hwyrach fod
Gan ddyn ryw enaid bach i'w gadw byth,
Ond nid trwy wrthryfela a thynnu pwys
Gorthrymder, gwarth a dirmyg am ei ben,
Wrth sôn am ryw gydwybod, sôn am lais,
Llais Duw, na all byth bythoedd ufuddhau
I'r un ewyllys arall; sôn am farw
A'r goleu yn y llygaid; sôn am fyw
I Dduw a marw i bechod; sôn am ras
A chariad yma; sôn am gario'r groes.[231]

Gwrthwynebydd cydwybodol sydd yma'n sylweddoli radicaliaeth safbwynt Crist yng nghanol oes Synnwyr Cyffredin. Ond os derbynnir fod Parry-Williams fan hyn yn gallu derbyn cysyniadau fel 'ffydd' ac 'enaid' fel sylweddau real, mae'n amlwg fod yr holl ddiraddio ar grefydd ar y pryd wedi esgor ar fwy o sgeptigaeth yn ei feddwl yn y man. Sut arall mae esbonio nihiliaeth 'Yr Esgyrn Hyn' a 'Celwydd'?[232] Fel arall, ni fyddai'n syndod fod wedi gweld bardd y grefydd breifat hon yn datblygu fel Gwenallt yn fardd y grefydd gyhoeddus gan gystwyo ein Pechod yn hunangyfiawn yn lle gwneud hwyl sinistr am ei ben.

Os amheuai Parry-Williams erbyn y dauddegau a oedd bwrpas i'n bodolaeth ddaearol o gwbl, mynega'n ddiamwys yn 'Duw ar Fawrth' mai Duw a'n dododd ar 'dipyn byd'. Mae dirmyg rhigymau'r dauddegau i'w glywed eto fan hyn ac anodd credu y byddai agoriad mor ddiurddas â hyn i gerdd—'Hy! Dyn!'—yn plesio Morris-Jones na'i ddilynwyr ar y pryd. Er bod Duw ynddi'n gweld fod y 'Gelfyddyd ddarnio'n anterth ei mawrhad' a'i fod yn fodlon gadael dynion i 'Chwarae'n ddiludd hyd eithaf eu mwynhad/Yng ngwaed ei gilydd', gwêl hefyd fod ambell eithriad i'r norm:

> . . . . . . Na, nid diawliaid oll
> Mo ddynion daear. Gwelaf ambell un
> Yn ymladd â'r ymladdwr â hen arf
> Y Dyn a greais i yn fwyaf Duw,
> Ac, er ar Fawrth, ni allaf chwerthin mwy
> Na gwatwar y creaduriaid acw oll.[233]

Yma, felly, fe goledda Parry-Williams ddelfrydau pendant er bod y delfrydau hynny, fel y dywedwyd eisoes, yn cael eu tolcio a'u herio drwy gydol y Rhyfel. Ond yn sicr ddigon, os eironi a dychan yn arwain at ystyriaethau cadarnhaol sydd yn amryw o'i gerddi rhyfel yna eironi a dychan yn arwain at ystyriaethau negyddol sydd yn ei gerddi diweddarach; 'gwatwar y creaduriaid acw oll' a wna Parry-Williams y dauddegau. Gan hynny, y gerdd fwyaf nodweddiadol o'r Parry-Williams diweddarach a sgrifennwyd yn ystod y Rhyfel yw 'I Gi'.

Golwg fychanus a geir ar ddyn o'r cychwyn cyntaf yn sgil yr erledigaeth a ddioddefodd Parry-Williams ar gorn ei wrthwynebiad cydwybodol:

Pam y'm dirmygu pan wnel dirmyg dyn
Fi'n falch o fywyd? Gallaf oddef cas
Tipyn o ddyn ac ymhyfrydu ynddo;
Ond pan ysgornio ci ei frawd o gi,
Teimlaf ryw lacrwydd yng nghalonnog gur
Y balchter hwnnw a ddaw o'm sgornio fyth
Gan dipyn dyn. Pam y dangosi di,
A thithau'n gi, nid dyn, dy ddannedd im?[234]

Maeddwyd ystyron dyrchafol yr ansoddair 'dynol' iddo ef gan ei brofiadau yn ystod y Rhyfel Mawr ac o ganlyniad mae ffurf negyddol yr ansoddair, 'annynol', yn rhinwedd bendant pan ddefnyddir hi i ddisgrifio cŵn: 'Cymrodyr mor annynol.' Digwydd yr un math o wyrdroi safleoedd moesol yn amryw byd o'i gerddi rhyfel, sy'n awgrymu fod Parry-Williams yn effro iawn i arwyddocâd unigryw'r Rhyfel Mawr. Cyfyd ystyriaethau ysbrydol yn y gerdd hon hefyd, er bod fersiwn Saesneg gwreiddiol y gerdd fymryn yn fwy amwys yn hyn o beth na'r fersiwn Cymraeg:

Give me thy paw, old dog: for I Have marked
The clean life of thy brothers, and have felt
Ashamed to be a man; and I have prayed
Unto some Power Unknown, in this mad world,
To plant in me the soul-seed of a dog.

Gad deimlo'th bawen, hengi. Sylwais i
Ar fywyd glan dy frodyr: teimlais warth
Fy mod yn ddyn: offrymais weddi daer
I ryw Anwybod Bwer yn y byd
Gwallgof ar iddo blannu yn fy mron,
Yng ngrym ei Dduwdod, hedyn enaid ci.[235]

Ond nid yw'r bardd eto ar ddiwedd y gerdd wedi llwyddo i ennyn serch un o gŵn Aberystwyth, felly ni wyddom a oes iddo ai peidio

. . . . ffrynd
Yn strydoedd dinas daear, a faidd mwy
Garu, fel hwythau, wrthodedig un
A ŵyr ei wfftio gan ddynolryw'r byd.[236]

Odrwydd sylfaenol y sefyllfa, dadrithiad a siom, amwysedd ysbrydol, anallu i ymuniaethu, ymdeimlad o erledigaeth ac ymddieithriad—mae'r cyfan oll yn y gerdd hon ac mae'r cyfan oll hefyd yn gwbl nodweddiadol o foderniaeth yr oes. Amlygwyd eisoes ffurf ac ieithwedd briodol; bellach, daethpwyd o hyd i weledigaeth briodol yn ogystal.

Mae natur boenus o hunanymwybodol cerddi Parry-Williams yn y dauddegau a'r tridegau yn ymateb i'r soffistigeiddio a'r ysgaru a fu ar y berthynas rhwng y gwleidyddol a'r personol ac yn symptom o'r un datblygiad. Y Rhyfel Mawr a brysurodd y datblygiad hwnnw. O gofio am genhadaeth gyfannol obeithiol *Y Deyrnas,* roedd y rhwyg hwnnw'n golled. Serch hynny, efallai fod rhwyg o'r fath yn anorfod os oeddid am gadarnhau a pharchu drachefn hawliau'r gydwybod unigol ac unigolyddol. Roedd yn rhaid profi hefyd fod rhyw ystyr o hyd i'r ansoddair briw, 'anghydffurfiol'. Os oedd yr artist difri am ailsefydlu ei annibyniaeth a'i hygrededd, ni allai fforddio mynegi ymlyniad rhy amlwg wrth na phlaid nac enwad na gori yn yr un rhigolau.

CYFEIRIADAU

[1]D. J. Williams, 'Y Gagendor', *Yr Efrydydd,* cyf. 4, rhif 3, 15 iii 24, 77.

[2]R. Tudur Jones, *Ffydd ac Argyfwng Cenedl I,* Abertawe, 1981, 17.

[3]Ibid., 102.

[4]Idem., *Hanes Annibynwyr Cymru,* Abertawe, 1966, 283.

[5]D. Tecwyn Lloyd, 'Y Bardd Newydd Gynt', *Ysgrifau Beirniadol III,* Dinbych, 1967, 85.

[6]John Morris-Jones, *Y Beirniad,* Hydref 1914, 224.

[7]W. Llewelyn Williams, ibid., Hydref 1914, 162. Teg ychwanegu ei fod wedi gwrthwynebu gorfodaeth filwrol a bod yr anghytundeb rhyngddo a Lloyd George wedi profi'n ddamniol i'w yrfa wleidyddol yn 1921. Gweler *Y Bywgraffiadur Cymreig hyd 1940,* Llundain, 1953, 1020.

[8]John Williams, ibid., Gwanwyn 1915, 7.

[9]John Williams a James Evans, *Y Brython,* 13 viii 14.

[10]E. Morgan Humphreys, *Y Goleuad,* 7 viii 14.

[11]*Y Brython,* 6 viii 14.

[12]Ibid.

[13]W. Pari Huws, ibid., 20 viii 14.

[14]Thomas Rees, ibid., 1 x 14.

[15]Hen Nodwr, ibid., 17 vi 15.

[16]D. J. Jones, 'Rhyfel y Cenhedloedd', *Y Geninen,* Ebrill 1915, 83.

[17]*Seren Cymru,* 4 v 17.

[18]Ibid., 3 iii 16.

[19]Arthur Marwick, *The Deluge,* Llundain, 1965, 141.

[20]Tom Lloyd, *Y Cymro,* 9 ii 15.

[21]*Y Tyst,* 5 viii 14.

[22]*Y Brython,* 9 v 18; 16 v 18; 23 v 18.

[23]*Seren Cymru,* 7 viii 14.
[24]Ibid., 8 ii 18.
[25]Ibid., 19 iii 15.
[26]Ibid., 26 xi 15.
[27]*Y Cymro,* 10 i 17.
[28]*Seren Cymru,* 12 i 17.
[29]*Y Cymro,* 3 v 16.
[30]*Y Goleuad,* 7 vii 16.
[31]Gwylfa Roberts, 'Nodiadau Misol', *Y Dysgedydd,* Ebrill 1915, 181.
[32]*Seren Cymru,* 1 iii 18.
[33]*Y Brython,* 20 vi 18.
[34]*Seren Cymru,* 1 iii 18.
[35]*Baner ac Amserau Cymru,* 24 vi 16.
[36]Ibid., 16 ix 16.
[37]Ibid., 17 iii 17.
[38]*Y Tyst,* 21 vii 15.
[39]*Seren Cymru,* 23 vii 15.
[40]*Y Cymro,* 9 i 18.
[41]Ibid., 9 i 18.
[42]Julian Bell, gol. *We Did Not Fight,* Llundain, 1935, xvi.
[43]Bertrand Russell, ibid., 329.
[44]Am hanes y mudiad heddwch, darllener Goronwy J. Jones, *Wales and the Quest for Peace,* Caerdydd, 1969; Keith Robbins, *The Abolition of War,* Caerdydd, 1976; Gwynfor Evans, *Heddychiaeth Gristnogol yng Nghymru,* Llandysul, 1991.
[45]Gweler ei hunangofiant, *Bwrlwm Byw,* Llandysul, 1984.
[46]W. J. Gruffydd, 'Thomas Rees', *Y Tro Olaf,* Dinbych, 1939, 130.
[47]'Agweddau ar y Gwrthwynebiad i'r Rhyfel Byd Cyntaf yng Nghymru', *Llafur,* cyf. 4, rhif 4, 1987, 67.
[48]*Y Deyrnas,* Hydref 1916, 2.
[49]Ibid., Hydref 1916, 12.
[50]Ibid., Mehefin 1917, 10.
[51]Ceir hanes cyfraniad y gweinidog dall gyda'r Methodistiaid Calfinaidd, Puleston Jones, i'r ymgyrch heddwch rhwng 1914 a 1918 yn ei gofiant: R. W. Jones, *John Puleston Jones,* Caernarfon, 1929, 186-208. Gweler yn ogystal y bennod amdano yn E. Morgan Humphreys, *Gwŷr Enwog Gynt II,* Aberystwyth, 1953, 40-48.
[52]*Y Deyrnas,* Chwefror 1917, 10.
[53]Ibid., Mehefin 1917, 1.
[54]Ibid., Mehefin 1917, 3.
[55]Ibid., Medi 1917, 11. Rhwygwyd mudiad y Suffragettes yn ddau yn sgil y Rhyfel: rhoddodd Emmeline Pankhurst a'i merch hynaf, Christabel, o'u holl nerth i ymgyrchu o blaid y Rhyfel tra gwrthwynebwyd y Rhyfel yn gryf gan Sylvia Pankhurst, y ferch ieuengaf a chariadferch Keir Hardie. Gweler Barbara Castle, *Sylvia and Christabel Pankhurst,* Harmondsworth, 1987.
[56]Ibid., Tachwedd 1917, 11.
[57]Ibid., Ionawr 1917, 5.
[58]Ibid., Mai 1917, 3.
[59]Ibid., Mehefin 1917, 11.

[60]Ibid., Mawrth 1917, 5.

[61]Ibid., Mehefin 1917, 5.

[62]Donald Hughes, 'Gobaith', *Barn,* rhif 89, Mawrth 1970, 137.

[63]T. E. Nicholas, *Salmau'r Werin a Chaneuon Eraill,* Ystalyfera, 1909, tudalen deitl.

[64]Idem., *Canu'r Carchar,* Llandysul, 1942, 2.

[65]D. Tecwyn Lloyd, 'T. E. Nicholas', *Gwŷr Llên,* gol. Aneirin Talfan Davies, Llundain, 1948, 161.

[66]*Seren Cymru,* 31 vii 14.

[67]D. Tecwyn Lloyd, 'Llenyddiaeth a Bywyd', *Erthyglau Beirniadol,* Llandysul, 1946, 39.

[68]*Y Brython,* 20 viii 14.

[69]*Seren Cymru,* 31 vii 14.

[70]T. E. Nicholas, *Cerddi Rhyddid,* Abertawe, 1914, 40.

[71]Idem., 'Yr Eglwysi a Phynciau Cymdeithasol', *Y Geninen,* Ionawr 1914, 26.

[72]Idem., *Cerddi Rhyddid,* op. cit., 43.

[73]Ibid., 60.

[74]Dafydd Elis Thomas, 'Waldo', *Waldo Williams,* gol. Robert Rhys, Abertawe, 1981, 285.

[75]D. Ernest Williams, rhagair i T. E. Nicholas, *Dros Eich Gwlad: Cerddi Heddwch,* Pontardawe, 1920.

[76]T. E. Nicholas, *Salmau'r Werin. . .,* op. cit., 75.

[77]Idem., *Cerddi Rhyddid,* op. cit., 20.

[78]Idem., 'Beirdd Cymru: Beth Amdanynt?', *Y Geninen,* Hydref 1913, 240-242 passim.

[79]Idem., *Salmau'r Werin. . .,* op. cit., 5-8.

[80]Ibid., 41-43.

[81]*Dros Eich Gwlad: Cerddi Heddwch,* op. cit., 23-24.

[82]D. Tecwyn Lloyd, *Drych o Genedl,* Abertawe, 1987, 45.

[83]Silyn, 'James Keir Hardie', *Y Geninen,* Ionawr 1916, 9-11.

[84]Goronwy John Jones, *Wales and the Quest for Peace,* op. cit., 90.

[85]T. E. Nicholas, *Ceninen Gŵyl Dewi,* Mawrth 1916, 63.

[86]Gweler Deian Hopkin, 'Patriots and Pacifists in Wales, 1914-1918: The Case of Captain Lionel Lindsay and the Rev. T. E. Nicholas', *Llafur,* Mai 1974, 27-41.

[87]T. E. Nicholas, *Y Deyrnas,* Rhagfyr 1916, 11.

[88]Idem., 'Beirdd Cymru: Beth Amdanynt?', *Y Geninen,* Gorffennaf 1913, 166.

[89]Siân Hawys, *T.E. Nicholas,* M.A. Prifysgol Cymru, Bangor, 1986, 19.

[90]Ibid., 20-21.

[91]D. Tecwyn Lloyd, 'T. E. Nicholas', *Gwŷr Llên,* op. cit., 150.

[92]Gweler James Nicholas, *Pan Oeddwn Grwt Diniwed yn y Wlad,* Llandysul, 1979.

[93]Deian Hopkin, 'Patriots and Pacifists', op. cit., 27.

[94]Dyfynnwyd yn James Nicholas, *Pan Oeddwn Grwt Diniwed yn Wlad,* op. cit., 16.

[95]T.E. Nicholas, *Dros Eich Gwlad,* dim dyddiad, 12.

[96]Ibid., 9.

[97]Idem., 'Brawdoliaeth Bywyd', *Dryllio'r Delwau,* Tywyn, 1949, 39.

[98]Idem., 'Beirdd Cymru: Beth Amdanynt?', op. cit., 243.
[99]Ibid., 240.
[100]Ibid., 239.
[101]Idem., *Dros Eich Gwlad: Cerddi Heddwch,* op. cit., 8.
[102]R. J. Derfel, *Ceninen Gŵyl Dewi,* Mawrth 1914, 59-62.
[103]T. E. Nicholas, *Dros Eich Gwlad: Cerddi Heddwch,* op. cit., 10.
[104]Gweler *Ceinion y Gân,* gol. E.G. Millward, Llandysul, 1983, 53-59 a 64-66.
[105]T. E. Nicholas, *Dros Eich Gwlad: Cerddi Heddwch,* op. cit, 14.
[106]Ibid., 33.
[107]Idem., 'Yr Eglwysi a Phynciau Cymdeithasol', *Y Geninen,* Ionawr 1914, 26.
[108]Idem., *Dros Eich Gwlad: Cerddi Heddwch,* op. cit., 90.
[109]Idem., 'Gweriniaeth a Rhyfel', *Dros Eich Gwlad: Cerddi Heddwch,* op. cit., 97.
[110]Ibid., 96.
[111]Ibid., 98.
[112]Ibid., 101.
[113]Ibid., 103.
[114]Ibid., 103.
[115]Ibid., 104.
[116]Ibid., 116.
[117]Ibid., 118.
[118]Ibid., 122.
[119]Ibid., 123.
[120]Ibid., 125.
[121]Ibid., 126.
[122]Ibid., 128.
[123]Dyfynnwyd yn Ned Thomas, *Waldo,* Caernafon, 1985, 23.
[124]Waldo Williams, *Waldo,* gol. James Nicholas, Llandysul, 1977, 269.
[125]*Baner ac Amserau Cymru,* 8 viii 14.
[126]'Diwylliant Almaenaidd', *Y Goleuad,* 18 ix 14; gweler hefyd J. G. Moelwyn Hughes, 'Pa fodd y tywyllodd yr aur?', *Y Goleuad,* 23 x 14 a 20 xi 14; T. Gwynn Jones, llythyr, *Y Goleuad,* 30 x 14; idem., 'Faust a Mephistopheles', *Y Goleuad,* 4 xii 14.
[127]'Joachim', *Y Wawr,* cyf. II, rhif 1, Gaeaf 1914, 22-26.
[128]*Y Beirniad,* Hydref 1914, 224.
[129]'Trechaf Treised', *Y Traethodydd,* Hydref 1914, 316.
[130]Ibid., 314.
[131]Ibid., 315.
[132]*Croes ai Cors?,* Caernarfon, 1915, 7; argraffwyd yr anerchiad hefyd yn *Y Drysorfa,* LXXXV, 1915, 196-200.
[133]Gweler cyfraniad Iorwerth C. Peate i *Y Llenor: Rhifyn Coffa Thomas Gwynn Jones,* Haf 1949, 108-113.
[134]Llythyr at E. Tegla Davies, 12 xii 17, Ll.G.C., 21672C; gweler hefyd E. Tegla Davies yn rhifyn coffa T. Gwynn Jones o'r *Llenor,* 1949, 96-108.
[135]Casgliad T. Gwynn Jones, 21 ii 16, Ll.G.C., 1855.
[136]Casgliad E. Morgan Humphreys, 30 ix 18, C.P.G.C.
[137]David Jenkins, *Thomas Gwynn Jones,* Dinbych, 1973, 242-245; os am fynd i lygad y ffynnon, gweler *Diary of a Pacifist,* Ll.G.C., 10-19, a sylwer mai yn

Saesneg y cadwodd y dyddiadur. Ceir disgrifiad o Ethé gan R. T. Jenkins yn *Edrych Yn Ôl,* Llundain, 1968, 113-116.

[138]Ibid., 248-249.

[139]Casgliad E. Morgan Humphreys, 1 vii 18, C.P.G.C.

[140]Ibid., 2 xii 16.

[141]Ibid., 21 xii 17.

[142]Casgliad T. Gwynn Jones, 24 ix 15, Ll.G.C., 1853.

[143]Casgliad Cyffredinol, 7 vii 15, C.P.G.C., 19483.

[144]Gweler David Jenkins, op. cit., 263-271.

[145]Gweler ei ragarweiniad i *Diary of a Pacifist,* Ll.G.C.

[146]Casgliad George M. Ll. Davies, 30 iii 16, Ll.G.C., 1381; noder mai Saesneg oedd iaith yr ohebiaeth. Croniclwyd hanes George M. Ll. Davies yn E.H. Griffiths, *Heddychwr Mawr Cymru,* Caernarfon, 1967, a *Seraff yr Efengyl Seml,* Caernarfon, 1968.

[147]Casgliad T. Gwynn Jones, 15 viii 16, Ll.G.C., 614.

[148]Casgliad E. Morgan Humphreys, 30 ix 18, C.P.G.C.

[149]Casgliad T. Gwynn Jones, 21 ii 16, Ll.G.C., 1855.

[150]Gweler 'Pro Patria!', *Y Beirniad,* Gaeaf 1913, 1-7.

[151]*Y Wawr,* cyf. III, rhif 2, Gwanwyn 1916, 56; argraffwyd fersiwn diwigiedig o'r un gerdd yn *Manion,* Wrecsam, 1932, 54-55.

[152]Am yr anghytundeb rhwng T. Gwynn Jones ac O. M. Edwards, gweler cofiant David Jenkins, op. cit., 251-252.

[153]Casgliad T. Gwynn Jones, 18 iii 17, Ll.G.C., 1859.

[154]Ibid., 21 ii 16, Ll.G.C., 1855.

[155]Gweler David Jenkins, op. cit., 252.

[156]Gweler y cofiant, op. cit., 90.

[157]Am restr gyflawn o gyhoeddiadau Gwynn Jones rhwng 1914 a 1918, gweler D. Hywel E. Roberts, *Llyfryddiaeth Thomas Gwynn Jones,* Caerdydd, 1981, 340-341. Cofier hefyd bod fersiynau amrywiol ar gael o'r un cerddi'n aml: bron yn ddieithriad, daliai ar y cyfle i ddiwygio cerdd adeg ei hailgyhoeddi.

[158]*Caniadau,* Wrecsam, 1934, 133; gwelodd y gerdd olau dydd gyntaf yn *Y Traethodydd,* Gorffennaf 1915, 265-268.

[159]Ibid., 153-154; cyhoeddwyd gyntaf yn *Y Beirniad,* Gwanwyn 1916, 16.

[160]Ibid., 90; cyhoeddwyd gyntaf yn *Y Beirniad,* Gorffennaf 1918, 1-12.

[161]Ibid., 88.

[162]Ibid., 90.

[163]Ibid., 95.

[164]J. Dyfnallt Owen, 'O ramantiaeth i realaeth', *Ar y Tŵr,* Abertawe, 1953, 77.

[165]Gweler David Jenkins, op. cit., 259-261.

[166]Ibid., 261.

[167]Enynnodd testun cystadleuaeth y Gadair yn 1923, 'Dychweliad Arthur', chwilfrydedd T. Gwynn Jones a luniodd ddychangerdd, 'Atro Arthur', a gyhoeddwyd yn rhifyn yr haf hwnnw o'r *Llenor,* 137-138, a thrachefn yn *Manion* yn 1932, 70-72. Pan enillodd William Morris y Gadair genedlaethol yn 1934 am ei awdl 'Ogof Arthur', T. Gwynn Jones oedd un o'r beirniaid. A'r testunau Arthuraidd yn dal mewn bri, lluniodd awdl ddychan a oedd yn barodi amlwg mewn mannau ar 'Ymadawiad Arthur' ef ei hun; gweler *Yr Efrydydd,* 1933-34,

292-295 a *T. Gwynn Jones,* gol. Gwynn ap Gwilym, Llandybie, 1982, 484-495. Cofnodwyd hanes ei chyfansoddi gan David Jenkins, op, cit., 331-334.

[168]R. Williams Parry, 'Adref', *Yr Haf a Cherddi eraill,* Y Bala, 1924, 27.

[169]Peter Faulkner, *Modernism,* Llundain, 1977, 64.

[170]'Poésie Cérébrale', *Y Traethodydd,* Hydref 1975, 328.

[171]'Trechaf Treised', op. cit., 316.

[172]Ibid.

[173]Ibid.

[174]'Canu'r Chwerwder Pur', *Ysgrifau Beirniadol II,* Dinbych, 1966, 220.

[175]*Y Nos, Y Niwl, a'r Ynys,* Caerdydd, 1960, 170.

[176]Ibid., 133.

[177]'Nationalism and Patriotism', *The Welsh Outlook,* Ebrill 1916, 113.

[178]Llythyr at Silyn, Chwefror 1915, C.P.G.C., 19479.

[179]Llythyr at E. Tegla Davies, 17 x 17, Ll.G.C., 21672C.

[180]Casgliad E. Morgan Humphreys, 2 xii 16, C.P.G.C.

[181]A hwythau'n byw yng Nghernyw yn ystod y Rhyfel, amheuwyd fod Lawrence a'i wraig Almaenaidd, Frieda, yn ysbïwyr ar ran y gelyn; roedd Lloegr yn annioddefol ym marn Lawrence a chefnodd ar wlad ei febyd yn 1919. Yn y nofel led hunangofiannol, *Kangaroo* (1923), nofel sy'n trafod bywyd dau ymfudwr o Loegr yn Awstralia, dywedir: 'Yr oedd Lloegr wedi colli ei hystyr iddo'; Llundain, argraffiad 1955, 264.

[182]Casgliad T. Gwynn Jones, 16 v 18, Ll.G.C., 1860.

[183]Ibid., 31 v 17, Ll.G.C., 2231.

[184]Dywed Gwynn Jones wrth Morgan Humphreys mewn llythyr, 23 xii 16: 'Nid edrychais i ar bapur newydd er diwedd Gorffennaf, oddigerth cip ar "Y Goleuad". Nid wyf yn bwriadu ail ddechrau byth eto'. Mewn llythyr ar Tegla, 19 iii 20, cadarnhaodd: 'Ni byddaf byth yn darllen unrhyw bapur newydd a gyhoeddir yng Nghymru, oddieithr ambell ysgrif gan Humphreys yn "Y Genedl"—na dim ond un papur a gyhoeddir yn Lloegr, o ran hynny—y "Daily Herald."'

[185]'Bardd', *Casgliad o Gerddi,* Llandysul, 1987, 132; fe'i cyhoeddwyd gyntaf dan y teitl 'Y Bardd' yn rhifyn coffa T. Gwynn Jones o'r *Llenor,* 1949, 67.

[186]*Caniadau,* op. cit., 32.

[187]'Quosque, Domine!', op. cit.

[188]Cassie Davies, *Hwb i'r Galon,* Abertawe, 1973, 66.

[189]T. Gwynn Jones, 'Iaith', *Y Wawr,* cyf. I, rhif 3, 34.

[190]*Y Wawr,* cyf. II, rhif 1, Gaeaf 1914, 26.

[191]D.J. Williams, 'Y Tri Hyn', *Y Wawr,* cyf. III, rhif 3, Haf 1916, 109.

[192]Ibid., 114.

[193]Crynhoir hanes D. J. Williams yn Iwerddon gan Harri Pritchard Jones yn ei bennod ar D. J. Williams yn *Adnabod Deg,* gol. Derec Llwyd Morgan, Dinbych, 1977, 58-76. Bu cenedlaetholwr cynnar arall, Lewis Valentine, yn filwr yn Iwerddon am ddau fis ganol 1918 a chafodd gyfle i gyfarfod â rhai Sinn Ffeinwyr; gweler 'Dyddiadur Milwr', *Dyddiadur Milwr a Gweithiau Eraill,* gol. John Emyr, Llandysul, 1988, 68-71.

[194]*Y Wawr,* cyf. IV, rhif 1, 42.

[195]Ibid., 43.

[196]Ibid., 44.

[197]Ibid., 44.

[198]Gweler Bobi Jones, 'Can mlynedd o lenyddiaeth Coleg Aberystwyth, 1872-1972', *Barn,* rhif 113, Mawrth 1972, 118.

[199]Cassie Davies, 'Atgofion (ii) Aberystwyth, 1914-19', *Cyfrol Deyrnged Syr Thomas Parry-Williams,* gol. Idris Foster, Llandysul, 1967, 112.

[200]Bobi Jones, *Llenyddiaeth Gymraeg, 1902-1936,* Llandybie, 1987, 284-285.

[201]*Rhyw Hanner Ieuenctid,* Abertawe, 1971, 72.

[202]Ibid., 54.

[203]'Y Trydydd', *Y Wawr,* Gwanwyn 1917, 41.

[204]Dyna awgrym Dyfnallt Morgan yntau: 'Anodd osgoi'r casgliad mai dyfais ydyw hyn oll gan yr awdur i sôn am ryw agweddau ar ei brofiad a'i bersonoliaeth ei hun, i'w ddadansoddi ei hun a cheisio ei ddeall ei hun, neu gymryd stoc ohono'i hun', op. cit., 56.

[205]'Eiconoclastes', *Y Wawr,* Haf 1915, 82-83.

[206]'Criafol', *The Grail,* VIII, 23 Tachwedd 1914, 24.

[207]Ibid.

[208]'Creithiau', *Y Wawr,* Gwanwyn 1914, 8; cyfeiria drachefn at yr un profiad ymhen blynyddoedd yn 'Ar fôr ac ar dir', *Myfyrdodau,* 1957—gweler *Casgliad o Ysgrifau,* Llandysul, 1984, 299-301.

[209]'Gwahaniaeth', *Casgliad o Gerddi,* op. cit., 1987, 28.

[210]Ceir hanes Parry-Williams gerbron y tribiwnlys milwrol yn *Y Genedl Gymreig,* 21 x 19. Cyfeirir yn yr adroddiad at ymddiswyddiad Parry-Williams o'i ddarlithyddiaeth ac at ei gofrestru'n fyfyriwr meddygol. Gwrthdystiwyd yn erbyn ei benodiad i Gadair Gymraeg yr Adran 'gan rywrai yn y wasg a chan Gymrodyr y Rhyfel Mawr am ei fod yn wrthwynebwr cydwybodol, a phenderfynodd Cyngor y Coleg ohirio'r penodiad am flwyddyn'. Cyfeirir at amgylchiadau ei ryddhau o'r Lluoedd Arfog: 'Wrth roddi rhyddhad i Dr. Parry-Williams yn Nhribiwnlys Apel Arfon dywedodd yr Arglwydd Raglaw y gallai wneud mwy o wasanaeth i'w wlad yn Aberystwyth nag yn y fyddin. Dyddorol yw sylwi hefyd fod tri brawd Dr. Parry-Williams wedi bod trwy'r rhyfel, ac fel y mae'n naturiol meddwl y maent yn ddig iawn oherwydd y driniaeth a estynir i'w brawd.' Diolch i Llion Elis Jones am fy nghyfeirio at y wybodaeth hon.

[211]'Bardd y Rhigymau a'r Sonedau', *Cyfrol Deyrnged Syr Thomas Parry-Williams,* gol. Idris Foster, Llandysul, 1967, 41.

[212]'Jerusalem, Jerusalem . . .', *Y Deyrnas,* Mawrth 1917, rhifyn 6, 1.

[213]'Cysur', *Y Wawr,* Gwanwyn 1917, 50.

[214]Gweler *Cerddi Hir,* goln. Islwyn Jones a Gwilym Rees Hughes, Llandysul, 1970, 33-45.

[215]Ar 25 Awst 1914, anfonodd T. Gwynn Jones lythyr at John Morris-Jones, un o'i gyd-feirniaid yng nghystadleuaeth y Gadair yn Eisteddfod arfaethedig 1914: roedd newydd glywed am ohirio'r Eisteddfod a chyfeiria at 'Awdl Gromatig' yr oedd rhwng dau feddwl a ddylid ei gwobrwyo ai peidio; C.P.G.C., 3248.

[216]Malcolm Bradbury, *The Modern World,* Llundain, 1989, 16.

[217]'Dwy Gerdd' (1922), *Casgliad o Gerddi,* op. cit., 7.

[218]Ibid., 42.

[219]Ibid., 119.

[220]'Eiconoclastes', *Y Wawr,* Haf 1915, 81 a 83.

[221]'A Retrospect', 1918, dyfynnwyd yn *A Modernist Reader,* gol. Peter Faulkner, Llundain, 1986, 67.

[222]'KC 16', *Casgliad o Ysgrifau,* op. cit., 3.

[223]'Sonnets', *The Dragon,* Rhagfyr 1918, 25.

[224]'Response', *The Dragon,* Rhagfyr 1916, 12.

[225]*Y Goleuad,* 19 Tachwedd, 1915.

[226]'Y Pagan', *Y Wawr,* Gaeaf 1915, 9.

[227]Ibid.

[228]'Marw', *Y Traethodydd,* Hydref 1916, 286.

[229]*Y Wawr,* Gwanwyn 1917, 77.

[230]*The Dragon,* Rhagfyr 1916, 11.

[231]'Crist yn Ddeugain Oed', *Y Deyrnas,* Tachwedd 1916, 9.

[232]*Casgliad o Gerddi,* op. cit., 10-14.

[233]'Duw ar Fawrth', *Y Deyrnas,* Hydref 1917, 9.

[234]'I Gi', *Y Deyrnas,* Chwefror 1919, 37; 'Medi 1918' yw'r dyddiad wrth waelod y gerdd ac ymddangosodd fersiwn Saesneg ohoni, 'To a Dog', yn *The Dragon,* Mehefin 1917, 179.

[235]Ibid.

[236]Ibid.

CASGLIAD

'Y mae'n syndod na chafodd y rhyfel byd cyntaf ar y pryd fawr o impact ar lenyddiaeth Gymraeg',[1] meddai Alun Llywelyn-Williams. Ar ddiwedd yr arolwg hwn, tybed a fynnwn herio'i ddyfarniad?

Ar lefel gyhoeddus a phoblogaidd, y deunydd amlycaf oll a sgrifennwyd yn ystod y Rhyfel Mawr ei hun oedd y cerddi newyddiadurol a'r cerddi coffa. Arwyddocâd hanesyddol sydd i fwyafrif helaeth cerddi'r naill gategori a pharhau â hen draddodiad a wneir yn y rhan fwyaf o gynnyrch yr ail gategori; ac eithrio englynion nodedig Williams Parry, mae'n gwestiwn a dorrwyd yn artistig unrhyw dir newydd. Beth am arwyddocâd helaethach y Rhyfel rhagor ei impact tymhorol? Go brin y rhoddodd daw ar yr ymateb rhamantaidd yn derfynol. Buasid wedi meddwl, er enghraifft, y byddai teitl fel 'Cynnydd' wedi bod yn fêl ar fysedd siniciaid erbyn 1924; serch hynny, ni rwystrwyd William Morris rhag canu fel hyn ar y pryd:

> Daw godidog oed adwedd
> Arthur Fawr, a thry o'i fedd
> I dario awr gyda'r dewrion
> Yn oesau aur hanes hon.
> O wlad fach, difachlud fydd
> Haul digonol dy gynnydd.[2]

Ar ôl holl balu celwyddau arwrol y Rhyfel Mawr, tybed pa mor onest y swniai geiriau ffyddiog fel y rhain ar y pryd? Pa mor amserol oedd yr eirfa ddyrchafol a'r optimistiaeth naïf? Ac yn achos T. Gwynn Jones hyd yn oed—tad y prototeip dylanwadol, 'Ymadawiad Arthur', yn 1902—onid testun hunan-watwar erbyn hynny oedd ffigur Arthur?[3] Ond o leiaf fe ddistawodd rhamantiaeth frwdfrydig sawl bardd rhyfel rhwng 1914 a 1918 ac yn gyffredinol daethpwyd i amau addasrwydd a digonolrwydd yr ymateb rhamantaidd.

Ar lefel feirniadol, y deunydd mwyaf arhosol a sylweddol a luniwyd yn ystod y Rhyfel ac yn syth ar ei ôl oedd englynion coffa Williams Parry, 'Madog' T. Gwynn Jones, a 'Mab y Bwthyn' a rhai o gerddi eraill Cynan. Pwyswyd a mesurwyd gwaith y tri bardd hyn eisoes a chyfeiriwyd at gamp arhosol Williams Parry er gwaetha'r disgwyliadau cymdeithasol a roed arno, yr ymateb cymysg i 'Madog', a'r elfennau Fictoraidd yng nghanu Cynan yn ogystal â'r rhwystrau ymarferol ar ei ffordd fel bardd oherwydd ei gaplaniaeth. Ac eto, ef yw'r unig un o blith y tri hyn a wnaeth ei farc yn sgil ei gerddi rhyfel yn anad dim arall: tair blynedd cyn i'w lwyddiant yng Nghaernarfon ei ddwyn i sylw cenedlaethol, addefodd newyddiadurwr fel Morgan Humphreys fod ei enw'n ddirgelwch iddo.[4] Dau ramantydd enwog a orfodwyd i ailedrych ar natur eu holl ganu a'r rhagdybiaethau yn ymhlyg ynddo oedd y ddau arall ar y pryd. Felly yn hytrach na chael impact dramatig ar farddoniaeth Gymraeg rhwng 1914 a 1918, esgorodd y Rhyfel ar agwedd gwestiyngar ac adolygol ymhlith beirdd yr oes. Gohiriwyd yr impact uniongyrchol am y tro wrth i'r beirdd geisio ymaddasu gogyfer â newid byd na pharatowyd hwy ar ei gyfer. Diddorol fyddai ystyried yr effaith ar eu barddoniaeth petai unrhyw un o'r beirdd dylanwadol hyn wedi profi brwydro go-iawn drostynt eu hunain fel preifatiaid neu swyddogion; absenoldeb y math hwnnw o ganu profiad garw'r llinell ffrynt sy'n taro dyn mewn barddoniaeth Gymraeg fynychaf a hwyrfrydig fu'n hawduron rhyddiaith hwythau ar y cyfan i'w ddisgrifio.

Wrth reswm, doedd safle'r bardd Cymraeg yn nhir neb y dauddegau ac mewn byd a grewyd i raddau helaeth gan y Rhyfel Mawr ddim yn un hawdd. Ni allai mwyach lefaru ar ran y mwyafrif â'r un awdurdod cyhoeddus a didwylledd diamau ag o'r blaen gan nad oedd sicrwydd a oedd yr un rhagdybiaethau ynghylch moesau, credo a gwleidyddiaeth yn dal dŵr o hyd. Dyma ddiagnosis Bobi Jones o gyflwr y llenorion Cymraeg a ddaliwyd mewn limbo rhwng 1918 a 1936:

> . . . fe ddwedwn eu bod yn gyntaf yn ceisio datrys gwrthdrawiad ynglŷn â'u testun, gwrthdrawiad rhwng gofynion Harddwch ar y naill law a gofynion Gwirionedd ar y llall, ac yn ail eu bod yn ceisio datrys problem ynghylch eu cynulleidfa—ynghylch y dewis rhwng cyfrifoldeb i'w personoliaeth eu hun neu i'w pobl.[5]

Nid ar chwarae bach yr ailsefydlid hyder barddol. Yn wir, mae'n ddadlennol mai ym marddoniaeth Gwenallt, un a safodd yn bendant yn erbyn y Rhyfel Mawr ac a dalodd bris drud am ei wrthwynebiad, y cefnwyd o'r diwedd yn y tridegau ar lawer o nerfusrwydd mewnblyg canu'r dauddegau. Ond am gael dianc i ryw lecyn penodol yr oedd cynifer o feirdd y degawd a ddilynodd y Rhyfel, er mai llecyn hygyrch ar dir y byw—boed Aberdaron neu Fro Ddyfi neu Eifionydd—ac nid un egsotig draw dros y don a âi â'u bryd erbyn hynny. Cyfaddawd mwy cyfoes â rhamantiaeth oedd Sioriaeth beirdd fel Peate, Dyfnallt, Gwili a Cynan yntau yn ystod y dauddegau. Dyna hefyd a nodweddai ganu Williams Parry ar y pryd. Bu'n dda iddo ef wrth y Rhyfel Mawr oherwydd fe barodd ddiriaethu ei farddoniaeth yn barod ar gyfer ysgytwad 1936 pan amlygwyd ei foderniaeth. Ond eithriad ydoedd yn hyn o beth: er gwaethaf—neu'n wir oherwydd—profiad uniongyrchol Cynan a Dyfnallt o'r Rhyfel, ni welwyd mo'r ddau Sioriad hyn yn datblygu'n gelfyddydol yr un fath â Williams Parry yn y man. Fel y gwyddys, mor fuan â 1922 roedd Dyfnallt a Gwili wrth feirniadu cerddi'r Goron yn Rhydaman wedi ei dweud hi'n hallt am y beirdd hynny a oedd yn 'parhau i ganu am hacrwch rhyfel, yn 1922, a'r mwyafrif ohonom wedi glân syrffedu ar y sôn amdano, ac yn hiraethu, ers tro byd, am ganiad newydd'.[6]

Ni ellir honni fod pwnc y Rhyfel Mawr wedi meddiannu barddoniaeth Gymraeg na chynt na wedyn. Eto i gyd, fe ddychwelodd beirdd Cymraeg bob hyn a hyn at y pwnc. O blith ein beirdd cyfoes, Alan Llwyd o bosib yw'r bardd a ailedrychodd yn thematig ar y Rhyfel Mawr yn fwyaf cyson a thrafod hynt beirdd o'r Rhyfel Mawr fel Hedd Wyn, Francis Ledwidge, Edward Thomas, Wilfred Owen, ac Ivor Gurney yn ogystal â beirdd diweddarach fel Lorca a Primo Levi oll gyda'i gilydd.[7] Hynny yw, y mae'n lleoli'r bardd Cymraeg mewn cyd-destun rhyngwladol ehangach ac yn ymestyn arwyddocâd ei farwolaeth: fe wêl ddioddefaint y beirdd hyn i gyd fel arwydd o'r ymylu, y diystyru a'r dileu nodweddiadol a brofodd beirdd y ganrif hon. Rhyddhaodd y Rhyfel Mawr anwarineb ar y byd a dyna fu rhan artistiaid yr ugeinfed ganrif.

Fodd bynnag, trafod y pwnc yn achlysurol a wnaeth y rhan fwyaf o'r beirdd retrosbectif diweddarach yn hytrach na'i wneud yn rhan amlwg o'u canu. Ac eto, gellid dadlau mai dim ond mewn dyrnaid o gerddi gan feirdd a berthyn i genhedlaeth yr Ail Ryfel Byd mewn gwirionedd, sef Gwyn Thomas[8] a Bobi Jones yn anad neb,[9] yr arddangosir y math o soffistigeiddrwydd modernaidd i ymdrin yn aeddfed â her y Rhyfel. Wedi'r cyfan, roedd hi'n 1965 ar y nofel fwyaf llwyddiannus am y Rhyfel Mawr, *Gwaed Gwirion,* yn gweld golau dydd. Efallai mai dim ond er diwedd y pumdegau y datblygodd llenorion Cymraeg yr aeddfedrwyd diwylliannol i drafod trawma fel trobwynt y Rhyfel Mawr yn gyflawn. Yn wir, mae Paul Fussell o'r farn mai dim ond er y chwedegau a'r saithdegau rhyddfrydig y bu'r adnoddau llenyddol ar gael yn gyhoeddus i ddatgelu am y tro cyntaf holl enbydrwydd y Rhyfel Mawr.[10]

Droeon yng ngherddi'r beirdd sydd wedi trafod y Rhyfel Mawr flynyddoedd yn ddiweddarach cyfeirir at y Rhyfel fel trobwynt neu gefndeuddwr yn hanes y ddynoliaeth. Wrth drafod profiad ei dad a fu'n brwydro yn Ffrainc, myn John Gruffydd Jones mai 'Yn Arras. . . Bu farw'r haf';[11] ganed Pennar Davies drachefn yn 1918 'i fyw ar ddaear newydd';[12] a llun o 'fedi yn yr hen fyd'[13] yw'r ffotograff o gynhaeaf gwair a dynnwyd oddeutu 1912 i Alan Llwyd. Yng ngherddi Gwilym R. Jones a W. R. P. George cyfeirir yn ôl at yr hyn a ddigwyddodd yn y Rhyfel Mawr a'r modd y rhoes gychwyn ar ddirywiad gweddill y ganrif:

> Dihoenodd Duw
> yn Passchendaele
> a boddwyd Ewrop mewn cors o waed.[14]
>
> Hel enwau a geiriau eraill ato
> a wnaeth Sarajevo
> yn ei lithriad gwyllt i lawr llethr y ganrif—
> geiriau fel Mons a'r Gadair Ddu, Hiroshima,
> Buchenwald, Kennedy a Martin Luther King,—
> Bethlehem a Lockerbie y Nadolig hwn.[15]

Ac wrth gofio am ei dad yng nghyfraith a fu'n brwydro ar y Somme, cyfeiria Donald Evans yntau at 'fore'r ganrif, hen ganrif y gwaed'.[16] Hynny yw, mae'r Rhyfel yn magu ystyron symbolaidd a mytholegol: cynrychiola holl ddrygioni annynol gweddill y ganrif ac fe'i cyhuddir o roi terfyn disymwth ar bob diniweidrwydd.

Ond fe suddodd y Rhyfel Mawr yn ddyfnach byth i ymwybyddiaeth y ganrif hon; yn wir, os lledir y drafodaeth rhyw fymryn, gellid dadlau fod dau ryfel byd y ganrif hon wedi effeithio'n sylaenol ar ein ffordd o feddwl ac o deimlo. Efallai mai Gwyn Thomas o'n holl feirdd diweddar sy wedi dal yr ysbryd hwn orau wrth drafod ein gwareiddiad mecanyddol, di-feind. Dengys yn 'Ar y Ffordd' y modd yr imiwneiddiwyd ni rhag teimlo dim pan glywn am golledion rhyfel er ein bod yn dal i allu teimlo i'r byw wrth weld drosom ein hunain ddamwain moto-beic yn digwydd dan ein trwynau:

> Yn y dyddiau hynny, o Gambodia—
> Hyd y cofiaf—
> Y deuai'r bwletinau beunyddiol am ladd.
> Miloedd, cannoedd, degau:
> Bywydau'n troi'n rhifau,
> A neb yn troi blewyn.[17]

At anallu tebyg i weld 'darlun mewn ffigurau'[18] y cyfeirir mewn adran o'i gerdd hir, 'Hiliogaeth Cain', sy'n trafod y Rhyfel Mawr. Tybed na chyfrannodd y Rhyfel Byd Cyntaf yn hael at yr ansensiteiddio hwn—'Bywydau'n troi'n rhifau,/A neb yn troi blewyn'—a'n hagwedd *blasé*? Yng ngeiriau Tecwyn Lloyd:

> . . . fy argraff i yw nad oedd y gwytnwch sur hwnnw yr ydym ni mor gyfarwydd ag ef er 1930 yn rhan o feddwl a theimlad pobl cyn 1914. Yr oedd mwy o lawer o ymateb personol, mwy o ddiniweidrwydd yn bod bryd hynny nag a fu byth wedyn. . . dynion oedd dynion, nid pethau neu anifeiliaid. Rhwng 1914 a heddiw, bu rhyw fath o chwyldro mewn hydeimledd; ym 1914 yr oedd pobl yn malio am ei gilydd yn bersonol pryd na allwn ni, rywsut neu'i gilydd, wneud hynny ond mewn ffyrdd sefydliadol.[19]

Mae'r beirdd diweddar wedi ymbellhau yn ddigonol oddi wrth *immediacy* personol profiadau'r Rhyfel Mawr i drafod y pwnc yn gwbl gignoeth a graffig. Ac yntau wedi'i wreiddio'n gorfforol yng nghyfnod y Rhyfel o bosib, ni fyddai mor hawdd i fardd o'r cyfnod hwnnw ganu mewn dull mor sioclyd rhag ofn iddo sathru ar deimladau. Ac eto, yr un Rhyfel yn union a gyfrannodd at y caledu ynghyd â'r ansensitifrwydd y cyfeiria Gwyn Thomas ato ac y cyfranoga'i genhedlaeth ef ohono yn ôl tystiolaeth ei gerdd ei hun yn unig.

Os closiwn drachefn at bwnc canolog yr arolwg hwn yn hytrach na cherddi beirdd lled ddiweddar, fe ddadleuwn fod un bardd nodedig iawn wrthi'n adolygu ei waith blaenorol ac yn cwestiynu ei ragdybiaethau parod yn ystod y Rhyfel Mawr. T. H. Parry-Williams oedd y bardd hwnnw. Fe ellir mapio'r siwrne o 'Y

Ddinas', pryddest a gyfansoddwyd yn 1914 er na wobrwywyd mohoni tan 1915, hyd 'Dwy Gerdd' 1922 drwy graffu ar gerddi Parry-Williams yn ystod y Rhyfel Mawr. Ynddynt, wrth i'w ffydd gilio—mewn Anghydffurfiaeth yn benodol ac mewn sefydliadaeth yn gyffredinol—fe ddatblyga'i feddylfryd unigolyddol a'i eironi nodweddiadol. Hynny yw, yn ei achos ef y mae'n ymateb yn hydeiml ac yn feddylgar i her y Rhyfel Mawr ac er nad yw ei lais newydd wedi llwyr aeddfedu ar y pryd fe glywir ynddo'n eglur nodau diamheuol fodernaidd. Tua dechrau'r Rhyfel Byd Cyntaf y dechreuodd T. S. Eliot gyfansoddi'r gerdd chwyldroadol a fyddai'n gweld golau dydd yn 1922, *The Waste Land.* Os gellir synio am gerdd Eliot fel y darn pwysicaf o farddoniaeth Saesneg i *ddeillio* o'r Rhyfel, yna siawns y gellir cyfeirio hefyd at *Cerddi* (1931) fel y gyfrol bwysicaf o farddoniaeth i *ddeillio* o'r Rhyfel yn Gymraeg. Ac o gofio hefyd mai Parry-Williams yn nhyb Saunders Lewis oedd y 'llenor pwysicaf ei ddylanwad ar feirdd a llenorion eraill a fu'n cyhoeddi eu gwaith yn yr un cyfnod',[20] yna nid pitw mo arwyddocâd barddoniaeth Gymraeg ynghylch y Rhyfel Byd Cyntaf o bell ffordd.

CYFEIRIADAU

[1] 'The Poetry of Cynan', *Poetry Wales,* Haf 1973, 10.

[2] *Canu Oes,* Caernarfon, 1981, 59.

[3] Gweler 'Y Llwybr Unig', cyfeiriad 167.

[4] Mewn llythyr a anfonodd Morgan Humphreys at T. Gwynn Jones, 6 Hydref 1918, yn ei longyfarch ar 'Madog', cyfeiria at *Telyn y Dydd,* y flodeugerdd a oedd newydd ei chyhoeddi dan olygyddiaeth Annie Ffoulkes: 'Go deneu yr ymddengys ''Telyn y Dydd'' i mi ag eithrio'ch gwaith chwi, Williams Parry, ac un neu ddau arall, megis Cynan, pwy bynag ydyw.' 'Ym Min y Môr' ac 'Anfon y Nico i Lan Dwr' oedd y ddwy gerdd o waith Cynan yn y gyfrol. Gweler Casgliad T. Gwynn Jones, Ll.G.C., 2236.

[5] *Llenyddiaeth Gymraeg 1902-1936,* Llandybie, 1987, 32.

[6] Gwili, *Cyfansoddiadau a Beirniadaethau Eisteddfod Genedlaethol Rhydaman, 1922,* 87.

[7] Gweler 'Requiem i Feirdd o'r Ugeinfed Ganrif', *Cerddi Alan Llwyd 1968-1990,* Llandybie, 1990, 370-375.

[8] Am drafodaeth ar gerdd Gwyn Thomas, '1914-1918', gweler Gerwyn Wiliams, 'Caniadau'r Somme', *Ysgrifau Beirniadol XVIII,* Dinbych, 1992, 279-291.

[9] Gweler y detholiad o gerdd hir Bobi Jones, *Hunllef Arthur,* yn *Gwaedd y Bechgyn,* Llandybie, 1989, 216-219.

[10] *The Great War and Modern Memory,* Rhydychen, 1975, 334.

[11] 'Arras (Gorffennaf 1986)', *Gwaedd y Bechgyn,* op. cit., 208.

[12] 'Heddwch 1918', ibid., 187.

[13] 'Ar Gynhaeaf Gwair', ibid., 206.

[14] 'Infferno', ibid., 201.

[15] 'Sarajevo', ibid., 202.

[16] 'Dafi Thomas', ibid., 207.

[17] *Symud y Lliwiau,* Dinbych, 1981, 47.

[18] 'Athrylith Dyn', *Gwaedd y Bechgyn,* op. cit., 203.

[19] 'Llenyddiaeth Cyni a Rhyfel 1914-1939', *Llên Cyni a Rhyfel a thrafodion eraill,* Llandysul, 1987, 28.

[20] 'T. H. Parry-Williams', *Llafar,* 1955; ailgyhoeddwyd yn *Meistri a'u Crefft,* gol. Gwynn ap Gwilym, Caerdydd, 1981, 14.

Mynegai